电子竞技专业系列教材

电子竞技赛事策划与管理

主 编：姜汉烽 吕 楠

副主编：杨 飞 张 硕 杜 聪

电子工业出版社

Publishing House of Electronics Industry

北京·BEIJING

内 容 简 介

近年来，电子竞技成为职业院校的关注热点。教育部的《普通高等学校高等职业教育（专科）专业目录》在 2016 年增补专业，将"电子竞技运动与管理"纳入其中。

本书旨在介绍电子竞技赛事管理的各项知识。全书共九章，从电子竞技赛事的基本概念开始，介绍了电子竞技赛事的总体规划、策划方案、组织运营管理、财务管理、赛事的赞助、赛事的市场营销、赛事的利益相关者管理、风险管理和收尾工作等内容。

本书图文并茂，不仅有详细的知识讲解，而且补充了各类资料和延伸阅读内容，适宜作为电子竞技相关专业的教材。

图书在版编目（CIP）数据

电子竞技赛事策划与管理 / 姜汉烽，吕楠主编. —北京：电子工业出版社，2019.6

ISBN 978-7-121-36631-4

Ⅰ．①电… Ⅱ．①姜… ②吕… Ⅲ．①电子游戏—运动竞赛—组织管理—高等学校—教材 Ⅳ．①G898.373

中国版本图书馆 CIP 数据核字（2019）第 100421 号

责任编辑：胡辛征　　　　　　特约编辑：田学清
印　　刷：北京盛通数码印刷有限公司
装　　订：北京盛通数码印刷有限公司
出版发行：电子工业出版社
　　　　　北京市海淀区万寿路 173 信箱　　　　邮编：100036
开　　本：787×1092　　1/16　　印张：13.75　　字数：352 千字
版　　次：2019 年 6 月第 1 版
印　　次：2025 年 7 月第 9 次印刷
定　　价：49.80 元

凡所购买电子工业出版社图书有缺损问题，请向购买书店调换。若书店售缺，请与本社发行部联系，联系及邮购电话：（010）88254888，88258888。

质量投诉请发邮件至 zlts@phei.com.cn，盗版侵权举报请发邮件至 dbqq@phei.com.cn。

本书咨询联系方式：（010）88254604，lijing@phei.com.cn。

全国电子竞技专业规划教材编委会

主　编:

姜汉烽
中国新闻文化促进会数字互娱与电子竞技工作委员会副主任委员
中华文化动漫研发传播中心总顾问
三拍电竞 CEO

吕　楠
中国新闻文化促进会数字互娱与电子竞技工作委员会副秘书长
三拍电竞 联合创始人

副主编:

杨　飞
中华文化动漫研发传播中心主任
重庆工程学院数字艺术学院副院长

张　硕
北京电视台培训中心校长
北京电视台北视英特维公司副总经理

杜　聪
三拍电竞

参　编:

吴　铁　北京北视英特维文化传播有限公司教育培训部总监
王　冰　洛阳科技职业学院
文　涛　重庆艺术工程职业学院
王曦川　重庆市工艺美术学校
张志成　上海润节投资管理有限公司
罗　杰　杭州楚沩教育科技有限公司
沈梅峰　盖奇电竞 CEO

前　言

近年来，电子竞技赛事蓬勃发展，催生了大量与赛事相关的人才需求。但电子竞技赛事的理论研究较少，只零星见于论文、杂志与报告中；同时，电子竞技赛事的实践知识只是偶尔闪现于直播、自媒体等媒介中。总体来说，电子竞技赛事的理论与实践结合不紧密，知识片段化明显，管理类知识较弱，这严重束缚了电子竞技赛事的人才培养，也影响了电子竞技赛事的发展。因此，开发具有综合性、系统性、可实践性的电子竞技赛事教材是迫在眉睫的事情。

本书用九章展示了电子竞技赛事各个层面的相关知识，并添加多个附录，用以丰富实践内容。

第一章对电子竞技赛事的相关概念和管理知识进行总论。

第二章到第四章从宏观层面到微观层面分析了电子竞技赛事的举办过程。

第五章和第六章分析了与电子竞技赛事"财务"方面有关的问题。

第七章到第九章从整体的宏观层面分析了与电子竞技赛事有关的市场营销、利益相关者管理、风险管理和收尾工作等几个重要问题。

本书吸收了传统体育赛事的众多理论知识。因此，本书的一个突出特点就是在保持电子竞技赛事特点的前提下，深化其理论基础。这种安排在电子竞技赛事遇到发展瓶颈时，能借鉴传统体育赛事找到突破点，也能对电子竞技赛事融入体育赛事起到一定作用，故而具有很强的现实意义。

本书编者全方位、多角度收录了大量的理论与实践内容，并将它们有机结合，整理为综合性强、系统化程度高、易读性好、实操指导明显、资料翔实的各个章节。这也是本书一个重要的特点。

本书适合作为职业院校电子竞技相关专业的教材，也适合电子竞技赛事爱好者阅读。

在成书过程中，由于编者水平有限和时间仓促，本书难免有疏忽、遗漏、不妥之处，敬请读者批评指正。

编　者
2019 年 4 月

目　录

第一章　电子竞技赛事管理概述

【学习的意义】

学习者通过对电子竞技赛事的概念的深入理解，充分了解其内涵，深刻认识电子竞技赛事。

学习者从分类上了解各种电子竞技赛事，有助于提高学习效率。

学习者从框架上了解电子竞技赛事所涉及的各种管理要素、管理知识和技能、管理过程，可以明白本书的知识结构，做到心中有数。

【学习目标】

理解电子竞技赛事的概念和内涵。

从产业角度了解电子竞技赛事。

能从不同角度对具体赛事进行分类。

了解电子竞技赛事管理的基本要素。

理解电子竞技赛事管理需要的基本知识和技能。

了解电子竞技赛事的管理过程。

【关键词】

电子竞技赛事　概念　分类　管理要素　管理行为角色　管理知识和技能　管理过程

第一节　电子竞技赛事的概念与分类

电子竞技（Electronic sports 或 E-Sports）是电子游戏比赛达到"竞技"层面的体育项

目。早在 2003 年 11 月，国家体育总局就批准电子竞技列为第 99 个正式体育竞赛项，2008 年改批为第 78 个体育竞赛项。

电子竞技赛事是围绕电子竞技举办的赛事，与传统体育赛事相比较，在本质上并没有明显差异，核心都是竞赛，所表现出来的区别只是电子竞技赛事项目的特征。因此，电子竞技赛事可以作为子集归类为体育赛事。

一、电子竞技赛事的概念

"电子竞技"简称为"电竞"。"电子竞技"准确来说应该叫作"电子竞技运动"，它由"电子"和"竞技运动"两部分构成。"电子"是指这项运动是借助信息技术为核心的各种软硬件及由其营造的环境来进行的，"竞技运动"是指这项电子竞技活动具有比赛的性质，能够体现出人与人之间体力、智力的对抗。

以电子竞技活动为主题，一次性或经常性发生的短期的集众性活动，就是电子竞技赛事。对这个概念的内涵，可做如下理解。

首先，电子竞技赛事的本质是借助信息技术进行的人体对抗活动（主要是智力对抗），有别于人体日常的工作、学习等活动。这个活动的构成要素包括：比赛项目、竞技者（运动选手）、裁判、组织举办方、观众、赛场、技战术、资本、时间、地点，一共 10 个方面。

其次，这种活动在于主要显示人体智力运动竞争性能力的大小，并予以公开展示。

最后，电子竞技赛事活动超出了传统的体育赛事表现形式，它是以信息技术为核心的各种软硬件及由其营造的环境来进行的。

需要注意，与电子竞技有关的节事①（如文化庆典、艺术活动、商业庆典、展览会、学术会议、传统仪式）不在此列。

二、从产业经济学的角度了解电子竞技赛事

从产业经济学的角度来分析，电子竞技赛事是电子竞技产业中重要的一环，它是赛事参与人员以各类运动设备和劳务为投入品，生产可供人们观赏和消费的电子竞技组合产品，以及在此基础上可用于再生产的衍生品（如转播权、广告权、标记特许使用权等）的生产经营活动。该生产经营活动以电子竞技比赛为核心，涉及门票销售、运动员包装、媒体推广、赞助和广告策划、直播引流等众多活动。

另外，作为体育赛事的子集，电子竞技赛事可表述如下：电子竞技赛事是运动选手在明确的赛事规程内，基于电子竞技运动的统一要求进行的竞技活动，以及赛事周边产业活动的总和。

---

① 节事（Festival & Special Event）是一个外来的组合概念，是节庆和特殊事件的统称。节庆通常是指有主题的公共庆典，特殊事件可以用来形容精心策划和举办的某个特定的仪式、演讲、表演或庆典。节事可以包括国庆日、庆典、重大的市民活动、独特的文化演出、重要的体育比赛、社团活动等。

　　显然，市场化是电子竞技赛事产业化的重要前提。举办电子竞技赛事需要相关主体的市场协作。与电子竞技赛事组织举办方发生这种关系的利益主体，主要包括软硬件生产商、赞助商及相关服务提供商和中间商等。

　　电子竞技赛事的生产，是电子竞技赛事组织与运营者依据一定的程序与规则对投入资源进行组合与配置利用的过程。电子竞技赛事作为产品，同样是生产者所拥有的、可用于市场交易的资源，包括生产过程中创造的电子竞技组合的观赏性服务，以及可用于再生产的衍生资源。

　　电子竞技赛事的消费主体包括电子竞技赛事的观众（现场观众和在线观众），赛事参与者（选手、裁判、教练），以及将电子竞技赛事各类衍生资源作为再生产投入品的各主体，包括媒体、各类使用赛事符号的企业及赞助商等。（注：广义的赛事参与者包括所有参与赛事活动的人。本书中取狭义含义，仅指与比赛密切相关的选手、裁判及教练。）

　　如图 1-1 所示，在电子竞技赛事产业链中，上游是游戏厂商、游戏运营商，中游是以赛事承办为核心的赛事运营商和俱乐部等，下游是宣传渠道直播平台，最后触达用户。

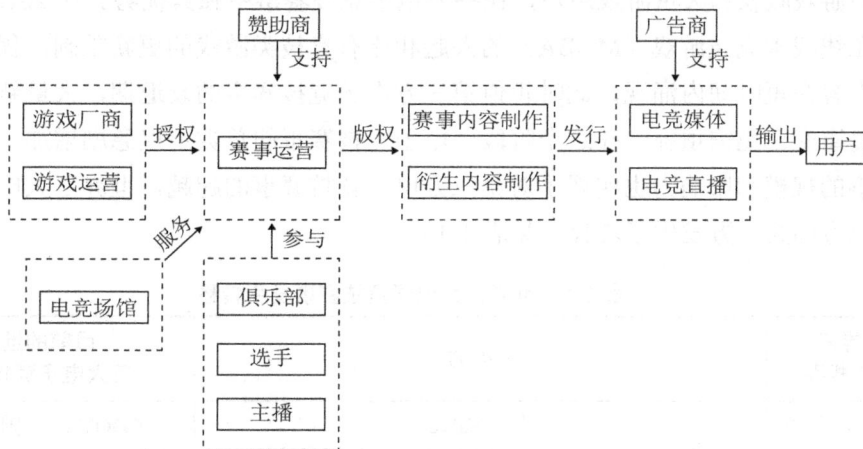

图 1-1　电子竞技赛事产业链

三、电子竞技赛事的分类

　　分类对于各领域的理论和实践研究均具有重要的意义，它通常具有主观性和功利性（这里指根据研究者的需要进行分类），并无一成不变的方法。传统的体育赛事分类主要以时间、空间、竞赛项目 3 个最为基本的构成要素作为维度，以"三维一体"的方式对赛事进行分类。

　　较传统体育项目而言，电子竞技赛事的侧重点为考察策略和反应，力量和体能不是主要的取胜条件。另外，电子竞技赛事的种类较为单一，很多比赛是游戏厂商推广的表演赛或挑战赛。因此，对于电子竞技赛事，若按传统体育赛事分类会出现混乱，甚至出现无法分类的情况。

下面介绍依据电子竞技赛事独有的特点引入的多种分类方法。

1. 按主办方分类

电子竞技赛事按主办方可分为第一方电子竞技赛事和第三方电子竞技赛事。通常，游戏厂商称为第一方，由第一方举办的电子竞技赛事就是第一方电子竞技赛事。除游戏厂商外的其他电子竞技赛事主办机构均称为第三方，由第三方举办的电子竞技赛事就是第三方电子竞技赛事。

第三方电子竞技赛事按照是否拥有赛事品牌和赛事招商的自主权，又可分为自营业务和代理业务。自营业务是指利用自己的赛事品牌举办的赛事，其广告收入、版权收入及推广收入均为自身所有。代理业务是指承办其他赛事方的电子竞技赛事，与第一方电子竞技赛事的运营工作基本一致，广告招商及收入分成一般由公司与赛事主办方协商决定。

最早产生的是第三方电子竞技赛事，在 2000 年前后，随着《星际争霸》《反恐精英》《魔兽争霸》等竞技类游戏的普及，由第三方主办的世界三大电子竞技赛事应运而生。但游戏厂商手握游戏版权和大量游戏用户，在举办电子竞技赛事中独具优势。在 2010 年前后，随着多人在线战术竞技游戏（MOBA）的兴起和原有竞技类游戏的更新重制，优质的电子竞技游戏内容在短时间内涌现，此时正值第三方电子竞技赛事的衰退期，大量新兴电子竞技游戏的赛事空白亟需填补。在这个阶段，电子竞技赛事的总数不仅急剧增加，第一方电子竞技赛事的规模和影响力也实现了对第三方电子竞技赛事的超越，世界三大电子竞技赛事也从第三方向第一方发生了转移（见表 1-1）。

表 1-1　世界三大电子竞技赛事发生转移

曾经的世界三大电子竞技赛事	主办方		目前的世界三大电子竞技赛事
世界电子竞技大赛（WCG）	三星	Valve（《DOTA2》的开发商）	《DOTA2》国际邀请赛（Ti）
电子竞技世界（ESWC）	Ligarena（世界著名的电子竞技营销公司）	Riot Games（《英雄联盟》的开发商）	《英雄联盟》全球总决赛（S 赛）
电子竞技职业联盟（CPL）	CPL	动视暴雪（《星际争霸2》的开发商）	暴雪嘉年华（BlizzCon）

2. 按比赛项目数量分类

电子竞技赛事按比赛项目的数量可分为单项电子竞技赛事和综合性电子竞技赛事。前者是指比赛围绕某一单个电子竞技项目进行，而后者则是一场赛事中有多个电子竞技项目。

大部分综合性赛事由第三方机构主办，而游戏厂商主打单项赛事，其主办的综合性赛事一般仅限于自己旗下的游戏。

在奖金数量方面，由于综合性赛事包含了多款游戏（多个比赛项目），因此赛事总奖金相对较高。但具体到游戏层面，每款电子竞技游戏在单项赛事中的奖金，反而比在综合性赛事中相应项目的奖金要高。

3. 按游戏平台分类

电子竞技赛事按游戏平台可分为 PC 电子竞技赛事和移动电子竞技赛事。前者是指需要在 PC 端完成的电子游戏比赛，而后者是指需要在移动端完成的电子游戏比赛，要用到手机、平板电脑、PSP 等移动终端。

1995 年，韦斯特伍德工作室推出《命令与征服》即时战略游戏，暴雪公司后续也推出《星际争霸》《魔兽争霸》等类似游戏。它们受到了众多 PC 游戏爱好者的热爱与追捧，在美国和一些欧洲国家开始逐渐出现一些有组织的游戏比赛，之后 PC 平台的电子竞技赛事逐渐发展壮大。而移动电子竞技赛事起步于 2014 年，在短短 3 年时间内其赛事数量就达到了 PC 电子竞技赛事的一半（2016 年数据），其赛事占比也逐年增加，发展势头非常迅猛。近年来，移动手游爆款不断出现，移动电子竞技赛事潜力巨大。

【资料】2016 年 PC 和移动电子竞技赛事奖金

从奖金数量上看，PC 电子竞技赛事的平均奖金为 839.50 万元，是移动电子竞技赛事平均奖金的 11 倍左右，可见移动电子竞技虽然发展迅速，在奖金数量上依旧难以和 PC 电子竞技相抗衡。移动电子竞技相对较弱的观赏性和竞技性也使其难以在短期内超越 PC 电子竞技。

（具体可见搜狐网《电竞赛事运营研究报告：第一方风生水起，第三方砥砺前行》，网址：http://www.sohu.com/a/115030422_481756）

【资料】近年移动电子竞技游戏知名产品

腾讯的《王者荣耀》是国内知名的移动电子竞技游戏。

（具体可见《王者荣耀》赛事官网：http://pvp.qq.com/match/kpl/index.shtml）

4. 按游戏类型分类

电子游戏有很多类型，常见的有 MOBA、FPS、TCG、RTS、TPS、休闲类等，这些常见类型的赛事目前都已存在。

总体来讲，MOBA 类游戏最受欢迎，赛事数量占比过半（2016 年数据）。

【资料】从数量和奖金上看各类型电子竞技赛事

从赛事数量上看，由于 MOBA 类游戏较多，其对应电子竞技赛事数量也有 65 个之多，占比 69.1%。平均来看，每款 MOBA 类游戏对应 9.3 个赛事，FPS 游戏则为 8.7 个赛事，TCG 为 12 个，RTS 为 8.5 个，TPS 为 3.5 个，休闲类游戏为 6.5 个，这大致反映出每种类型游戏在市场上的受欢迎程度和用户规模。

职业联赛奖金最高的前三款游戏均为 MOBA 类游戏，而早期较为流行的《星际争霸 2》和《魔兽争霸 3》奖金仅在十万级别，这也从侧面反映出了 MOBA 类游戏的兴起和 RTS 类游戏的衰落。

（本资料为 2016 年数据，具体可见游资网《中国电子竞技赛事运营研究报告》，网址：https://www.gameres.com/683447.html）

5. 按赛事规模分类

电子竞技赛事在按规模的大小分类时有不同的衡量标准。通常以赛事的影响范围为依据将其划分为国际性电子竞技赛事、全国性电子竞技赛事及地区性电子竞技赛事。

当前的国际性电子竞技赛事规模大，第三方电子竞技赛事的数量明显高于第一方电子竞技赛事，且第三方电子竞技赛事的承办机构由于起步早，经验更加丰富，因此这类赛事的专业程度和竞技水平较高，其奖金数量也非常高，平均在千万级别；在全国性电子竞技赛事中，第一方机构占据主导地位，且大众化的电子竞技赛事居多，不需要用大量奖金来吸引职业选手参赛，因此奖金仅是国际性赛事的 8.6%（2016 年数据）。

对于棋牌类电子竞技赛事来说，其规则的地域性较强，故大多数此类赛事是地区性的。

6. 按举办地点分类

电子竞技赛事按竞赛的举办地点可分为线上电子竞技赛事和线下电子竞技赛事。线上电子竞技赛事是竞赛双方通过网上报名，由赛事主办方组织并规定比赛时间，利用互联网技术在网络上进行竞赛的比赛方式。此类赛事的优点是赛事举办灵活，不受空间限制，在主办方规模较小和经费有限的情况下较为常用。线下电子竞技赛事是与线上比赛相呼应的一种比赛形式，是指竞赛双方在主办方指定的时间、地点进行面对面竞赛的比赛方式，也是电子竞技赛事发展趋向成熟的产物。本书所阐述的"电子竞技赛事策划与管理"是针对线下赛事而言的。

在早期网络条件不发达的情况下，线上比赛并不能完全保证竞赛双方完全公平公正地进行比赛，同时由于比赛的线上性质，也会出现"代打"的情况，而线下比赛则是能够最大程度上消除竞赛双方之间的硬件差距，最大程度地确保选手的水平发挥。随着互联网技术的发展和电子竞技行业的不断规范，基本上所有电子竞技赛事都采用线上与线下相结合的比赛模式。随着电子竞技成为国家正式体育竞赛项，线下比赛也越来越受到人们的重视。

综上所述，电子竞技赛事的分类方法见表 1-2。

表 1-2 电子竞技赛事的分类方法

分类依据	具体类别	说 明
主办方	第一方电子竞技赛事	主办方为游戏厂商，手握游戏版权
	第三方电子竞技赛事	除游戏厂商外的其他机构主办的电子竞技赛事
比赛项目数量	单项电子竞技赛事	赛事项目只包括一款游戏
	综合性电子竞技赛事	赛事项目包括多款游戏
游戏平台	PC 电子竞技赛事	比赛项目为 PC 端电子竞技游戏
	移动电子竞技赛事	比赛项目为移动端电子竞技游戏
游戏类型	MOBA 类电子竞技赛事	比赛项目基于 MOBA 类游戏
	FPS 类电子竞技赛事	比赛项目基于 FPS 类游戏
	TCG 类电子竞技赛事	比赛项目基于 TCG 类游戏
	RTS 类电子竞技赛事	比赛项目基于 RTS 类游戏
	TPS 类电子竞技赛事	比赛项目基于 TPS 类游戏
	休闲类电子竞技赛事	比赛项目基于休闲类游戏
	其他类型电子竞技赛事	比赛项目基于 RPG 等类型游戏
赛事规模	地区性电子竞技赛事	主要面向地区内选手的电子竞技赛事
	全国性电子竞技赛事	主要面向国内选手的电子竞技赛事
	国际性电子竞技赛事	在国外设置了赛区，或者邀请国外选手参赛的电子竞技赛事
举办地点	线上电子竞技赛事	利用互联网技术在网络上进行竞赛的比赛方式
	线下电子竞技赛事	在主办方指定的时间、地点进行面对面竞赛的比赛方式

第二节 整体认识电子竞技赛事管理

作为体育赛事的一个分支，电子竞技赛事同样具有复杂性和多样性的特点。依据系统论[①]的观点，它是一个具有特殊功能的有机整体，是由相互作用和相互依赖的若干部分结合起来的。它具有纵向的层次性和横向的并列性结构，并且在某种程度上是一种行为系统。

---

① 系统论的基本思想是把研究和处理的对象作为一个整体系统来对待。系统论的主要任务就是以系统为对象，从整体出发来研究系统和组成系统各要素的相互关系，从本质上说明其结构、功能、行为和动态，以把握系统整体，达到最优的目标。（来自萧浩辉主编的《决策科学辞典》）

基于这个前提，电子竞技赛事可以这样理解：围绕竞技核心，由赛事发生所要完成的各种行为和存在的因素构成的系统。

一、电子竞技赛事管理的基本要素

电子竞技赛事的管理要素涉及赛事发生所要进行的行为和各种存在因素。在电子竞技赛事职业化、产业化、市场化的情形下，赛事行为各方的需求和期望越来越高。因此，赛事的管理范围日益扩大，相应的管理要素也日益增多和复杂化。

（一）纵向层次

如图 1-2 所示，电子竞技赛事的管理要素在纵向上可以分为两个层次：第一个层次是对赛事有基本支撑和保障作用的管理要素，包括人力资源、后勤、信息技术、财政、法律等；第二个层次是对赛事有提升和推广作用的管理要素，用以满足更多的需求，需要通过赞助、公关、媒体、市场营销等赛事的战略管理来实现。

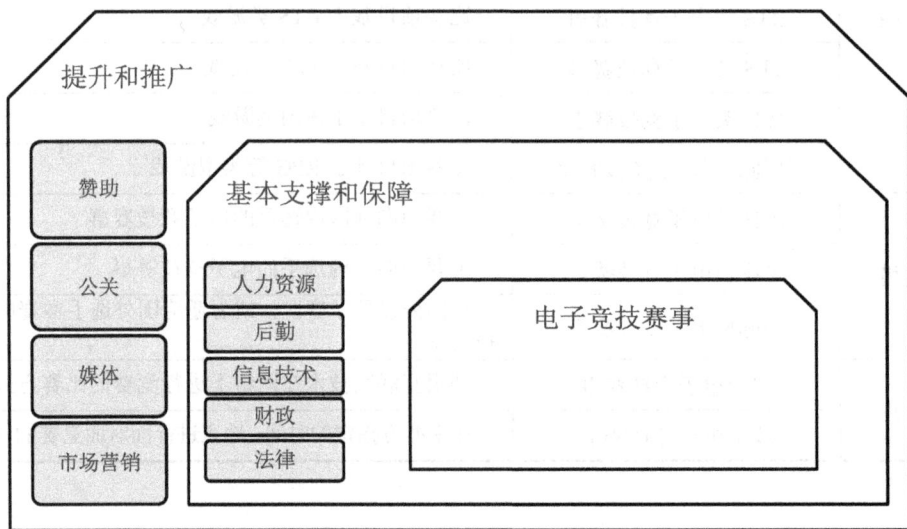

图 1-2　电子竞技赛事管理的纵向层次各要素

需要说明的是，赛事管理要素的侧重点与赛事规模有关。小型的赛事，注重的是第一个层次的基本支撑和保障；大型的赛事，第二个层次的提升和推广所涉及管理要素的地位就越突出。

（二）横向结构

电子竞技赛事在横向上由人力要素、物力要素、财力要素、技术要素互相结合构成，各要素均具有重要的地位，如图 1-3 所示。

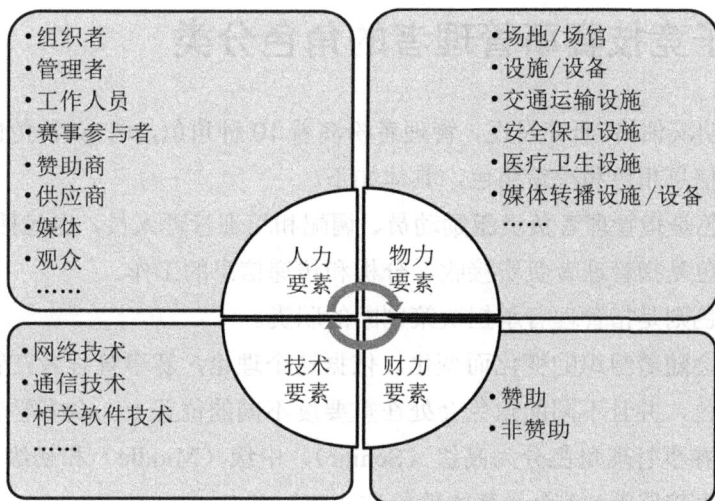

• 组织者 • 管理者 • 工作人员 • 赛事参与者 • 赞助商 • 供应商 • 媒体 • 观众 ……	人力 要素	物力 要素	• 场地/场馆 • 设施/设备 • 交通运输设施 • 安全保卫设施 • 医疗卫生设施 • 媒体转播设施/设备 ……
• 网络技术 • 通信技术 • 相关软件技术 ……	技术 要素	财力 要素	• 赞助 • 非赞助

图 1-3 电子竞技赛事管理的横向结构各要素

1. 人力要素

人力要素不仅涉及电子竞技赛事的组织者、管理者、工作人员和赛事参与者，还涉及间接的支持者（如赞助商、供应商等）及其他相关群体（如媒体、观众等）。人力要素是电子竞技赛事的基本构成要素。

2. 物力要素

物力要素是指电子竞技赛事必须具备的条件。不同类型的赛事所要求的物力要素是不同的，物力要素的完善与否直接关系到赛事的举办效果。这些要素包括：竞赛的场地/场馆、设施/设备、交通运输设施、安全保卫设施、医疗卫生设施及媒体转播设施/设备等。

3. 财力要素

在市场经济中，举办电子竞技赛事对经济的依赖性很重。不管是什么类型的赛事，都较为重视对其商业化的开发。从其构成来看，电子竞技赛事的财力要素主要由赞助和非赞助两部分构成。

4. 技术要素

电子竞技赛事与生俱来就是和技术相结合的，随着科学技术的不断进步，科技因素在赛事中越来越得到充分体现。先进的高科技设备不但能使观众在第一时间内看到赛事活动，还能和观众进行深度的互动，同时，也使赛事的组织管理者的工作效率大为提高。赛事涉及的技术要素包括网络技术、通信技术和相关软件技术等。

二、电子竞技赛事管理者的角色分类

根据亨利·明茨伯格[①]研究发现，管理者扮演着 10 种角色，这 10 种角色可被归入 3 大类：人际角色、信息角色和决策角色，具体如下。

（1）人际角色是指管理者负责激励动员、调配和培训管理人员，也包括对外人际交往。

（2）信息角色是指管理者负责接收、分析和传递信息的工作。

（3）决策角色则是指管理者承担决策判断的职责。

管理者角色会随着组织的变化而变化。依据这个理论，赛事管理者在管理过程中也需要扮演不同的角色，并且不同的角色会处在重要度不同的位置上。众多学者在多年实证研究的基础上，将赛事管理角色分为高级（Senior）、中级（Middle）和初级（Supervisory，负责具体工作的直接监管）3 个最基本的层次。

三、电子竞技赛事管理者的知识和技能

各个电子竞技赛事的流程非常相似，赛事管理者需要具备的知识和技能也集中在相似的方面，但根据赛事的具体类型，不同类型的赛事管理需要不同水平的管理。具体到某一个赛事，其管理系统内部也需要不同层次或水平的管理知识和技能。很明显，管理水平与赛事的目标、赛事构成要素有极大的关系，而不同层次的管理对管理人员的知识和技能的要求是不一样的。

罗伯特·李·卡茨[②]提出有效的管理者需要"技术性技能""人际性技能"和"概括性技能" 3 个方面的技能，这种理论具有"纵向"的结构特征。

"技术性技能"包括了一定专业领域里的知识和精通度，是完成组织内具体工作所需要的技能。这类技能具有较强的操作性和具体性，在较低水平的管理层次中尤为重要。

"人际性技能"是与人共事、理解别人、激励别人的能力。许多人在技术上是出色的，但在人际关系方面有些欠缺。由于管理者是通过别人来做事的，因而必须具备良好的人际关系才能实现有效地沟通、激励和授权。各层管理者都必须具备人际性技能。

"概括性技能"是指管理者必须面对抽象和复杂情况进行思考和概括。具有这类技能的管理者通常位于赛事组织与决策的宏观层面，在管理层级上属于顶级，要求具有远见、洞察力及整体思维能力。

在上述"初级—中级—高级"的三级分层体系中，赛事管理人员所需要具备的各类知识和技能，对位于不同管理层次的管理人员的需求程度是不同的（见图 1-4）。

[①] 亨利·明茨伯格（Henry Mintzberg），全球管理界享有盛誉的管理学大师，代表作品包括《管理工作实质》《五重组织》等。

[②] 罗伯特·李·卡茨（Robert L. Katz），美国著名的管理学学者，1955 年，他在美国《哈佛商业评论》发表了《高效管理者的三大技能》一文。

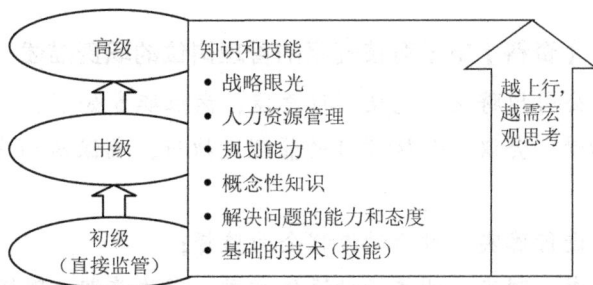

图 1-4 电子竞技赛事管理人员所需知识/技能分类（纵向结构）

若不将管理人员进行层级性的角色分类，而是从"横向"结构的关系来看，斯沃斯等人提出了活动管理的知识体系（Event Management Body of Knowledge），认为活动管理人员所需的知识和技能，可划分为 5 个领域："设计（Design）""行政管理（Administration）""运营（Operation）""风险（Risk）"和"市场营销（Marketing）"。每个管理领域所需的知识和技能如下。

"设计"是指将活动作为一个产品，向消费者提供的内容主要涉及活动（项目、节目）、环境布置、主题等。

"行政管理"主要包括活动的财务与资金、人力资源、信息、采购、利益相关者、系统与时间管理等。

"运营"是指活动现场管理，包括活动的参与、交流、基础设施、后勤、物流、场地、技术等。

"风险"包括法律的服从（让活动能在法律框架内举行）、突发事件、安保、保险、伦理道德等。

"市场营销"除包括传统的市场营销"4P"外，还包括公共关系等。

电子竞技赛事也是一种活动，其管理人员所需的知识和技能也是如此（见图 1-5）。

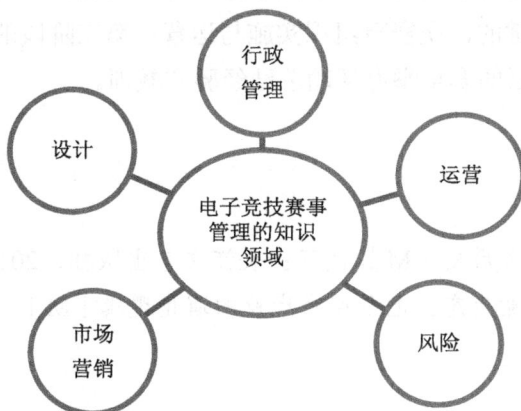

图 1-5 电子竞技赛事管理人员所需知识/技能分类（横向结构）

【资料】电子竞技赛事的管理岗位的职责描述

某知名上市公司招聘电子竞技项目总监,岗位职责如下。

大型公关活动、会议、会展项目的管理及执行,确保活动达到预期的目标和效果;

对策划方案进行落实,对活动流程全面监督;

根据客户要求,制定、调整活动运作方案,实施前期、现场、后期工作;

合理运用公司现有客户及供应商资源,完成项目任务;

撰写活动执行方案、执行预算、执行流程、项目时间推进表,预估活动现场效果;

把控活动现场制作物及外协单位的工作品质,监督现场搭建品质及其设备的调试;

对整个现场流程、效果、进度全盘掌控,组织工作人员进行前期彩排演练;

可出差,完成领导交办的其他工作。

(具体见 BOSS 直聘,网址:https://www.zhipin.com/job_detail/1416245842.html)

四、电子竞技赛事的管理过程

管理者在行使管理职能时,通常是以一种有步骤、有次序的连续方式进行的,呈现为一个完整过程。电子竞技赛事的运作与管理具有时段性,这与赛事管理要素的时间顺序性有关。一般赛事过程需要经历"赛事前(准备)""赛事中(实施)""赛事后(总结)"三个阶段。第一阶段的工作与管理内容为赛事的申办(如果需要)和规划设计;第二阶段的工作与管理内容是最为关键的,是赛事组织实施与运营;第三阶段的工作和管理内容是赛事后的评估和总结,为以后的赛事举办活动总结经验和教训。

【延伸阅读】

[1]刘洋.中国电竞幕后史[M].武汉:长江文艺出版社,2015.

[2]路江涌,等.电竞生态:电子游戏产业的演化逻辑[M].北京:机械工业出版社,2018.

【思考题】

1．根据本章知识，判断棋牌游戏赛事是否属于电子竞技赛事。

2．说出一个电子竞技赛事，并判断它属于第一方赛事还是第三方赛事。

3．从纵向和横向的层面分别说说电子竞技赛事管理需要哪些基础知识和技能。

4．了解一下以下赛事的来龙去脉：世界电子竞技大赛（WCG）；电子竞技职业联盟（CPL）；电子竞技世界（ESWC）;《DOTA2》国际邀请赛（Ti 赛）;《英雄联盟》全球总决赛（S 赛）；暴雪嘉年华（BlizzCon）。

第二章 电子竞技赛事的总体规划

一场赛事是从总体规划开始的，学习者从此"入门"，可以逐步理解电子竞技赛事策划与管理的详细内容。

学习者了解电子竞技赛事的理念、宗旨、目标等概念规划后，能高屋建瓴地俯视整个赛事。

学习者掌握可行性分析和赛事结构规划的相关知识后，将为下一章的赛事策划打好基础，也为之后的学习奠定基础。

【学习目标】

了解电子竞技赛事总体规划涉及的程序。

初步掌握如何根据实际情况为某项赛事规划目标与概念。

掌握电子竞技赛事可行性分析的基本方法。

了解电子竞技赛事的申办需要哪些条件。

初步掌握如何为某项赛事设计合理的组织结构。

【关键词】

电子竞技赛事　目标设置　概念规划　可行性分析　申办　赛事结构

通常，规划具有发展愿景的意义，是个人或组织制定的比较全面、长远的发展计划，是对未来整体性、长期性、基本性问题的思考和考量，是为未来设计的整套行动方案。电子竞技赛事的规划主要将焦点聚集目标，并明确实现目标的具体方法和途径。具体来说，规划的基本内容包括赛事的战略规划和赛事的项目规划两个部分。

战略规划也称为概念规划，是从一个更为广阔或更高的角度来计划赛事，多关注赛事的目标、理念、使命及愿景等一些"概念性"的内容，因此，这些概念的表征或表述通常更为一般化和较为抽象。对于大型电子竞技赛事来说，其口号或理念常能在一定程度上体现其概念，如世界电子竞技大赛（WCA）的品牌形象是"因为热爱，电竞有梦"，理念是"共营共赢"，核心战略则是"全球化、全民化、泛娱乐化"。

战略规划对于大型电子竞技赛事（如《英雄联盟》全球总决赛）尤为重要，相比之下，较小规模的电子竞技赛事更注重的是项目规划。赛事的项目规划是将工作重点放在更为具体的问题上，主要为短期或一次性的赛事进行筹划。负责这些具体事务的通常是中级或初级管理人员。最终，这些项目规划要求会详细地展示出来。

第一节 电子竞技赛事的目标设置与概念规划

一、赛事组委会的组建

在规划某项电子竞技赛事之前，尤其是大型电子竞技赛事，需要首先组建赛事组委会[①]。

赛事组委会对赛事的战略性和总体性功能负责，如制定目标、实现目标的策略及如何治理赛事等，领导力（Leadership）是赛事组委会至关重要的特征。

组委会可以是长期存在的，也可以是暂时设置的。前者针对那些在某一地区定期举办的赛事，后者则针对只在某一地区举办一次，或者两次要间隔很长时间而且这种间隔还无法被精确计划的赛事。

二、目标设置与任务的表达

目标和任务是相关联的。一个目标可以分解为多个任务。任务来源于目标且能具体地呈现目标。任务通常要求更为现实、可度量，并且是可达的。

（一）目标设置

赛事活动通常会有两个层次的目标——组织目标与商业目标。

组织目标是指赛事所有者设计的组织机构未来的发展目标，以及具体的赛事活动目标。它对组织机构的影响广泛，并且会影响具体的赛事活动。每场赛事活动的目标都应符合组织机构的目标。但保持目标的一致性可能会有些困难，越大型的组织越是如此。有时，赛事活动的所有者与其委托的管理机构之间也会有目标冲突，这种冲突严重时会影响赛事活

---

① 为做好 2010 年全国电子竞技公开赛事的组织筹备工作，国家体育总局体育信息中心发布《关于成立 2010 年全国电子竞技公开赛组织委员会的通知》，详情可见：http://www.sport.gov.cn/n16/n33193/n33223/n35604/n1419245/n2347990/1571400.html

动的运作和组织赛事的成功。

对于商业目标来说，它有很多具体的表达方式，常见的目标有财务目标，如销售收入、利润、分红等。这些财务目标比较容易通过量化的途径进行评价。另外，商业目标中也可设定非财务目标，如提高目标电子竞技游戏的玩家活跃度、知名度等。然而，即使是非财务目标，其对赛事活动的财务规划和控制也是有影响的。

对赛事的目标设置通常涵盖以下几个方面的内容。

（1）赛事的规模，如到场人数、收益、需要的工作人员数量、志愿者数量等；

（2）赛事的举办地点，若是线上赛事则没有场馆需求；

（3）赛事的声望与影响力，如"使本赛事成为国内具有影响力的第三方电子竞技赛事"；

（4）市场营销组合；

（5）财务目标，如赛事的利润、赛事奖金数量、赛事活动的自足性等。

目标设置对于大型电子竞技赛事的战略规划尤为重要。首先，它可以使所有赛事利益相关者在行动目标上保持一致性；其次，可以有效地激励相关人员在目标实现过程中的热情与创新。

目标的表述不仅要求在基础层面上做到清晰，在关键点上也必须明确方向；同时，它又必须是灵活的，这样才有利于在赛事举办的过程中，组织与管理人员及其他的利益相关者有足够的实现创造力的空间。

通常，电子竞技赛事可以完全按照举办者的意愿设立目标。但是第三方电子竞技赛事的承办需要获得游戏厂商的授权，需要遵循对应游戏研发商和游戏运营商等上游公司的既有目标与任务，或者不能与其冲突，这是由电子竞技赛事独有的特点决定的。

从产业经济学的角度来看，电子竞技赛事实质上是一个"投入—产出"的过程。据此，可以从目标设置的内容与性质出发，将电子竞技赛事的目标分为以下 3 种类型。

（1）投入目标。这类目标主要在于如何减少成本或投入，同时可以保证赛事能够完成。

（2）产出目标。与投入目标相对应，这类目标的内容是指赛事活动所希望得到的结果或取得的成绩。

（3）规避目标。这类目标是关于如何规避与赛事有关的负面问题，以及减少由此带来的成本的，如减少垃圾排放以防止环境受到污染。

（二）任务的表达

任务的表达有一个重要的前提，即赛事的所有利益相关者都必须可以识别。

任务来源于目标，是目标的具体呈现。任务在表达时要遵循以下几个原则：具体、可度量、可实现、相关联、有时限，也就是 SMART 五大原则[①]。

（1）S 代表具体（Specific），指任务要切中特定的工作指标，不能笼统，必须是具体的。

---

① 更多详细内容，可查询互联网。也可阅读 2009 年机械工业出版社出版的《管理的实践》。

（2）M 代表可度量（Measurable），指任务是数量化或行为化的，验证这些任务的数据或信息是可以获得的。有的工作岗位，很好量化任务，典型的就是销售人员的销售指标，而有的岗位，不好量化任务，如研发部门，但也要通过一定方式尽可能地量化。

（3）A 代表可实现（Attainable），指通过现有的时间规划和执行力，在外部相关人员和物资到位的情况下，确定能够实现目标。应避免设立过高或过低的目标。

（4）R 代表相关联（Relevant），指任务与工作的其他目标是相关联的。如果实现了这个目标，但与其他的目标完全不相关，或者相关度很低，那这个目标即使达到了，意义也不是很大。

（5）T 代表有时限（Time-bound），指注重完成任务的期限。例如，赛事确定了某个具体的竞赛时间，则在此时间点之前，所有的准备工作都要做好。

总之，无论是制定团队的工作目标，还是员工的工作目标，都必须符合上述原则，5个原则缺一不可。制定的过程是对管理团队先期的工作掌控能力提升的过程，完成计划的过程也是对团队现代化管理能力检验的过程。

任务一经确定，赛事的组织管理者须建立一个系统的和持续的措施，以保证后续过程与任务的一致性。赛事的目标与任务需要在整个赛事过程中定时或不定时的评估，以便发现问题及时修正，确保不走偏并最终能实现设定的目标和任务。

【资料】第六届动感地带电子竞技大赛的目标设置

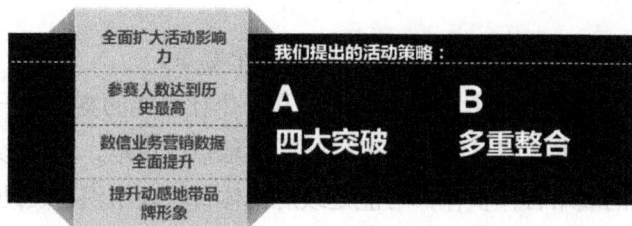

图 2-1 目标总览

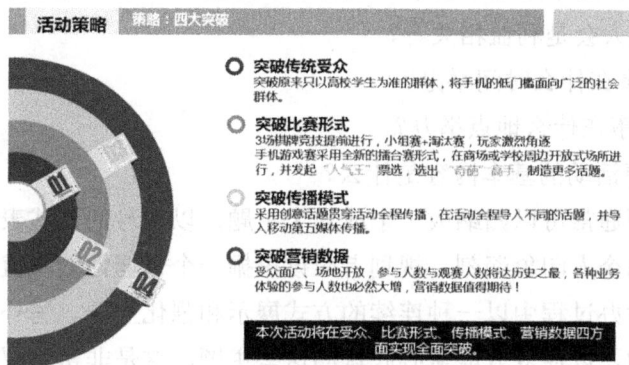

图 2-2 活动策略目标

营销规划　　五、营销目标

营销目标

A 预估参与各阶段活动和配套活动的现场体验人数超过10,000人次
B 预估活动通过广播、网络、短信等媒体辐射影响目标用户20万人次
C 预计通过比赛和配套活动带动手机游戏、手机动漫、手机视频、MM、手机阅读等各项数信业务的体验与推广，促进业务量的提升

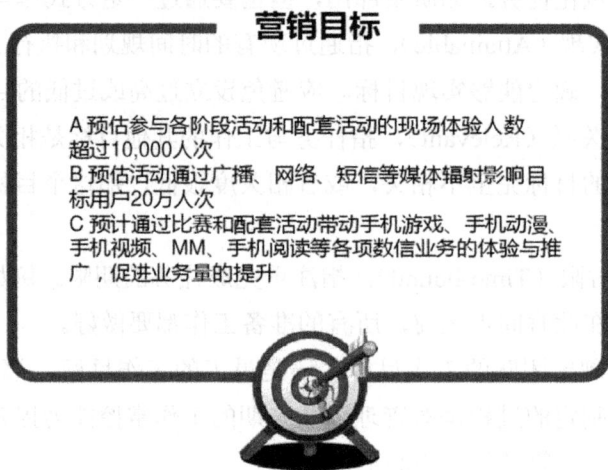

图 2-3　营销目标

（资料来自互联网）

三、赛事的概念规划

概念的规划通常开始于某个想法或有意承办某个赛事。

规划者需要首先回答清楚一个基本问题：这是一个什么样的赛事？一些关键词能更清晰地表达这个问题，如赛事的规模、运营方式、时间、地点、场地、设施/设备等。概念规划过程中还需要识别潜在的战略合作伙伴，可能是政府、体育管理组织、赞助商及代理商等。

通常，电子竞技赛事概念的形成需要规划者回答以下 5 个问题。

（1）Why：为什么要举办这个赛事？或者赛事的基本目标与利益诉求是什么？

（2）Who：哪些人会是利益相关者？

（3）When：赛事在什么时间举办？

（4）Where：赛事在什么地点举办？

（5）What：赛事活动的基本内容是什么？

赛事的概念规划通常可以归纳成一个或几个主题，以口号的方式表达出来，然后展示给公众。要想使主题令人印象深刻，规划者应该挖掘一个普遍性的价值或信念体系，体现精神性，并在赛事举办过程中以一种连续的方式展示和强化主题。另外，赛事组织举办方与公众应该互动沟通，以便双方能从心底认同这些主题，这是非常重要的。在此基础上，主题对创造赛事的氛围具有重要的意义。

【资料】概念规划中的 5 个问题

下面以中国青年电子竞技大赛（CYEC）第一届为例，说明概念规划中的 5 个问题。

Why

引导全国青年树立健康和谐的游戏理论和文化内涵，推进绿色电子竞技产业发展，加强青年电子竞技职业技能培训，推动青年在电子竞技领域创新创业。

Who

主办方（团中央网络影视中心）

承办方（北京中青盛世传媒文化有限公司、武汉梦竞科技有限公司）

赛事所有权人（各电子游戏版权方）

赛事参与者（运动员、裁判、教练）

赛事观众

赞助商

媒体（广播、电视、报刊、互联网）

工作团队（受雇职员、志愿者）

主办社区

When

2016.10.26　北京新闻发布会

2016.10.31　各赛区新闻发布会

2016.10-2016.12　秋季赛

2016.02-2016.04　春季赛

2017.06　全国总决赛

Where

第一届中国青年电子竞技大赛设立了东部、南部、西部、北部、中部五大赛区。

What

比赛项目分 5 大类，包括《英雄联盟》《DOTA2》《炉石传说》《守望先锋》等主流电子竞技游戏及其他多项游戏。

（相关资料来自中国青年电子竞技大赛，更多内容可以访问网址：
http://china-cyec.com）

第二节　电子竞技赛事的可行性分析

电子竞技赛事的可行性分析，实质是对上一过程中形成的赛事概念能否实施进行测评，是对概念及战略规划进行更深入的科学而严谨的决策分析。这一过程涉及的环节较多，可能需要多个领域的专家共同进行决策。决策主要从赛事举办的可行性和必要性这两个方面进行。总体来说，赛事举办的可行性分析从两个层面入手，即宏观的环境条件分析和赛事举办地的资源条件分析。

一、宏观的环境条件分析

宏观的环境条件分析对于大型电子竞技赛事是非常必要的，一般会从以下方面进行分析。

1. 举办地人口状况

举办地的人口数量，还有人口的结构与特征，如年龄、性别、财富状况、对新事物的接受程度等。

2. 志愿者与相关人才的储备情况

一场大型的电子竞技赛事可能会需要一些志愿者，也可能从当地招募与电子竞技相关的游戏人才，这样的方式能减少赛事的成本。所以，举办地的志愿者与相关人才的数量和质量情况会直接影响赛事的组织运营。

3. 社会公众的支持程度

在赛事确定举办之前，在当地进行民众对赛事期望度的调查了解是很有必要的。组织举办方能从中评估公众对赛事的支持或接受的程度。公众的支持很重要，这不仅与门票收益相关，还可能影响到赛事的正常举行。

4. 政治和意识形态

越大型的电子竞技赛事与政治和意识形态的关联性越强。这类赛事的规划在一定程度上也是一个政治过程。

5. 整体经济状况

赛事的组织举办方需要评估分析是否能负担得起赛事的成本，在赛事确定举办前要对成本与利润有一个初步的估算。对于小型电子竞技赛事来讲，经济状况比较好控制，但大型电子竞技赛事很容易失控，如有的赛事由于不能正常发放选手奖金而陷入纠纷，后续赛事也不能正常举办。

6. 竞技环境

随着赛事市场的多元化发展，不同类电子竞技游戏的赛事，甚至同类电子竞技游戏的赛事都在增多。这样就容易出现赛事间的活动内容、时间、空间等发生直接冲突或竞争。因此，赛事组织举办方要对竞技环境进行分析，找准自己的定位。这方面的分析方法很多，SWOT 分析（基于内外部竞争环境和竞争条件下的态势分析）是规划研究中常见的一种方法。

7. 市场条件

宏观的市场条件分析，主要是分析赛事的举办是否会受到关注或引起人们的兴趣，分析对象不仅包括一般的消费者，如观众，也包括赛事参与者、赞助商、供应商等。这里的评估分析主要从宏观性和战略导向性层面进行，涉及的主要内容包括参与人员的大致数量、地区分布、停留时间及参与人员在活动期间的消费结构等。例如，是否有足够的俱乐部愿意参与此赛事活动，它是赛事能正常进行的重要条件。

二、赛事举办地的资源条件分析

资源条件是指电子竞技赛事运行所需的资源供应情况，它是项目运行的物质基础和基本条件。对于不同规模、不同类型的赛事，所需资源条件差别很大。小型电子竞技赛事的资源环境和条件相对固定，而大型电子竞技赛事所需的资源环境和条件是可以创造出来的。概括起来，资源条件分析包括以下几方面内容。

1. 举办地基础设施建设

线上电子竞技赛事没有举办地的需求，考量赛区的互联网技术发展现状即可。而所有的线下赛事，举办地的基础设施是赛事运行的物质基础和先决条件。这里的基础设施，根据国家建设部的统计口径，包括供水、燃气、集中供热、公共交通、道路桥梁、排水、防洪、园林绿化、市容环境卫生等。当然，互联网基础建设也需要考量。对非规模类电子竞技赛事而言，可能只关心其中的某几项。

2. 赛事场馆设施条件

对于线下赛事，举办地的场馆设施条件是电子竞技赛事的直接前提。不管是户外还是室内，通常都会对场馆设施条件进行评估分析，包括观众容纳数、场馆/场地性质、场馆/场地规模、地理位置等。

3. 举办赛事所需资金

前文的"宏观的环境条件分析"中提到了对整体经济状况的评估，此处赛事举办地的资源条件分析是具体的，即要评估商业化或市场化融资方式有哪些，以及能否获得政府或其他公共组织的拨款、社会捐赠等。

4. 媒体直播/转播条件

电子竞技赛事在赛前宣传推广、赛中现场直播、赛后编辑发布或内容制作的过程中，都需要媒体多方配合。特别是当下直播作为电子竞技赛事传播的主要手段，其直播团队的经验与能力、直播技术、直播设施/设备等多个方面都需要进行评估分析。

5. 接待条件

如果赛事组织举办方重视赛事与旅游的关系，就会重视接待条件的评估分析，这些评估的指标包括宾馆等级、接待容量、地理位置及服务人员的水平等。

6. 安保条件

越大型的赛事，人和物的管理越复杂，相应地对安保的要求也就越高。安保是赛事成功举办的根本保障。对安保的评估分析包括安保的技能、设施/设备的状况及相关人员的工作经验等。要举办一场大型活动，需要政府部门审核批准的事项非常多，如公安、消防等，这是为了赛事的安全，也是为了保障赛事的有序进行。

7. 赛事运作经验

赛事的运作是赛事的核心和关键环节。它是指赛事运营组织通过行使管理职能对赛事投入人力、物力、财力和技术等要素，并通过合理的分配和使用，有效地创造出赛事产品和相关服务的过程。在这个过程中，涉及众多复杂的环节，赛事最终能否充分利用各类资源并成功举办，在很大程度上依赖于赛事运作团队。选择有背景的赛事运作团队，要评估分析其先前运作过的赛事类型，也要评估分析其赛事运作风格。

对于可能产生特别影响力的电子竞技赛事，还需评估分析其在社会与文化、经济、政治、环境等方面的影响，最终以可持续性发展为宗旨。一场赛事是短暂的，但其影响的"遗产"，包括志愿者精神、社区凝聚力、社会对电子竞技赛事的认可度等，可以是长久的。总之，规划者宜尽可能地从各个层面对赛事进行赛前评估，最终确认赛事的必要性和可行性。

第三节 电子竞技赛事的申办

如果上述可行性分析是否定的，就需要规划者重新回到概念规划阶段，以便重新对赛事进行规划；若可行性分析是肯定的，则要进入申办环节。需注意：并非每个赛事都需要审批，这由相关规定而定。

一、电子竞技赛事的申报

国家体育总局作为电子竞技赛事的主管单位，为了进一步推动电子竞技运动的发展，更好地规范电子竞技赛事，会对赛事进行监管。

《电子竞技赛事管理暂行规定》[①]明确规定："由国家体育总局体育信息中心主办或合办的国际性或全国性电子竞技项目的综合性或单项竞赛活动，以及接受信息中心指导的其他电子竞技赛事活动都受到监管。"对于其他一些电子竞技赛事，则要宽松得多，明确规定如下："非信息中心主办的国际性和全国性电子竞技赛事，包括商业性、群众性、公益性电子竞技赛事，一律不需要审批，合法的法律主体可自行依法组织和举办此类赛事。信息中心可以从技术、规则等方面进行指导和服务，按双方认可的标准，收取技术咨询服务等费用，签订相关协议，并进行备案。"

对于地方性电子竞技赛事，一般也是需要在地方体育主管部门申请和报备的。例如，重庆广电数字传媒想在重庆市范围内举办一次小有规模的电子竞技赛事活动，大约有一百来位选手参赛，后期将在自有媒体平台对活动视频进行播放，则需要在公司注册辖区的体育局办理申报电子竞技赛事活动的手续[②]。

二、主办方申办电子竞技赛事的条件

电子竞技赛事的主办方是活动发起者，可能是电子竞技游戏的研发商、运营商，也可能是体育主管部门、第三方商业公司或个人。要申请成为主办方，特别是成为国际性、全国性、跨省级行政区域的电子竞技赛事的主办方，必须满足一定条件才行。《全国电子竞技竞赛管理办法（试行）》[③]对此做了相应的规定。

> **【资料】主办方申办电子竞技赛事的条件**
>
> 《全国电子竞技竞赛管理办法（试行）》中规定主办方必须具备以下条件。
>
> （一）能够独立承担民事责任；
>
> （二）有能力执行全国体总秘书处制订的有关运动规程和规则；
>
> （三）有与比赛规模相当的组织机构和具有相当专业知识的管理人员；

---

① 关于《电子竞技赛事管理暂行规定》，更多详细内容可查看：http://www.sport.gov.cn/n16/n33193/n33223/n35604/n1419245/6726831.html

② 关于举办电子竞技赛事是否需要相关许可证，重庆市体育局公开信箱有相关的答复，更多详细内容可查看：http://www.cq.gov.cn/publicmail/citizen/ViewReleaseMail.aspx?intReleaseID=1015111

③ 关于《全国电子竞技竞赛管理办法（试行）》，更多详细内容可查看：http://www.sport.gov.cn/n16/n33193/n33223/n35604/n1419245/6726831.html

（四）有与比赛规模相应的经费和设备；

（五）使用的比赛设备符合中国电子竞技运动技术规则规定的设备标准；

（六）有符合治安、消防、卫生和环境保护条件的适宜场所；并全面负责赛场秩序等安全保卫工作；

（七）有符合要求的医疗救护设备和人员；

（八）主办方应当为参赛运动员办理保险，或者参赛运动员应当为自己办理保险后方能参赛；

（九）有应对突发事件的能力；

（十）具备有关法律、法规规定的其他条件。

主办方应当提交的文件材料如下。

（一）体育竞赛申请表（地方体育行政主管部门印制、发放）或主办方法定代表人签署的申请书并加盖公章；

（二）主办方及主要负责人身份证件或登记、注册的证明材料及复印件（加盖公章）；

（三）竞赛规程、筹备实施方案、安全工作方案、医疗保障措施和突发事件应急预案。竞赛规程，包括比赛的名称、主办单位名称、承办单位名称、宗旨、竞赛项目、时间、地点、参加单位、参加办法、竞赛办法、竞赛规则、奖励办法等；

（四）比赛主要组织机构人员名单；

（五）经费来源和经费预算报告；

（六）竞赛场地所有人或主管单位同意使用的证明；

（七）票务销售或有偿赠送实施方案；

（八）按时、足额兑现奖金的承诺书；

（九）省级体育主管部门同意举办比赛的批准文件。

（具体可见体总网，网址：http://esport.sport.org.cn/gfgg/2006-11-30/1208265.html）

三、承办方申办电子竞技赛事的条件

电子竞技赛事的承办方是活动的具体办理单位，负责赛事活动的策划与组织实施。由国家体育总局体育信息中心主办或合办的赛事，一般会通过承办人主动申办、公告招募、招标形式（公开招标、邀请招标）、竞争性谈判及其他方式确定赛事承办人。由游戏厂商主办的赛事，也可能由第三方公司承办，其中部分城市赛级别的比赛，承办方可直接向游戏厂商申请举办。以《2018 王者荣耀全民赛通则》①为例，其中详细规定了赛事名称、申请时间、可申请商家类型等各项内容。

需要特别说明的是，相比传统体育赛事，电子竞技赛事需要以游戏为平台才能举行，而游戏是有版权的。因此要举办电子竞技赛事，需要得到对应游戏厂商的授权。游戏厂商手握游戏版权，能通过"游戏授权"对第三方电子竞技赛事进行限制。目前大多数游戏厂商只是开放了自己赛事的赞助通道，并没有开通申请赛事通道，很多传统厂商想做电子竞技赛事几乎无法拿到授权，即使有申请通道，如果想要拿到热门项目也要支付高额的授权费用。

另外，在《电子竞技赛事管理暂行规定》中，对赛事承办人的条件，也做了相关规定。

【资料】承办方申办电子竞技赛事的条件

《电子竞技赛事管理暂行规定》中规定，申请承办电子竞技赛事的组织（以下简称"承办人"），应当具备下列条件。

（一）能够独立承担民事责任；

（二）拥有与经营范围和赛事规模相适应的组织机构和专业管理人员；

（三）具有完备的赛事组织实施方案；

（四）拥有与赛事规模相适应的经费；

（五）具备赛事所需的场地、设施和器材。

承办人提交的承办意向书应列明下列事项。

（一）名称，包括赛事名称、承办单位名称等；

（二）举办赛事的宗旨；

（三）经费的来源和预算；

（四）赛事的筹备实施方案，包括组织方案、接待方案、工作计划、赛事安全方案、应急预案、奖金承诺书等；

（五）其他需要说明的事项。

（具体可见体总网，网址：http://www.sport.gov.cn/n16/n33193/n33223/n35604/n1419245/6726831.html）

本书的附录 C "2017 年咪咕游戏电竞大赛（第二赛季）项目需求及规范（部分）"是一份类似主办方招标的文案，其中详细说明了承办方需要满足哪些需求和规范，供读者了解。

---

① 关于《2018 王者荣耀全民赛通则》，更多详细内容可查看：http://pvp.qq.com/match/quanmin/#/about

第四节　电子竞技赛事结构的规划与设计

在赛事可行性分析完成后，确定赛事具备举办的可行性，这时除进行必要的申报外，还要进行电子竞技赛事的具体规划与设计。

一、电子竞技赛事的规划要素

与传统的体育赛事类似，电子竞技赛事的规划设计要素具有"圈层性"。"圈层性"是指以电子竞技赛事为核心，通过不同圈层的设计规划要素作为支撑，最终达到成功举办赛事的目的。如图 2-4 所示，电子竞技赛事的规划要素共有 3 个圈层。

基础的圈层由电子竞技赛事的 3 个最基本的设计规划要素，即赛事活动项目、空间（场地/场馆）和赛事消费品构成，也包括针对这 3 个要素的运营规划。这一圈层是赛事的基本内容。

扩展的圈层设计规划要素包括商务、财务、市场营销 3 个方面。商务与财务的规划设计都会涉及赛事运营的资金或经济的来源。其中，财务通常是指赛事举办所需资金的预算、筹措及分配运用，包括获取赞助、从其他组织或个人获得经济支持等；商务则主要是指赛事组织举办方将赛事本身资源作为交易对象，通过与一些组织或企业进行商务合作以获得经济收益，如赛事版权的转让、与赛事品牌相关的特许商品的开发与经营等。市场营销则是将赛事视作一项产品，然后通过各种途径将其信息传达给目标市场的过程。这些目标市场不仅包括观众，也包括赞助商、媒体等。这一圈层是赛事的扩展内容，越大型的赛事规划得越细，涉及的面也越广。

宏观的圈层设计规划要素包括风险管理与利益相关者管理 2 个领域。线下电子竞技赛事的一大特点是在有限的时空范围内聚集大量的人流与物流，因此赛事举行过程中难以避免发生各种不确定与不可预知的情况。特别是大型电子竞技赛事，不可能完全按照设计规划的情况运营，这就需要提前做出应急规划，来应对赛事过程中可能出现的各种危机。另外，一场赛事涉及众多利益相关者，有观众、参赛俱乐部、赞助方、媒体等，如何最大限度地让各方获得最大利益且尽量不损害其他人群的利益，也是十分重要的，这就需要利益相关者管理的规划。此圈层的内容涉及前面 2 个圈层的所有因素，对整个赛事往往起着"统罩"作用，需要从整体和宏观角度进行规划。

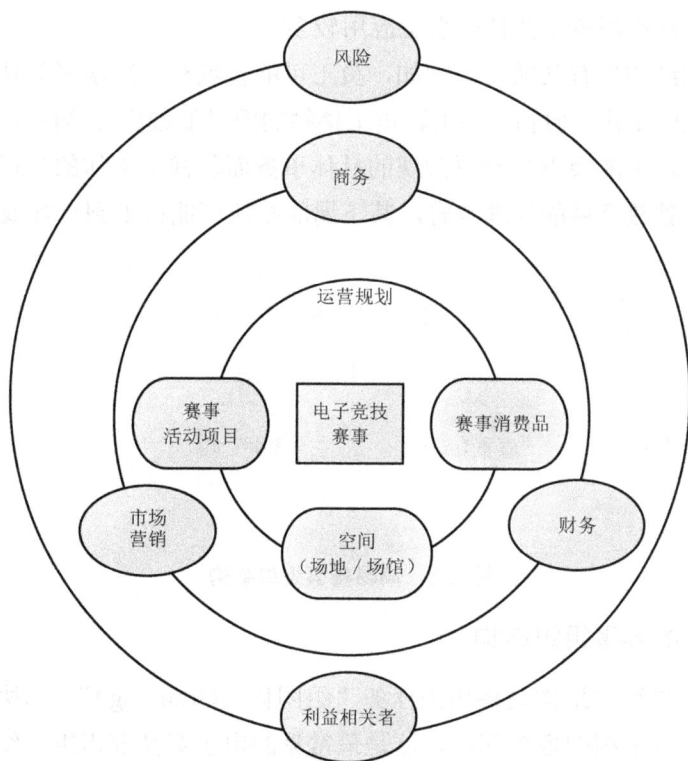

图 2-4　电子竞技赛事的详细规划要素及其结构示意图

二、电子竞技赛事的组织结构

电子竞技赛事的组织结构，是电子竞技赛事组委会为了赛事的合理运营和管理，将举办赛事的任务分解成不同且互相关联的"角色分工"，从而形成的管理组织结构。建立组织结构是非常必要的，因为上述的各个规划设计要素并非独立存在，而是紧密相连的，合理的组织结构能更好地实现这种联系。分解好的角色会分派给有关工作者（个体或集体）并使其理解各自的角色功能，以及角色之间纵向与横向的关系。因此，从本质上说，电子竞技赛事组织结构的设计是一个劳动分工[①]的过程。

各电子竞技赛事的类型、规模、水平等差异很大，其组织结构也应该是多样化的。通常，电子竞技赛事有以下几种结构类型。

1. 简易赛事组织结构

在简易赛事组织结构中，赛事经理人几乎掌控所有的决策过程，对赛事活动及其人员具有完全的控制权（见图 2-5），其应当是一个熟悉管理理论与技术的"多面手（**Multi-Skilled**）"。这种赛事的组织结构具有较好的灵活性，对环境的可适应性，以及较清

---

① 劳动分工是指将工作分配给各个工作人员，告知他们的工作职责和工作内容是什么，以及通过何种途径去实现目标。

晰的任务说明性，在小型电子竞技赛事上应用较多。

简易赛事组织结构也有其缺点。例如，员工可能较难获得高水平的技能，因为他们没有机会进行专业化的工作（但相对应的，员工接触的面可能较广）；再如，赛事经理的工作领域多、任务繁忙，可能会下沉到更微观的具体事务而忽视了整体的管理和思考；又如，当赛事经理是一个独裁风格的管理者时，其下属的技能可能得不到重视或应用。

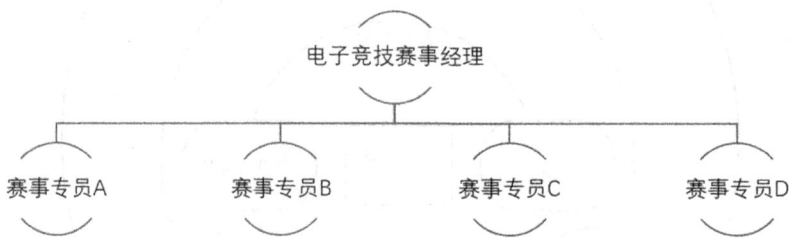

图 2-5　简易赛事组织结构

2. 基于功能的赛事组织结构

基于功能的赛事组织结构是将相关任务"组团化（Grouping）"，为协调完成工作而按关键要素决定和划分组织的各个部门。这是最常见的电子竞技赛事组织结构类型。这种组织结构鼓励部门分工的专门化，其中职责的重叠可以通过详细的结构设计而避免。这种结构的优点首先是可以安排专门的工作任务，从而可以有效地避免职责的重叠现象；其次是可以根据赛事管理的需要增加新的功能区。

基于功能的赛事组织结构有其局限性：第一，在分工明晰化和专门化后，不同部门的员工之间可能不理解对方的工作性质与内容而导致协调困难；第二，不同的部门有自己的利益追求，这可能导致部门之间出现利益冲突。

该组织结构设计中经常运用到的部门化的标准包括：职能（或过程）、产品（或服务）、地域（或客户）等。部门划分应遵循的总体原则是分工与协作，具体包含以下几点。

（1）力求维持最少部门。

（2）组织结构应具有灵活性。

（3）确保目标的实现。

（4）各部门任务的分配应均衡，避免忙闲不均。

（5）检查职位和业务部门分设，即检查人不应隶属受检查的业务部门。

图 2-6 所示为电子竞技赛事常见的基于功能的组织结构示意图，其中所列部门的具体职责通常是按下面的内容划分的。

（1）综合部，主要负责组委会的综合协调工作。

（2）竞赛部，主要负责竞赛工作的组织与实施，包括审核、制定、印发竞赛规则及竞赛规程；提出各项目竞赛承办地点和各项目竞赛场地设备及器材规格的要求；制定制度、安排各项比赛秩序册、成绩册；制定技术官员、裁判员、运动员参赛资格的审定标准；运动员参赛资格的审查和报名注册工作。

（3）宣传部，主要负责新闻宣传报道方案的制定及实施；媒体的宣传策划、渠道开发工作；组委会新闻发布工作。

（4）技术部，主要负责竞赛电子计算机的审核工作；按照电子信息服务系统的整体方案，做好注册登记、多媒体查询、电子商务、新闻信息发布的各项准备工作；电子信息联合调试、软件开发、系统服务与场馆之间的技术协调工作。

（5）市场部，负责组委会市场开发方案的策划与实施；综合负责组委会的集资工作；负责组委会无形资产的开发工作；办理各种专利、广告、比赛器材招标和购置等事宜。

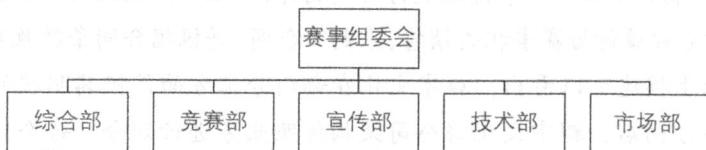

图 2-6　基于功能的赛事组织结构

【资料】电子竞技赛事的组织结构和部门分工实例

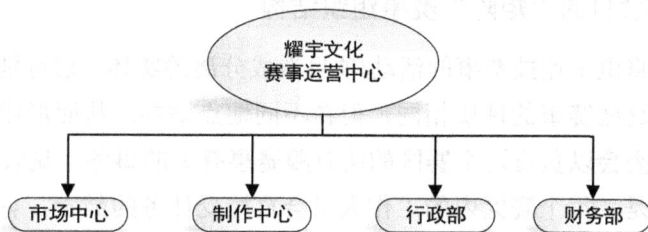

图 2-7　耀宇文化赛事运营中心的组织结构

在确定是否承接一场电子竞技赛事之前，耀宇文化由市场中心与赛事主办方进行洽谈，了解赛事需求和赛事版权等问题，之后公司内部进行讨论，市场中心和制作中心配合制作具体的赛事方案参与赛事竞标，同时进行赛事策划和内部资源分配。（大型赛事由于聚焦度高，对于公司品牌形象有极高的曝光度，因此大型赛事的承办权争夺十分激烈，主办方会选择"竞标"的方式来选择执行方。）

招商成功后，市场中心建立项目组，制作详细的赛事细则和具体的实施方案，制作中心对灯光、舞台、人员组织等进行安排，行政部与场地、网络、酒店、餐饮及其他相关赛事供应商进行合同的审核沟通，财务部配合行政部进行相应的定金支付，并审核项目组的预支款。

在赛事进行时，市场中心是全程参与到赛事中的，对赛事的各个环节进行实时把控，遇到突发情况及时进行处理，确保整个赛事有序地进行。制作中心负责确保赛事中整个舞台流程正常有序地运作。行政部配合赛事组委会负责后勤保障工作，包括准备选手和工作人员的餐饮、住宿等服务。值得一提的是，在此期间，提出需求的甲方游戏厂商是进行全程监管的，并且赛事执行的过程是要严格按照官方提供的执行方案进行的。

赛事结束后，市场中心需要对整场赛事进行总结，并负责赛事举办情况的市场宣传工作。制作中心对赛事视频进行后期制作，并上传至视频网站等播放渠道。行政部和财务部履行与赛事相关销售、采购等合同，并根据合同条款收款或付款。

根据以上描述可以看出，耀宇文化在部门分工方面是极其明确的，在确定了自身业务方向后，耀宇文化将公司架构按照业务进行划分，每个部门负责的板块非常清晰，从而保证了赛事的顺利进行，提高了工作的效率。

（具体可见游戏葡萄《以赛事为核心的业务架构，让这家曾亏损 2000 万的电竞公司扭亏为盈》，网址：http://youxiputao.com/articles/11387）

3. 基于活动/项目的"矩阵"赛事组织结构

这种组织结构将电子竞技赛事的活动/项目看成分离的实体，它特别适用于在多个地点举办的单项赛事。这些赛事的性质相同，但在不同地点举办，从而形成一个个赛区，每个赛区会安排一个分委会以负责这个赛区的所有跟赛事有关的事务（见表 2-1）。这种赛事组织结构的主要优点是，每个赛区内的工作人员会直接受任务的鼓励，有助于组织内的交流与合作。

但是，如何从全盘或总体上让整个赛事顺利运营，而不出现赛区间的协调或职权方面的问题，这是一个主要的挑战。相应地，一些如安保、交流及技术支持等基础性服务，要贯穿所有的赛事，则每个执行这类服务的员工要么被安排到某一赛区，要么在各个赛区之间进行巡视，对其的管理也是一个挑战。

表 2-1 基于活动/项目的"矩阵"赛事组织结构

举办地分委会				
支持系统	场地 A	场地 B	场地 C	更多场地
通信保障				
交通				
安保				
其他基础性服务				

4. 多组织赛事组织结构

多组织赛事组织结构建立在现代产业分工越来越细化和市场化程度越来越高的现代环境基础之上。多组织赛事组织结构是赛事举办方将一系列产品与服务通过现代合同等契约方式转让给外部企业或组织（见图2-8）。这种组织结构有一定的"虚拟"性质，因为赛事一旦结束，这个组织就会随之解散。

这样的组织结构主要有以下4个方面的优点。

（1）电子竞技赛事是短期的，赛事组织举办方通常没有能力也没有必要维持大量的人力资源，这种结构能有效地解决这个问题。

（2）承接这些产品与服务的公司或组织通常掌握了某一领域内最为先进的技术与经验，能有效地保证赛事的顺利进行并为消费者提供优质的产品。

（3）赛事预算变得更为精确，因为一系列成本的控制都通过合同的形式让渡给了相关企业或组织。

（4）赛事的决策层人员可以精简，这使得决策的效率较高。

缺点表现在以下方面：赛事主办方与合同企业的关系比较松散（虽然有合同制约），难以直接控制产品与服务的质量，产品提供的可靠性也相对难以保证；同时，各合同企业的员工对赛事有可能缺乏详细的了解。

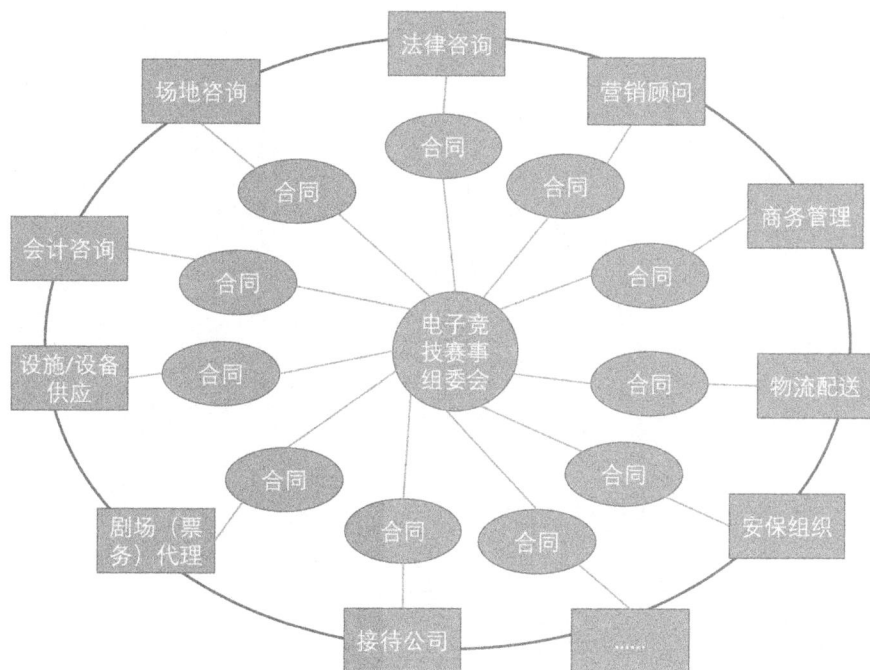

图2-8 多组织赛事组织结构

【延伸阅读】

［1］丛艳平，等.基于 swot 分析的体育赛事规划研究［J］.吉林体育学院学报，2007.

［2］［美］彼得·德鲁克.管理的实践［M］.齐若兰，译.北京：机械工业出版社，2009.

【思考题】

1. 赛事概念规划要回答的 5 个问题是什么？

2. 赛事的可行性分析包括哪些具体内容？

3. 选取任意知名电子竞技赛事，尝试分析其"圈层性"规划要素的具体内容。

4. 电子竞技赛事有哪些组织结构？各自有哪些优缺点？

第三章　电子竞技赛事的策划方案

【学习的意义】

电子竞技赛事是由单个或多个项目活动组成的，项目活动的举办需要场地，本章详细阐述了筹备期间如何选择和设计场地，以及这些项目活动如何进行规划设计。另外，项目活动需要通过具体的文档表达出来，最后形成策划方案，方案中应该含有的内容也是本章的重点。

本章注重理论，也关注实践。通过理论与实践的学习，学习者可以了解多种设计理论，并能在电子竞技赛事筹备期间，独立设计规划出各种方案。

【学习目标】

了解如何选择电子竞技赛事的场地。

了解电子竞技赛事场地的功能设计和情境设计。

深入理解场地设计理论。

理解情感刺激的设计思想。

掌握电子竞技赛事规划设计中的常见方案。

【关键词】

电子竞技赛事　场地　空间设计　导视系统设计　体验　情绪与情感引导　活动规则创意设计　总体工作方案　竞赛规程　竞赛规则　主题活动方案

电子竞技赛事的总体规划确定以后，组织举办者就可以制作详细的赛事细则和具体的实施方案了，也就是赛事的策划方案。策划方案需要通过具体的表达方式（如文案或文档）客观地、清晰地、生动地呈现出赛事的整个过程，以达到能高效地指导电子竞技赛事的运营实践的效果。

　　策划方案是设计出来的。设计要以消费者为中心，通过了解消费者的需求及各种商务、经济、环境、社会等方面的要求来策划方案。这既是一个技术过程，也是一个创造过程。电子竞技赛事活动的每个环节不是简单的恰巧发生的，它们必须经过设计创造才会出现。

　　从管理实践的角度来看，"设计"应被看作管理的一个重要工具，而不是一个纯粹的技术或艺术范围的事情，且设计的方案会牵涉多方的运作，因此，策划者在设计前要尊重各方尤其是赛事管理者的意见。

　　在策划方案的具体设计中，体验经济①理论的应用是非常有价值的。体验是一个人达到情绪、体力、精神的某一特定水平时，其意识中产生的一种美好感觉。若赛事能让各方都产生美好感觉，那就是非常成功的。

第一节　电子竞技赛事的环境设计

　　赛事参与者和现场观众对于赛事的体验与空间的关系很大，因此，不论是户外电子竞技赛事，还是室内电子竞技赛事，与空间有关的环境设计都是很重要的。

一、场地的选择

　　要举办电子竞技赛事，首先得选择一个合适的场地。能举办电子竞技赛事的场地有很多，具体选在何处需要根据赛事的实际情况而定。从功能的类型上看，适合电子竞技赛事的场地主要有聚会式场地和开放空间。

　　聚会式场地（Assembly/Assemblies）是指将观众与赛事参与者集中在一个封闭的空间或半封闭的空间，赛事在中央区域举行，观众围坐在周围，如图 3-1 所示。

图 3-1　在聚会式场地举办的电子竞技赛事

---

① 有关"体验经济"，详细内容可查询互联网。也可阅读约瑟夫·派恩和詹姆斯·吉尔摩所著的《体验经济》一书。

　　开放空间（Open Space）通常指公园、广场或街区。在开放空间中，人员的自由流动是其最大特点。策划者在空间设计时，需要将公众聚集的相关问题作为重要的考虑因素。

　　一般来讲，大型电子竞技赛事会选择聚会式场地举行，如大型体育馆、剧院等，而中小型电子竞技赛事通常选择在室外开放空间搭建临时的场地，更小一些的赛事则普遍在网吧举行。图 3-2 所示为在开放空间举办的电子竞技赛事。

图 3-2　在开放空间举办的电子竞技赛事

　　具体在什么样的空间举行，需要考虑很多因素。除了赛事类型，还需要考虑区位因素。从宏观的地理学角度即地点间的位置"关系"来分析，策划者可以考虑以下几点指标。

　　（1）可见性（Visibility）。为了吸引消费者，可见性是赛事举办地点选择的一个关键因素，这对那些在开放空间举办的赛事尤为重要。另外，为了提升吸引力，也可选择一些地标区域作为举办地，如知名的城市广场、知名的体育场馆等。

　　（2）可达性（Accessibility）。可达性考虑的是交通是否便捷的问题。赛事参与者到达比赛地点的途径、人流的类型等，都是选择场地时要考虑的因素。如果比赛地难以便捷到达，则赛事举办方可能需要提供从交通集散中心（如火车站、飞机场）到比赛地的短途交通工具。

　　（3）集中性（Centrality）。如果选场的可见性和可达性都较高，一般其集中性也不错，例如将赛事选择在商业区的广场上举办。

　　（4）地点的聚类（Clustering）。场地的选择可能需要考虑与周边地区其他旅游吸引物的位置关系。这主要是为了扩大赛事有关人员的消费项目，并最大可能地刺激当地经济的发展。且旅游活动的区域接近赛事举办地的话，也可以吸引那些并不熟知电子竞技赛事的游客的关注。

　　从某一地点的空间范围及其内部结构特点的角度来分析，策划者需要考虑的指标如下。

　　（1）合适性（Appropriateness）。合适性考虑的是地点的选择是否会对当地社区环境、社会、经济造成负面影响（如交通拥堵、光污染、噪音污染等），是否适合改造成电子竞技赛事场地（如大屏悬挂、网络搭建等）。另外，成本、安保、交通时间、停车等都要在规划设计考虑的因素之内。

（2）容量（Capacity）。一场赛事如果预估人流量较大，但选择的场地能容纳的人流量有限，就可能导致拥挤发生，甚至可能发生踩踏事件，严重时会引起人员伤亡。赛事需要杜绝此类安全隐患，对于在聚会性场地举行的比赛尤需注意。另外，若选择了一个大容量场地，但赛事参与者与观众数量明显低于预期水平，则会导致实质性的损失。

表 3-1 所示为往届 Ti 赛和 S 赛举办地，供读者了解。

表 3-1　往届 Ti 赛和 S 赛举办地

年份	《DOTA2》国际邀请赛（Ti 赛）	《英雄联盟》全球总决赛（S 赛）
2012 年	美国西雅图贝纳罗亚音乐厅	美国南加州大学盖伦中心体育馆（1932 年夏季奥林匹克运动会的举办地）
2013 年	美国西雅图贝纳罗亚音乐厅	美国洛杉矶斯台普斯球馆
2014 年	美国西雅图钥匙球馆	韩国首尔上岩世界杯体育场（2002 年世界杯的举办地）
2015 年	美国西雅图钥匙球馆	德国柏林梅赛德斯奔驰中心
2016 年	美国西雅图钥匙球馆	美国洛杉矶斯台普斯球馆
2017 年	美国西雅图钥匙球馆	中国北京国家体育馆（2008 年奥运会的举办地）
2018 年	加拿大温哥华罗渣士体育馆（2010 年冬奥会的举办地）	韩国仁川文鹤竞技场（2014 年亚运会的举办地）

二、举办地空间的设计

选好了电子竞技赛事的场地后，就需要对其进行设计。举办地空间的设计主要包括功能设计和情境设计。

在观众和赛事参与者到达场地、停留在场地及离开场地的过程中，要实现更有效、快捷、安全地使用场地，就需要对场地空间的功能进行设计。好的空间功能设计能使观众和赛事参与者在使用的过程中，实现高效率地在空间内部流动。

举办地空间的功能设计，要注重环境的易读性（Legibility）[①]。在赛事举办所涉及的空间范围内，路线、方向、功能区应标识清楚，如危险地带、赛场出入口等关键处的标识更应清晰可读。比赛场地的赛事规模和空间范围越大，对标识的要求就越高。

除了空间上的指示性标识，还会有法律、法规上的警示标志、各类设施的操作指示或说明等，这些都需要做到标识明确和易于识别。

情境对体验具有重要的作用。情境设计就是通过一些设计方法，将人、角色关系、人的行为、时间、地点和具体场合进行有效组合，设计出能产生美好体验的情境，使人与空间实现互动并产生奇妙回响。在电子竞技赛事的举办空间中，通过设计的特殊情境，

---

① 详细内容可参阅梁展翔的论文《环境的易读性——环境设计中视觉传达的导入研究》。

使人们在其中获得超出日常生活范畴的特殊体验，是电子竞技赛事活动取得成功的关键条件之一。

情境的设计元素包括各种符号、感官刺激物及赛事标记物。设计符号通常涉及一些象征意义的动作、物品及场景，用到文字、图画等形式，甚至会应用一些社会文化性的符号，如中国传统文化中红色代表了吉祥。感官刺激物由颜色、声音、气味和可触摸的客体等组成，会刺激人体的视觉、听觉、嗅觉和触觉等器官。另外，一般电子竞技赛事都会设计 Logo（见图 3-3）、徽章、吉祥物、主题口号、标语等赛事标记物，它们都是情境设计的重要组成部分。将以上元素进行组合后，在赛事空间中选择合适的时间、地点、对象等进行表达，最终触动目标受众的心灵，使其拥有超出日常生活范畴的美好体验，这也就达到了情境设计的目的。

例如，在 2016 年《英雄联盟》季中邀请赛期间，标志着"召唤师峡谷"的红蓝色水晶之光从浦江之畔直上云霄，给玩家带来了强烈的感官刺激，如图 3-4 所示。

图 3-3　知名电子竞技赛事的 Logo

图 3-4　情境设计应用-召唤师峡谷降临上海

三、场地空间设计理论

要实现对场地空间的功能设计和情境设计，需要设计者知晓设计内容与设计方式。下面介绍几种可指导场地空间设计的理论。

1. 导视系统设计

"导视系统"来自英文 Sign，它有信号、标志、说明、指示、预示等多种含义。导视系统是在整体层面上的一种识别符号，注重人的心理感受和生理感受，以及设计对象的整体性营造。良好的导视系统会使人产生一种由衷的亲切感，形成对设计对象的整体性识别。导视系统是结合环境与人之间关系的信息界面系统，它不是孤立的单体设计或简单的标牌，而是整合品牌形象、建筑景观、交通节点、信息功能、媒体界面的系统化设计。

导视系统设计有以下 3 个基本特点。

1）导向指示的功能性

功能性是导视系统设计的生命。导视系统其实就是信息的发出者与接收者之间的互动交流。这样的交流过程，首先要保证的是接收者能够很好地接收信息，即信息导视系统能够发挥它的最大功能——传达信息。

2）与周边环境的融合性

导视系统设计并不是孤立存在的，它需要与周边环境相呼应。导视系统是环境构成中的一部分，必须要融于环境、服务于环境，它可以将环境风格和文化升华，但不能与环境割裂开。在一定的空间内，导视系统可以起到营造氛围、丰富空间的作用。

3）视觉版面的高度视觉认知性

首先，导视系统中，文字始终是最易引起人们注意的关注点。因此，导视系统设计中的文字应具有高度的视觉认知性。文字设计需要考虑以下几个要点。其一，字体的选用非常关键，不仅要考虑导视系统外观和环境的整体特点，也要考虑字体本身的特点。其二，字号的选择也很重要。选择多大字号来达到既美观又易识别的效果，这个问题看似简单，却是大量实践才能得出的结论。其三，对字体选用颜色的设计。其四，导视系统设计中，图形符号也是一块重要内容。导视系统图形符号的识别应具有直观、简明、易懂、易记的特征，便于信息的视觉传达，可以使不同年龄、具有不同文化水平、使用不同语言的人都便于接受和使用。其五，导视系统的整体色彩设计要具有高识别性。这需要设计者了解各种色彩的物理属性和心理属性，并掌握色彩对比和色彩调和。导视系统的色彩设计要做到与周围环境相呼应，在能够唤起行人的第一注意力的同时，突出重点文字与图形信息。

2. 城市设计五要素理论[①]

凯文·林奇的城市设计五要素理论对空间功能设计具有很好的指导意义。该理论认为，

[①] 了解城市设计五要素，可阅读"UBAT 艺术留学"所写的文章《什么是城市印象？凯文·林奇的城市设计五要素》（https://www.sohu.com/a/230527561_100166571），详细的可阅读凯文·林奇的 *The Image of the City*。

城市形态主要表现在以下 5 个城市形体环境要素之间的相互关系上，即道路（Paths）、边界（Edges）、区域（Districts）、节点（Nodes）、标志物（Landmarks）。空间设计就是安排和组织城市各要素，使之形成能引起观察者视觉兴奋的形态。

3. 符号互动论[①]

符号互动论（Symbolic Interactionism）是一种侧重于从心理学的角度来研究社会的理论流派，又称象征互动论。从心理学的角度对赛事空间进行设计，是非常有必要的。该理论基本观点包括：事物本身不存在客观的意义，它是人在社会互动过程中赋予的；人在社会互动过程中，根据自身对事物意义的理解来应对事物；人对事物意义的理解可以随着社会互动的过程而发生改变，不是绝对不变的。

设计者在进行空间设计时，如果能在理论的指导下对各要素进行最优组合，并在细节上力臻完善，则一定能为电子竞技赛事设计出完美的空间环境。

第二节　电子竞技赛事的项目设计

项目是指一系列独特的、复杂的并相互关联的活动，这些活动有着一个明确的目标或目的，必须在特定的时间、预算、资源限定内依据规范完成。项目设计就是将这些活动进行详细规划，写成"剧本"，最终确定其相互作用能够生效，从而达到预定目标。

一个赛事可能有多个活动，但赛事的核心或最基本的活动是电子竞技的竞赛活动。而纯粹的竞技类活动只能给赛事参与者和观众提供基本的体验，于是，在有规模的电子竞技赛事中，通常会将竞赛活动与其他的节事活动和支持事件进行组合包装。与单纯的电子竞技竞赛活动相比，这种组合包装能进一步提高电子竞技赛事的吸引力，也可以为赛事参与者和观众带来更多的附加利益，特别是在市场激烈竞争时，它能达到差异化的目的，增加赛事的竞争力。

与传统的有"规定动作（Obligate Activities）"的赛事相比，电子竞技赛事是一种新创立的赛事，还没有形成非常严格的内容、形式、执行程序和评估标准（第一方电子竞技赛事的主办方正在逐步建立标准）。不管是核心的竞赛活动，还是其他支持类活动，它们的构成都可以根据需要进行"选择动作（Optional Activities）"，按照自选模式呈现。

一、基于体验者类型的活动项目设计

约瑟夫·派恩和詹姆斯·吉尔摩利用"主动-被动"和"吸收-沉浸"2 个维度建立起体

---

① 了解符号互动论，可查询互联网。

验的四象限模型，将体验分为 4 个最基本的类属（见图 3-5）。设计者利用这个模型来设计活动，能起到事半功倍的效果。

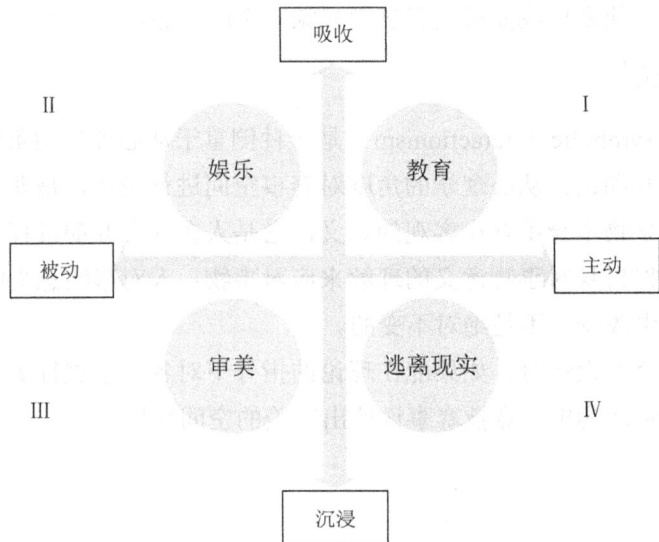

图 3-5　体验领域的四象限模型

在第Ⅰ象限中，个体对赛事的竞赛活动及相关节事活动表现出兴趣，他们愿意积极吸收信息并主动参与其中，因此具有"教育"意义。在这种体验情境中，"教育"不仅表现为大脑对信息的吸收，也表现为通过实际的操作加深或强化对某些信息的理解。如有些人观看电子竞技赛事是为了学习操作技巧和策略。设计者为了使电子竞技赛事获得成功，在具体项目设计时就可以对这方面进行关注。

在第Ⅱ象限中，个体对现场的活动表现出兴趣。在这个过程中，个体只是被动地通过自己的感官"吸收"体验，娱乐是他们的主要目的。在电子竞技赛事中，此类比较典型的代表就是直播观众，他们通过视听器官欣赏表演或竞技活动。

在第Ⅲ象限中，个体将自己沉浸在电子竞技赛事的环境中，获得了审美的体验。这种体验是一种"凝视或注视"。电子竞技赛事的设计者可以利用所建造的环境来提供可被注视的元素，令人能从中体会到美感。

在第Ⅳ象限中，个体深度沉浸在电子竞技赛事中，达到暂时的"逃离现实"。这就像玩游戏太专注而形成心流①状态一样。对于这类公众，赛事举办方可设计模拟的比赛情境，让一部分到场人员参与其中，使其获得这种体验效果。

二、情绪与情感引导的设计

情感刺激物（Emotional Stimulations）的运用对电子竞技赛事具有重要的作用。这方面

---

① 心流，一种将个人精神完全投注在某种活动上的感觉。心流产生时同时会有高度的兴奋及充实感。

的设计要素通常包括仪式（如宣誓），重要政治人物或企业管理者的直接宣传或宣讲（如开幕式和闭幕式的领导讲话），选择性的信息与解释，以及壮观景象的制造（如《英雄联盟》S7赛时，利用VR技术制造的飞龙[①]）。

情感刺激通常在政治和爱国主义情境下，或者在宗教和亲近群体（如喜爱某个电子竞技俱乐部的群体）的内部更容易形成。情感反应的形式有爱国主义、荣誉感、狂欢、宗教热情等，如在赛场上总有一些粉丝会齐声高喊喜爱的选手的名字，或者高举写有选手名字的电子牌等。总体来讲，情感刺激多表现为一种整体上的气氛，并由此感染观者以使其产生情感反应。这些情感刺激的因素都可以应用到电子竞技赛事活动的项目设计中，以形成良好的赛事氛围，助力赛事成功。

情绪与情感的刺激除了用气氛来表现，还表现在如何合理地设计赛事活动的结构。赛事活动的结构涉及时间上和空间上两个方面，前者是指出场的先后顺序，后者是指从哪个地方出场。

另外，赛事参与者与观众之间的互动，以及赛事参与者之间的互动也能形成良好的氛围，达到积极引导人员情绪与情感的目的，如在竞赛间隙设计一些小游戏来调动气氛、增加几个抽奖环节等。

三、活动规则的设计

规则是电子竞技赛事活动项目设计的关键构建元素之一。它一般由赛事的组织举办方制定，是所有参与成员都要遵守的条例和章程。这里的规则包括仪式、行政规则制度及竞赛的规程等。有了规则，电子竞技赛事才能顺利地举办。

四、活动中的创意设计

在电子竞技赛事的整体活动设计中，除了要满足观众的基本需求，最好能有一些创意设计来超越观众的需求。创意是指基于对现实存在事物的理解和认知，所衍生出的一种新的抽象思维和行为潜能。要真正实现创意，需要在了解观众需求的前提下，给观众"意外"和"惊喜"。在各种需求中，观众对负面情绪宣泄的需求和对"新"与"喜"的需求是非常强烈的。

观众需要宣泄负面情绪。人们在生活中积累了一些负面情绪，希望在网络上来宣泄（包括在直播的平台发弹幕），这个过程中可能会有污言秽语（如"互喷"和"地域黑"）。在进行赛事活动设计时，如何通过创意设计来满足观众的负面情绪宣泄，同时又不影响赛事本身，值得设计者深思。

---

① 关于"利用VR技术制造的飞龙"，可见报道《厉害了我的LOL！S7直播获第39届体育艾美奖》，网址：http://sports.qq.com/a/20180509/024797.htm

观众对"新"与"喜"的需求就是追求新鲜感与认同感。观众对一个项目是否喜欢，主要受两个因素的影响。一个因素是赛事活动的创意，它的形式能否让观众有新鲜感，如请到一些明星来主持，或者让一个知名电子竞技选手当赛事嘉宾，由于观众了解这些人的风格和背景，就容易产生认同感。另一个因素是电子竞技赛事活动的创意设计要与网络文化相结合，让观众产生认同感。这是因为电子竞技本身就与网络渊源很深，现在电竞圈实际上跟网络文化更是密不可分的。这些网络文化包括网络用语、网络热门事件、网络红人、"二次元"等。

总而言之，一个良好的创意设计，不仅能让观众满意，还能让整个赛事增色不少。

第三节　电子竞技赛事规划设计中的常见方案

在电子竞技赛事的全过程中，从规划赛事到筹备赛事，再到举行赛事，最后对赛事进行评估，会涉及诸多文档。本节主要介绍电子竞技赛事在规划设计时的常见方案。

一、总体工作方案

总体工作方案由赛事组织者（承办方）编写，经主办方审批后，用于整个赛事筹备组织工作，是赛事的纲领性、原则性、指导性文件，是赛事筹备组织工作的总则。一般来说，总体工作方案主要包含以下内容。

（1）标题。表述方案名称。

（2）前言。表述赛事名称、举办时间、性质、背景等。

（3）指导思想。表述赛事主要的指导原则。

（4）主题。表述赛事的核心理念。

（5）总目标。表述赛事的最终目标及各类工作定位。

（6）组织机构。表述赛事筹备组织机构的设置与职能。

（7）主要工作任务。分解并表述各类工作任务。

（8）主要措施与要求。表述管理的办法及经费安排。

（9）主要时间安排。表述赛事全程主要工作时间节点及要求。

（10）结束语。表述决心与号召。

二、竞赛规程

竞赛规程是电子竞技赛事竞赛管理的纲领性文件，是赛事组织者与赛事参与者都必须遵守的法规。它也是举办单位必须向体育主管部门提交的文件材料之一。其主要内容如下。

（1）赛事介绍。包括赛事名称（全称和简称）、赛事宗旨、主题、定位、目标等内容。

（2）组织机构。包括主办单位、承办单位、协办单位、指导单位等各组织机构，以及其他参加单位。

（3）竞赛项目。包括举办哪些比赛项目，是个体项目还是团体项目等内容。

（4）竞赛报名。包括报名（邀请）时间、报名（邀请）流程、报名（邀请）细则等内容。

（5）竞赛时间。

（6）竞赛地点。

（7）竞赛办法。包括赛制规则、竞赛流程等各项内容。

（8）奖励办法。

（9）联系方式。

（10）未尽事宜。

在本书附录 A "2018 年全国电子竞技公开赛（NESO）规程（部分）"中，读者可了解竞赛规程的内容。

三、竞赛规则

竞赛规则是对竞赛工作技术规范的约定，是对竞赛场地、器材条件的规定，是运动员竞赛行为规范和裁判执法的依据。竞赛规则与竞赛规程共同构成对竞赛全过程的控制。

在本书附录 B "腾讯 2018 电子竞技运动标准"中，读者可了解竞赛规则的内容。

四、主题活动方案

电子竞技赛事的相关活动，是指在赛事筹备与举办过程中，以电子竞技为主题，赛事组织者为了提高赛事的综合效益、全面实现办赛目标，或者为了筹集资金，或者为了回报赞助商，或者为了进一步提升赛事的知名度、美誉度，而举办的相关集众性活动。此类活动通常会有主题活动方案，活动方案是活动组织的工作规范，也是活动组织工作的依据。

主题活动方案的设计与制作流程一般按照以下方式实现：活动组织者按照总体工作方案要求（或领导要求）提出计划想法→进行可行性调查论证→向领导汇报→起草方案→内部论证→向领导汇报→修改至定稿→正式公布及实施。

主题活动方案一般包括以下内容。

（1）方案名称。

（2）前言。

（3）活动主题。

（4）目的与意义。

（5）活动描述与流程（时间、地点、活动内容、流程安排等）。

（6）经费预算和经费来源。

（7）组织结构及职责。

（8）活动的效益预测。

（9）活动的风险及防范（包括相关单位的协调结果）。

（10）联络方式。

（11）结束语。

除了上述提到的各项方案，根据实际需要，还会涉及场馆设计方案、工作进度图（表）、赞助商参与方案、观赛手册等。

【延伸阅读】

［1］［美］B. Joseph Pine Ⅱ, James H. Gilmore. 体验经济［M］.毕崇毅，译. 更新版. 北京：机械工业出版社，2012.

［2］电竞场馆建设标准（征求意见稿）（详见：https://wenku.baidu.com/view/ae5d9c4d26d3240c844769eae009581b6bd9bd00.html）

［3］第十四届全国运动会总体工作方案（详见：http://www.sohu.com/a/113778610_488054）

［4］2018 海南省电子竞技联赛（春季赛）赛事规程（详见：http://whgdcbtyj.haikou.gov.cn/article/3807.html）

［5］美国篮球职业联盟（NBA）规则（可查询互联网）

［6］世界杯比赛规则（可查询互联网）

【思考题】

1．如何选择电子竞技赛事的场地？

2．导视系统设计的基本特点有哪些？

3．选取一场电子竞技赛事，说说其中有哪些情境设计元素。

4．根据体验领域的四象限模型，说说你在观看电子竞技赛事时属于哪一象限？为什么？

5．尝试完成 1 份电子竞技赛事的竞赛规程。

第四章　电子竞技赛事的组织运营管理

【学习的意义】

组织运营管理是一种过程管理。为了顺利且成功地举办赛事，在赛事举办期间的组织运营管理非常重要。通过本章学习，学习者便能一窥其中奥妙。

相比传统体育赛事，电子竞技赛事在传播途径上有很大特点，其对新媒体的利用更为广泛。新媒体传播的特点是学习者需要了解的。

使用一些策略工具可以大大提高电子竞技赛事的组织管理效率，学会运用这些工具是非常有益的事情。

【学习目标】

了解赛事运营系统的构成要素。

理解赛事现场集群人员的管理要素并掌握集群人员的管理策略。

理解大型赛事的物流特点和物流运作模式。

理解赛事信息传播中新媒体的特点。

学会运用赛事过程管理中常用的日程表和甘特表。

【关键词】

电子竞技赛事　组织运营　现场人员管理　物流管理　信息传播　新媒体　过程管理日程表　甘特表

第一节　电子竞技赛事运营的影响因素和构成要素

一场赛事经过详细的策划设计后便会开始实施，进入赛事组织运营阶段。赛事的组织运营，是指赛事的组织举办方根据事先的规划设计将赛事活动呈现出来的过程，经由这个过程，最终将有关的资源与投入转化为一系列的期望结果。国际标准组织在 ISO9001：2000 质量管理体系标准中将其表述为"过程"，定义如下：一组将输入或投入（Inputs）转化为输出（Outputs）的相互关联或相互作用的活动。

一、电子竞技赛事运营的影响因素

电子竞技赛事的运营工作主要受到以下 4 个因素的影响。

（1）赛事规模。赛事规模越大，各方参与的人数就越多，需要完成的事务数量也就越多。

（2）赛事的复杂性与活动的多样性。赛事提供给消费者的服务和产品的数量越多，赛事就越复杂。如综合性电子竞技赛事会有多种电子竞技项目，相对于单项赛事更复杂；又如现场有开幕式、闭幕式和竞赛中间的多个小活动的话，这些多样性的活动会让赛事运营的难度增大。

（3）赛事的不确定性（Uncertainty）。这主要涉及成本、到场人数、所需时间及技术要求等方面。

（4）互动情况（Interactions）。这主要是指赛事的各人群之间的合作方式与特点。

二、电子竞技赛事运营系统的构成要素

赛事的组织运营系统由 3 个基本要素构成：人（赛事消费者）的流动；物（产品、商品、货物、设施、设备）的流动；信息的流动。电子竞技赛事的运营就是控制和管理这 3 种流动的过程（见图 4-1）。其中，信息的流动是无形的，依赖于"人"和"物"而存在，是赛事组织运营人员之间或部门之间就"人"和"物"进行交流的内容与载体，贯穿于"人"和"物"这 2 个管理领域之中，是赛事组织运营工作的重要支持系统。

图 4-1　电子竞技赛事运营系统的构成要素

基于这 3 个基本要素，国内外很多学者将赛事组织工作系统分为 3 个次系统（Sub-systems），

它们分别是消费者导向（Customer-oriented）次系统、生产供给者导向（Supplier-oriented）次系统和信息交流导向（Communications-oriented）次系统。

　　电子竞技赛事的举办过程也是一个随时间而变化的过程。因此，也有一些学者基于时间要素将赛事的组织运营管理分为 3 个系统，分别是供给（Supply）次系统、在场或现场（On-site）次系统和赛事结束（Shutdown）次系统。

第二节　电子竞技赛事的现场人员管理

　　电子竞技赛事的一个很大特点，是在举办的短期时间内会有大量的人流聚集在有限的空间内。这些人包括了赛事参与者、工作人员、嘉宾、现场观众、媒体人员等，他们都可被看成是赛事的消费者。赛事消费者的流动涉及到场、在比赛地空间范围内的移动、离场 3 个阶段，其流动的效率会直接关系到他们对赛事的体验。

一、赛事现场集群人员的管理要素

　　电子竞技赛事的消费者是具有集群性质的，对他们进行科学的管理是非常必要和有意义的。对赛事消费者进行科学管理，不仅能有效规避或减少人身伤害，而且能减少赛事损失及避免其他风险的发生。具体来说，赛事现场集群人员管理主要涉及以下几个要素。

1. 人流量

　　人流量是人员管理的重要要素之一。大部分封闭或半封闭的电子竞技赛事，在消费者进入其中时都会通过查验门票、证件等身份认证方式实施管控，这一类赛事的人流总量是能在一定程度上事先确定的，所以其人流的管控相对比较容易；而开放性的可以自由参与的赛事活动，人流总量就有很大的不确定性，因此组织举办方通常会利用已有赛事的经验数据（如果有的话）进行纵向对比，或者通过类似赛事进行横向对比，从而在一定程度上对人流总量进行评估。

2. 人员在地理空间上的分布

　　人员在地理空间上的分布与赛事选择的举办场地的空间特点有关。聚会式场地一般多用于封闭型电子竞技赛事，人员管控尤为重要，因为封闭空间极易发生拥挤、混乱甚至踩踏事件；开放式空间的人员分布比较分散，虽然人员管控相对困难，但相对也比较安全。

3. 人员流动的时间特点

　　人员流动的时间特点是指赛事消费者流动的时间分布特征。在入场时和比赛结束时，出入口处容易出现拥挤，甚至可能发生突发事故。从管理角度看，现场应该预留足够多的通过时间和足够长的通过距离，然后根据实际情况进行调整。

4. 消费的期望

赛事在举办前的口碑传播、新闻及事件传播，会使消费者在赛前就有基于所获取信息而形成的对赛事活动的期望。这种期望会影响到竞赛时的人流量与消费者的现场表现，他们实际的消费体验与预期期望之间的差距就决定了其满意程度。有些赛事在举办前会通过大量的宣传来吸引公众和市场的注意力，可能会让潜在市场形成对赛事体验过高的期望，最终反而会影响消费者的满意程度。因此，赛事的营销方式和宣传力度会直接影响消费者的期望并最终影响其满意程度。

二、赛事现场集群人员的管理策略

基于以上 4 个方面的赛事现场集群人员的管理要素，组织举办方可以应用一些策略来加强管理。

1. 赛前的"前摄性"管理

所谓的"前摄性"可理解为提前或预先准备。一场赛事具有赛前、赛中和赛后的"时间段"特点，它们是紧密联系的。赛事组织举办方在赛前需要进行必要的管理，以化解与"人"相关的一些危机。赛前的"前摄性"管理包括的主要内容如下。

（1）运用科学的营销方式进行赛事的推广与宣传，把赛事信息准确地传达给目标用户，使其形成合理的期望；

（2）应用计算机和互联网等现代科技手段提前预售门票；

（3）各类消费者的信息都利用计算机和网络提前登记注册。

赛前的这种"前摄性"管理，有效解决了传统体育赛事的现场注册和票务销售等极易成为赛事人员管理"瓶颈"的问题。

2. 交通服务管理

在进行人员管理时，交通是必须考虑的重要因素。举办地的公共交通，包括赛事消费者的主要居住地的交通状况，交通集散中心（如火车站、客运中心、机场）到赛事举办地的短途交通状况，以及赛事举办地附近的停车场情况等。

前文曾提到，在赛事策划方案的场地选择中需考虑可达性，即在赛事规划阶段应充分考虑本地的公共交通服务的硬件状况。若不能满足需求，组织举办方应提供专门的接送服务，特别是对一些赛事关键人员。

另外，有效地疏导赛事举办期间的大量人流和车流需要周密的计划，可能需要当地警务部门、交通部门、组织举办方和志愿者等共同配合，如在重要路口和主干道设立一些指示牌等。

大型电子竞技赛事的交通服务管理主要包括以下几个方面的内容。

（1）确定各方人员接送和停车的需求。

（2）向相关车辆发放通行证和停车证。

（3）配备通信设施/设备，确保所有的汽车司机能随时与中心调度员取得联系，中心调度员也能随时向赛事组织人员报告。

（4）与当地的交通部门、停车场管理部门合作，绘制准确的交通线路图，包括停靠点与停车场位置。

（5）做好紧急情况下的应急预案，如发生交通堵塞或意外事故时的应对及补救措施。

3. 基于"排队论"[①]的集群人员管理

排队是赛事消费者在现场经常遇到的体验。每次体验的感受会直接影响到他们对该场赛事整体质量的评价。前文曾提到，预留足够多的通过时间和足够长的通过距离是现场人员管理的措施之一，但它并不能完全解决"排队"问题。因此，如何对排队人员进行管理是电子竞技赛事现场人员管理的一个重要内容。

排队论（Queuing Theory）是研究系统随机聚散现象和随机服务系统工作过程的数学理论和方法，又称随机服务系统理论，是为研究和解决具有拥挤现象的问题而发展起来的一门应用数学的分支。该理论通过对服务对象（排队的消费者）的停留时间、排队等待服务的对象数、正在服务的对象数等数据进行分析，以此来改进服务系统的结构或重新组织被服务对象。将排队论运用到电子竞技赛事的管理中，可以缩短赛事消费者的可感知排队时间（Perceived Queuing Time），提升其消费体验。

在基于"排队论"的赛事集群人员管理中，会用到以下常用方法。

（1）尽可能错开赛事消费者的到达与离开时间。

（2）在场地外围地区对到场人员批量分类集合，让其分批进入比赛场地。

（3）利用网络预售门票，避免人员到场排队购票。

（4）将通过时间与地点具体化，避免人员无意义的移动。

（5）为人们提供额外花费（如餐厅）的选择，以减弱排队和等候时间的感知。

（6）在等候区域设置休闲娱乐内容减弱人们的无聊及烦躁情绪。

（7）为特殊顾客（如残疾人、VIP用户等）提供预留坐席或入场时间。

（8）若现场购票人员过多，增加现场售票的窗口。

（9）当大的人流量超出预期时，需增派工作人员加强管理。

（10）通过语音和电子屏幕显示等方式及时提供最新信息，如预估等待时间、前面等待的人数、新的购票窗口、推荐购票方式等信息。

---

① 要概略性了解排队论，可查询互联网。详细了解可阅读唐加山所著的《排队论及其应用》，科学出版社2018年出版。

三、到场人员的接待服务管理

接待服务是电子竞技赛事现场人员管理的非常重要的内容。现场接待不仅需要规范化和程序化，而且还要尽量做到人性关怀。在接待前，赛事组织举办方应预先对活动的内容、人数、人员来源及兴趣爱好、忌讳等做充分的调查研究，了解接待惯例，并在此基础上制定接待方案。

组织举办方在提供接待服务时，可能需要提供多方接送服务。接送服务工作要预先规划出详细的交通方案，根据需要选派合适的车辆。其中接待媒体记者时更要确保高质量的交通服务，因为这关系到他们能否增加对赛事的正面报道，从而提升活动的感知度与美誉度。同时，接待服务应照顾到残疾人员的参与体验，在空间与环境设计时注意这类人群的特殊需求，如坡道、盲道、专用洗手间、专用停车区域、专门管控的比赛区域等，若条件允许，在接待过程中应安排受过专门训练的人员为其进行服务。

接待服务中的仪式也很重要，它是赛事组织者宣传自身形象、扩大知名度、引起社会公众关注、获取经济和社会效益的良好时机，尤其是大型电子竞技赛事的开幕式、闭幕式及颁奖仪式。

接待服务的礼仪通常要遵循以下两个基本原则：一是国际惯例与民风民俗及地域文化相结合的原则；二是国家一律平等的原则。

【资料】某公司的商务接待礼仪

某公司制定的商务接待礼仪如下。

（1）仪表：面容清洁，衣着得体。

（2）举止：稳重端庄，从容大方。

（3）言语：语气温和，礼貌文雅。

（4）态度：诚恳热情，不卑不亢。

（5）迎接来宾时：注意把握迎候时间，提前等候在公司门口或车站机场，接待人员引见介绍主宾时，要注意顺序。

（6）接受名片时：以恭敬的态度双手接受，默读一下后郑重收入口袋。

（7）过走廊时：通常走在客人的右前方，不时左侧回身，配合客人脚步，转弯处伸右手示意，并说"这边请"。

（8）进电梯时：告诉客人上几楼，让客人先进、先出。

（9）送客时：根据身份确定规格，若送至公司门口、汽车旁，需招手待客人远去方可离开。

（资料来自互联网）

第三节 电子竞技赛事的物流管理

小规模的电子竞技赛事涉及的物流量小，其工作环节与程序也比较简单。而大型电子竞技赛事，如全国性赛事或国际性赛事，与传统的大型体育赛事类似，其物流工作要复杂得多。下面主要就大型电子竞技赛事进行阐述。

大型赛事物流，是指为满足大型综合赛事物资供应的需要，由物流公司提供的，从产品供应地到赛事举办地的物资流通过程及其延伸服务，也包括赛事结束后有序的物资疏散过程，主要涉及赛事所需物资的运输、装卸、搬运、存储及具体的配送等环节。完善的赛事物流系统，能充分整合和利用各种资源，提高物流运作水平，改进物流服务设施，降低物流成本，有效避免赛事资源浪费，为赛事顺利进行提供有力保障。

一、大型赛事物流的主要特点

大型赛事的物流既具有一般物流的共性，也具有自身的特殊性，主要体现在以下几个方面。

1. 物流主体的多样性

物流主体即需求主体，是指物流服务的对象。大型综合体育赛事的物流需求主体较多，包括主办方、承办方、运动员、教练员、裁判员和工作人员等。由于赛事需要，以及物流主体在国家、民族、风俗习惯、宗教信仰、年龄性别等方面的差异，导致物流需求呈现多样性。物流服务必须考虑到这种多样性，并尽量满足每个主体的需求。

2. 物流时间的阶段性

大型综合赛事的物流分为赛前、赛中和赛后三个阶段。赛前准备阶段，主要是物流系统的规划设计和物流服务设施的建设，目的是保证赛事物流的及时顺畅；赛中供应阶段，依据计划准时供应比赛器材和生活用品，有时需要根据突发事件进行调整；赛后回收阶段，是在比赛结束后将临时性的器材和设施予以拆卸，并把它们运送到指定地点。

3. 物流空间的集中性

大型赛事要考虑比赛的准时性，并保证运动员和教练员有充足的休息时间，因此，比赛场馆一般要相对集中，运动员驻地也相对集中，运动员往返于场馆和住地的时间相对较短。在这样的情况下，物流空间具有集中性，基本往来于比赛场馆、运动员驻地和物流中心之间。这就要求相关人员在规划物流系统时，准确选址物流中心及节点，合理分配资源。

4. 物流需求的复杂性

大型综合体育赛事的物流需求量庞大，涉及的物流服务项目较多，又因赛事组织结构较复杂，故物流需求也呈现出复杂性。另外，在赛事举办期间，可能会发生许多与物流相关的意外事件，这加重了物流需求的复杂性。

二、大型赛事物流的运作模式

物流的运作模式，是指物流服务过程中采用了什么样的手段和方法，来实现物流、商流、资金流和信息流的有机整合。良好的物流运作模式在提高物流企业经济效益的同时，能够给客户提供更加完善和全面的物流服务。物流的运作模式有很多，针对大型赛事，物流的运作模式主要有以下几种。

1. 自营模式

赛事组织者或承办者组建自己的物流服务机构，自己制订物流配送计划，利用自己的物流设施和资源条件，进行自主经营运作。这种模式的优点是具有较强的自主性，组织者可以充分利用自身资源，能够保证及时准确送达；缺点是分散组织者的精力，投入资源较多，物流运作成本较高。

2. 链式模式

物流企业为客户提供集成度较高和一体化较强的物流服务。该模式的内容涵盖广，地理跨度大，强调各个环节的有效衔接，能够将供应链的大部分物流环节涵盖在内，并提供延伸服务，非常适用于大型综合体育赛事。该模式的缺点是企业资源投入较多，增加了管理风险。

3. 网络模式

与链式模式不同，网络模式充分利用网络资源优势，在多个物流企业之间展开合作，将物流供应链上不同的物流企业整合在一起，实现物流企业之间的信息共享、风险共担，充分发挥每个企业的竞争优势，提高物流运作效率。该模式的缺点是当发生问题时，物流企业之间容易互推责任。

4. 联盟模式

联盟是在企业间形成相对稳定的契约关系。以物流为合作基础的战略联盟，基于信息网络平台，整合能力资源、客户资源和信息资源，实现共同利益最大化，提高抵抗风险能力。该模式的服务功能更全、成本更低。

5. 缝隙模式

一些规模较小的物流公司，虽然物流服务设施的投入较少，但是能够为客户提供差异化的物流服务。其特点是在特定服务领域具有稀缺性优势，可以填补市场空白。大型综合体育赛事所需物资较多，对于一些偶发性或专用设备的物流服务，选择缝隙模式更有保障。

三、赛事物流管理的要求

组织方在进行赛事物流管理时，通常需考虑以下几个方面的要求。

（1）经济。在选择物流方案时，组织方要在确保物资和物流质量的基础上，多方案对比后再选择经济上的最优方案，降低赛事成本。

（2）安全。在保证物流顺利的同时，组织方一定要注意安全，包括人身安全、物流设备安全、物资安全和比赛信息安全等。

（3）环保。在进行物流工作时需要用到各种交通设备、包装保护设备等，由此可能产生噪音、有害的固液排放物等，组织方应努力做到绿色环保，不对周围环境产生影响。

（4）合适。要根据实际的工作环境选用合适的设施/设备、运输路线等，组织方应在能够顺利完成物流工作的前提下，降低物流成本。

针对赛事物流的特点，组织方可以制定一些有关物流的特殊策划方案。例如，成立专门的赛事物流临时机构，建立一个高水准的赛事物流信息系统，制订有针对性的物流计划，以及对物流工作人员进行相关的赛事物流培训等。

一些电子竞技赛事可以租用现成的电子竞技场馆，这些场馆的工作人员在搭建场地、安全管理、餐饮等方面有着丰富的经验，能为赛事提供必要帮助。组织方在预算足够时，直接租用电子竞技场馆能大大减轻物流管理压力。

【资料】电子竞技场馆的宣传资源

电子竞技场馆配合赛事主（承）办单位提供场馆宣传资源的利用，应根据国家相关法律、法规对场馆内发布的广告内容进行审核。场馆的宣传资源包括但不限于：

a）场馆外宜布置门头广告、易拉宝等；

b）场馆入口处宜搭建赛事活动背景板、签到台，签到台上摆放签到簿、笔，以及待发放的工作人员、选手、嘉宾的入场证等；

c）场馆内宜布置海报、台卡、隔断、立柱、立式模型等，LED显示屏播放宣传广告；

d）比赛区大屏宜播放视频广告，选手屏宜展示平面广告；

e）比赛区内根据赛事需要，调整观众席座椅。

（相关资料来自《电子竞技场馆运营服务规范》）

第四节　电子竞技赛事的信息传播

在电子竞技赛事中，科技的身影无处不在。随着赛事的发展，赛事对科技的要求越来越高、利用越来越多，可以说，赛事的成功与否在一定程度上是由技术要素决定的。电子竞技赛事需要互联网、计算机、无线通信等技术的有力支持。通过大量的高科技设备的应用，不仅能使观众在第一时间内欣赏到精彩的比赛，而且给赛事组织者带来了极大的便捷。

不仅如此，在体验为王的时代，借助全新的技术，赛事主办方可以打造一场从售票、现场控制、运营到赛事播放等环节都无可挑剔的比赛；教练和运动员可以利用大数据分析进行战略战术布局；媒体可以通过观众兴趣和社交使用习惯，融合热点话题进行及时的、交互式的赛事报道。这些结合起来能为观者带来不一样的体验。

当下，应用新媒体进行传播是电子竞技赛事必不可少的内容。如何利用新媒体传播让赛事更成功，是赛事组织举办方应该思考的。本节主要从新媒体的特点角度来阐述电子竞技赛事的信息传播。

一般而言，新媒体是指在全球新兴技术革命背景下，以移动通信、数字传输等技术为基础，能够实现主客体之间实时交互及个性化信息传播的媒体平台和机构。信息传播形式包括文字、图像、视频、音频等。对于电子竞技赛事来说，新媒体传播主要是将电子竞技赛事在"线上"呈现出来，相比"线下"（现场）呈现，新媒体传播具有独特的特点。

一、科技和传播手段的结合扩大了赛事的影响力

20 世纪 80 年代，国内电视逐渐普及，大量的体育赛事资讯从平面媒体转移到了电视媒体，从此"无电视，不体育"成了体育赛事传播的主导模式。近年来，随着新媒体时代的到来，加之电子竞技赛事在电视媒体传播上受限，新媒体成了电子竞技赛事的主导传播模式，特别是移动端的普及和网络的发展提升了人们对电子竞技赛事的感知，使电子竞技赛事的热度上升到了一个新高度。当前电子竞技赛事不仅在年轻人之间传播，也逐渐渗透到更高的年龄层。如 2018 年《英雄联盟》全球总决赛期间，当 IG 战队夺冠后，很多朋友的微信朋友圈被 IG 夺冠刷屏，此时众多长辈不断追问 IG 是什么，从而了解了电子竞技这个"新鲜"事物。

另外，赛事场地的容量有限，可服务的消费者也就会受限，而通过直播等手段可以近乎无限地扩展消费群体。直播不仅成为赛事变现的重要手段，也极大限度地扩大了赛事的影响力。据网络公开数据，2017 年 LPL 累计观赛人次超过 100 亿。另据国外数据统计网站 Esports Charts 统计，在《英雄联盟》2017 全球总决赛 SKT 对 RNG 的比赛中，直播观众人数的峰值超过了 1 亿，单从观赛人次上看，已经远超大部分传统体育项目。

二、新媒体具有传统媒体无可比拟的互动性

新媒体的一个重要特点是具有很强的互动性。通过新媒体传播，观众能及时获得各种信息，现场感也强，这能明显地提升观众的参与感。特别是直播的模式，改变了传统电视媒体的观众被动接受的状态，而是通过弹幕等途径，不仅让观众与主播、解说之间能互动，观众与观众之间也能随时互动。

不仅如此，新媒体的互动性特点，也能让一场赛事可以非常迅速地爆炸性传播开来，短时间内就会进入"热搜"成为热点事件。在传统的传播模式中，公众作为客体被动地接收信息，很少进行反馈。而新媒体中每个受众都可以成为"自媒体"[①]，每个人都有发声权，也能选择不同的角度来拓展赛事话题。图 4-2 是电子竞技赛事网络直播的传播模型，很容易看出其互动性非常强。

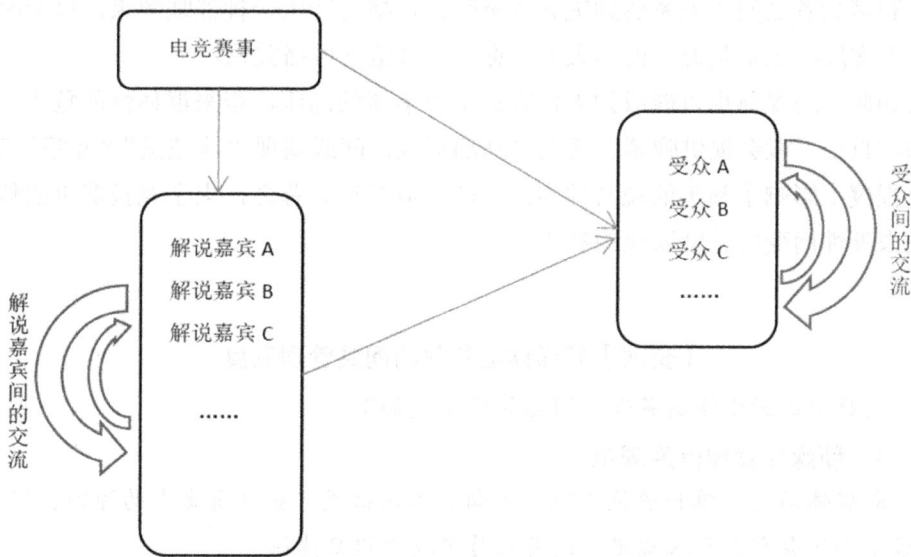

图 4-2　电子竞技赛事网络直播的传播模型

三、新媒体实现了信息接收的便利化

新媒体上有最新赛事信息、对战状况、选手信息等各种资讯。观众可以主动去搜索想了解的与赛事有关的资讯，如果对特定的对象进行了关注，还会及时收到其发送的最新消息。而移动端的普及让信息的接收更加便利。现在，电子竞技赛事通常都会进行网络直播，观众是可以同步看到比赛的。

---

① 自媒体（We Media）又称"公民媒体"或"个人媒体"，是指私人化、平民化、普泛化、自主化的传播者，以现代化、电子化的手段，向不特定的大多数或者特定的单个人传递规范性及非规范性信息的新媒体的总称。自媒体平台包括博客、微博、微信、贴吧、论坛等。更多内容可查询互联网。

四、新媒体的传播形式多样化

新媒体在传播电子竞技赛事时，可采用的形式有多种。微博、微信、网络社区、短视频平台等都可以成为赛事的话题发酵平台。这些平台可以传播文字、图片、音频、视频等多种信息，能让人对赛事一目了然。这些传播方式很容易引起人的阅读兴趣，从而比传统的电视和平面媒体具有了更大的吸引力。

五、新媒体传播可能产生过度消费

在新媒体时代，广泛的关注和海量的话题可能会过度消费电子竞技赛事，导致赛事的一部分内容变得娱乐化和肤浅化，同时这也会影响到人们的新闻价值判断。有研究认为，当传播者和接受者之间的关系达到饱和状态时，传播将产生一种催眠效果，这个时候的内容信息接近零度，也就是说，内容失去了意义，只留下传播关系。

不仅如此，新媒体也可能成为人们宣泄负面情绪的温床，带来群体性的危机和暴力行为。例如，直播一般会提供弹幕、送礼等互动形式，间或偶现"地域黑""互喷"等现象，这在一定程度上影响了赛事的观赏性和人们的交流互动。总之，电子竞技赛事的传播不能使内容失去理性而变成过度肤浅的狂欢。

【资料】新媒体运营部的网站管理制度

某公司的新媒体运营部的网站管理制度如下。

1. 新媒体管理行为规范

新媒体运营与维护遵循"统一方向、不同格式、独立负责"的原则；栏目的设立由运营部负责人确定，运营人员可提供栏目建议。

2. 新媒体管理及流程

新媒体内容的更新工作实行部门专人专职，即由运营部运营人员负责新媒体各子栏目的更新工作，定期对所辖栏目进行拟稿组稿、资料编辑等。

运营部运营人员负责所指定的模块信息、资料等的收集、整理工作，并对内容的真实性和可靠性负责。

所有新媒体发布稿件必须经运营经理审核。

涉及公司项目，上网稿件必须经运营经理审核，并交由总经理确认后方可发布。

3. 运营经理行使下列职权

新媒体运营矩阵的建立、管理与维护。

指导、检查、监督新媒体运营情况，维护正常工作秩序。

新媒体的形象设计，确保整体风格形象的统一。

推广微信公众号，提升新媒体平台的知名度。

4. 运营部运营人员行使下列职权

定期检查新媒体自定义模块的运营情况，排除问题，优化模块。

检查新媒体涉及公司的内容，保证公司文化、品牌宣传的统一。

更新新媒体资讯、公司报道等内容。

新媒体平台各栏目由运营部专人进行管理，责任人主要负责所有栏目的收集、更新和维护。

5. 内容更新要求

新媒体平台的内容每天需更新一次，内容把控由运营经理负责。

对于公司重大新闻或重大活动，应在活动结束后 3 个工作日内将编辑好的内容及时上传，反映公司经营和管理的最新动态。

对于公司重大促销活动信息，应在活动开始前 3 天在新媒体平台上发布促销信息。

对新媒体固定栏目内容每月进行定期整合与更新。

此项工作完成情况纳入对负责人考核指标内容。

（资料来自互联网）

第五节　电子竞技赛事过程管理的常用工具

电子竞技赛事的运营是一个有明确起始点的活动。作为阶段性的特殊事件，赛事运作管理受到苛刻的时间约束。赛事的成功运营要求工作人员与管理人员必须在规定的时间内，有效完成不同阶段、不同性质、不同要求的任务，并确保各项工作之间的前后衔接。赛事不同时段之间和不同功能区域之间有紧密的内在联系，某个时间点或某一个工作环节的小变化都有可能导致赛事发生一系列的变化。因此，运用一些工具来对赛事过程进行管理是非常有必要的。

一、赛事日程表

日程表（Scheduling）是最简单且最常用的赛事时间管理工具，一般用于活动项目较少、历时较短的小型赛事，也适用于一些大型赛事的分活动。

对工作进程的安排可编制《工作进度安排表》，示例见表 4-1。

表 4-1　某小型电子竞技赛事的工作进度安排表

日期	项　目	天数	节假	宣传 1	宣传 2
09.16	组委会确立，部门分配，分工指派	1			
09.17	战队邀约，cosplay 邀约，明星邀约，大奖确定，奖金确定	2			
09.18	冠名合同确定，方案确定，宣传物料设计发稿	3			
09.19	地面宣传物料准备，宣传选点，人员分配	2			
09.20	招商方案确定，招商开始，周边物料定制订货	8	中秋假期		
09.21	宣传品周转，分发运输	1			招商阶段
09.22	地面及校园宣传开始，志愿者招募，游戏相关表演及节目征集	9	周末		
09.23	比赛设备赞助洽谈，自营周边进货采购	10			
09.24				地面及校园宣传	
09.25					
09.26					
09.27	报名登记开始	20			
09.28			周末		
09.29					
09.30	主要赞助商确定，赞助商宣传品设计发稿，奖品确定，赠品确定，票券定稿发稿	1			
10.01	客户端弹窗宣传开始，合作商家、商圈、景点、报刊亭及网吧宣传开始	10			
10.02	赛制及评比细则制定	3			
10.03	参赛券及参观券发放	15			合作商家、商圈、景点、报刊亭及网吧宣传
10.04			十月假期	客户端弹窗宣传	
10.05					
10.06					
10.07	比赛设备入场调试	3			
10.08	演出设备入场准备，自营展位布置	3			
10.09	裁判人员培训分工	1			
10.10	赞助商家展位布置	1			

日期	项 目	天数	节假	宣传1	宣传2
10.11	预选赛开始，开幕式	9		腾讯游戏新闻频道播报；腾讯微博更新等	合作商家、商圈、景点、报刊亭及网吧宣传
10.12	预选赛，自备节目及征集节目演出，互动问答游戏，抽奖，日冠军挑战赛等	1	周末		
10.13	预选赛，自备节目及征集节目演出，互动问答游戏，抽奖，日冠军挑战赛等	1			
10.14	预选赛，高校战队风采展示，成员招募，拉粉，表演及表演赛，挑战赛	1			
10.15	预选赛，商家及社会团体战队风采展示，成员招募，拉粉，表演及表演赛，挑战赛	1			
10.16	预选赛，职业战队风采展示，成员招募，拉粉，表演及表演赛，挑战赛	1			
10.17	预选赛，女子战队风采展示，成员招募，拉粉，表演及表演赛，挑战赛	1			
10.18	决赛预选赛，征集节目票选，决赛日节目彩排	1			
10.19	决赛预选赛，征集节目票选，决赛日节目彩排	1	周末		
10.20	决赛，闭幕式，cosplay 表演，明星表演，抽奖，各类节目，冠军颁奖等	1			

在赛事举办的当天，组织者也是需要详细安排每个时间段的具体事项的，示例见表4-2。

表4-2　某电子竞技赛事比赛当日的进度安排表

时 间	项 目	内 容
09:00	就位	执行、签到、裁判、主持、解说就位；设备调试
09:10	暖场	暖场音乐和暖场视频
09:10	签到/抽签	队伍签到，裁判安排抽签分组
10:00	主持开场	主持人开场讲话
10:05	主办方致辞	主办方代表致辞
10:10	比赛介绍	主持人进行比赛介绍、比赛赛制讲解、奖励介绍
10:15	比赛环节	16进8（第一轮4场）
11:00	互动环节	互动项目待定
11:15	比赛环节	16进8（第二轮4场）
12:00	互动环节	互动项目待定
12:15	比赛环节	8进4（4场）
13:00	中场休息	决出4强
13:50	比赛环节	4进2（2场）
14:20	互动环节	互动项目待定
14:30	比赛环节	季军争夺战（单场淘汰制）
15:00	互动环节	互动项目待定

时　间	项　目	内　　容
15:10	比赛环节	冠军争夺战（BO3-三局两胜制）第一场
15:40	比赛环节	冠军争夺战（BO3-三局两胜制）第二场
16:10	比赛环节	冠军争夺战（BO3-三局两胜制）第三场
16:45	颁奖	冠亚季军颁奖
16:50	合影	主办方、参赛战队、观众大合影
17:00	结束	

二、甘特表

甘特表（Gantt Charts），也称甘特图或甘特进度表，它是以发明者美国企业管理学家亨瑞·甘特（Henry Gantt）的名字而命名的，常用于计划和编排工作（见表4-3）。甘特表基本上是一种线条图：横轴表示时间，纵轴表示要安排的活动，而线条表示整个期间计划的和实际完成的情况。它能直观地表现计划何时进行、实际进展情况与计划的对比，便于管理者弄清活动的剩余任务、评估工作进度等。

表 4-3　甘特表示意

项目			二零一八年 十一月							备注 相关人员		
			1	2	3	4	5	6	7	执行人	协作人	检查人
			第一周									
节点	一	任务1										
	二	任务2										
	三	任务3										
一		任务1										
	1	步骤1										
	2	步骤2										
	3	步骤3										
二		任务2										
	A	内容1										
	B	内容2										
	1	步骤1										
	2	步骤2										
	C	内容3										

续表

项目			二零一八年 十一月							备注		
			1	2	3	4	5	6	7	相关人员		
			第一周							执行人	协作人	检查人
	1	步骤1		▓	▓							
	2	步骤2				▓	▓					
三		任务3				▓	▓	▓				
	1	步骤1				▓	▓					
	2	步骤2						▓				

甘特表能直观地规划和管理电子竞技赛事的活动项目，但是不易区分各个活动的重要性。在甘特表的技术上经过改进而形成的关键路径图法，也是一种计划管理方法。将关键路径图法应用在赛事项目的管理中，就是在一个庞大的网络图中找出关键路径去编制网络，并对各关键活动优先安排资源，挖掘潜力，尽量缩短需要的时间。

【延伸阅读】

［1］王玉荣.流程革命 2.0：让战略落地的流程管理［M］.北京：北京大学出版社，2011.

［2］徐杰.大型体育赛事物流方案设计与研究［D］.成都:西南交通大学，2013.

［3］赵谷.大型体育赛事中信息技术应用现状［J］.武汉体育学院学报，2012.

【思考题】

1. 电子竞技赛事运营的构成要素有哪些？

2. 以一个消费者的角度，说说在日常排队过程中见到过哪些管理方法。

3. 简述大型赛事的现场物流管理的主要特点和运作模式。

4. 看一场赛事直播，说一说你所理解的新媒体的信息传播特点。

5. 自制 1 张电子竞技赛事甘特图。

第五章　电子竞技赛事的财务管理

【学习的意义】

在电子竞技赛事项目策划和运营过程中，处处都关联到成本与收益。学习者了解了财务管理的相关知识后，不仅有助于提高自己的赛事项目策划和运营水平，而且更容易深入了解举办赛事的整个过程。

【学习目标】

了解电子竞技赛事预算的基本内容。

了解基于不同管理角度的成本结构分析。

了解电子竞技赛事成本估计的方法。

理解电子竞技赛事的收入来源和利润点。

了解常用的电子竞技赛事财务管理工具。

【关键词】

电子竞技赛事　预算　成本　资金　收入　利润点　财务管理工具

随着电子竞技赛事的日益市场化和商业化，赛事的组织举办方必须加强资金运用和财务管理，以实现综合效益最大化的目标。财务管理是企业或组织根据财经法规制度，按照财务管理的原则，组织财务活动，处理财务关系的一项经济管理活动。本章主要阐述电子竞技赛事的财务管理的基本内容：财务预算、成本管理和资金筹集。

第一节　电子竞技赛事的财务预算

电子竞技赛事的财务预算是非常有意义的。赛事的财务预算可以有效减少成本、扩大收益，并尽可能地降低成本率[①]；它是赞助商决定是否执行赞助计划的依据；它还是一个很好的行为管理手段，能影响赛事活动管理者的行为，使他们清楚自己的职责，便于将各类赛事活动控制在预算范围内进行；它还有使所有成员朝一个共同目标努力的作用。

一、电子竞技赛事预算的概念

电子竞技赛事的预算是指赛事组织举办方对未来一定时期内各方面的收入、支出的总体计划。通常来讲，预算是帮助企业或组织达到财务目标的一个重要的管理工具，但电子竞技赛事的市场化和商业化还未完全成熟，赛事组织举办方通常要先考虑从哪里能筹到资金，然后再计划如何使用这些资金。目前对于很多电子竞技赛事来说，从赛事本身产生盈利是较为困难的，可能赛事最终只能处于保本（Break Even）的状态，因此，很多电子竞技赛事的预算更多只是一个愿望清单，而算不上一个财务规划工具。

二、电子竞技赛事预算的特征与要求

电子竞技赛事的预算是一个具有"未来导向"性质的工作。与其他预算类似，赛事预算难免会有一些不确定性，如筹资渠道和收入来源在未来可能会产生变化，又如未来不可预知的成本上升会导致利润降低。因此，赛事的预算要有一定的弹性。赛事的准备时间越长，弹性需求就越大。

另外，赛事活动的规模会直接影响到赛事的预算。小型电子竞技赛事可以以整个赛事的组织运营为单位进行财务预算，而大型电子竞技赛事，则有必要分部门预算，这能提高预算的准确性与预算效率，尽可能减少成本。

三、电子竞技赛事预算的基本内容

一般来说，预算内容包括成本预算、收益预算及资源的分配等。成本预算的关键是确定具体的支出项目，这受到赛事活动的管理与规划的影响。收益来源于各种筹资与获利方式，制定筹资目标与获利目标也是预算过程的一部分。资源的分配是指需要对所获得的资金（现金或非现金）确定花费的去向与结构（各部分所占的比例）。很显然，电子竞技赛事

---

① 成本率指的是因为使用资金而付出的成本与其所带来的收益的比率，如销售成本率是用以反映企业每单位销售收入所需的成本支出。

的财务预算直接取决于成本构成与收益来源。因此，在很多著作或教材中称它为"成本-收益"分析。

相对而言，赛事的成本是可控的、可预估的，而收益往往具有很大的不确定性。这种成本与收益之间的不平衡会使很多赛事活动处于一种财务上的艰难状态，甚至有可能让赛事被迫取消。所以对成本与收益有一个尽可能科学的估计，显得尤为重要。组织举办方可以通过以下方式，尽可能使赛事组织的财务处于健康状态。

（1）确保长效的和可预见的收益资源，用来满足电子竞技赛事的最基本的组织目标。

（2）将一些特殊的收益来源与活动要素建立关联。例如，有了某笔赞助才会举办开幕式歌舞。

（3）重点关注能创造收益的活动。

（4）控制和减少成本支出项目。

（5）让其他组织或企业通过预付款等方式帮助赛事组织渡过财务亏空阶段。

表 5-1 所示为某电子竞技赛事组织运营预算表，它采用的是行式项目（Line Item）与活动/计划（Programs）相结合的方式。

表 5-1　某电子竞技赛事组织运营预算表

预算表					单位：美元
预算内容	活动/计划				行式项目
	A	B	C	D	合计
支出项					
工资	2 500	3 000	250	——	5 750
设备租用	1 000	500	——	200	1 700
消耗品	150	100	50	——	300
表演者费用	3 000				3 000
促销活动	500	1 000			1 500
销售成本	1 200	600	300	300	2 400
管理费用分摊	4 000	2 000	50	50	6 100
项目总成本	12 350	7 200	650	550	20 750
未分配的开销					16 500
总支出					37 250
	A1	B1	C1	D1	
收益项					
赞助费	22 000	5 000	——	800	27 800

预算内容		活动/计划				行式项目
		A1	B1	C1	D1	合计
门票收入		10 000	1 000	——	——	11 000
销售租赁费		1 500	500	——	——	2 000
商品销售		3 000	1 000	800	300	5 100
食品和饮料		6 000	3 000	600	——	9 600
项目总收入		42 500	10 500	1 400	1 100	55 500
未确定收入	赞助费					14 000
	基金与捐赠					6 000
	投资					1 000
总收入						76 500
项目盈余		39 250				

预算表　单位：美元

第二节　电子竞技赛事的成本管理

成本管理是企业或组织在运营过程中各项成本核算、成本分析、成本决策和成本控制等一系列科学管理行为的总称。电子竞技赛事成本是指赛事组织举办方为了让赛事运营产生特定产品或服务而消耗资源的货币表现。成本是电子竞技赛事的财务管理必须首先考虑的，同时也是大多数赛事最为根本性的问题。

一、电子竞技赛事的成本结构

在进行电子竞技赛事的成本管理时，首先必须知道整个赛事的成本结构。归纳起来，赛事的成本结构可从下面3种角度来分析。

1. 从时间结构来分析

以赛事活动为中心，一个完整的赛事从时间结构上可分为赛前准备阶段、赛事实施与控制阶段、赛事收尾阶段。与此对应，赛事的成本构成也可从这3个阶段进行详细分析。

1）赛前准备阶段的成本

这一阶段可细分为酝酿策划阶段和规划阶段。前者的成本主要包括市场调查费用和可行性研究费用。后者的成本包括赛事申办费用、赛事场馆建设/租赁费用、运动员出场费用、人力资源费用及办公费用等，这些费用主要用于规划阶段的物力与人力的安排、落实与组织工作。

需要说明的是，酝酿策划阶段的费用与赛事类型有关。对于定期举办的赛事，除初次外，之后的每次举办只需要按既有的程序进行就可以了。因此，之后赛事的酝酿策划阶段的费用就变少了。而对于一次性赛事来说，其每个环节的费用都是必不可少的。

2）赛事实施控制阶段的成本

实施阶段是按赛前的规划设计执行的阶段，很多与赛事相关的组织运营费用发生在这一阶段。线下电子竞技赛事的成本与传统的体育赛事相同，既包括在赛事举办过程中所消耗的物质资源成本，也包括赛事实施过程中所消耗的劳动成本。本阶段的成本构成见表5-2。

表 5-2　电子竞技赛事实施成本构成表

成本项目	具体内容
赛场费用	场地/场馆及器材折旧摊销、租赁及制作，相关人员食宿，资格审查/注册，计分系统，医护，安保，临时建筑，清洁等
赛事组织管理费用	开闭幕式，工资及福利，服装，交通，房租，会议，快递，印刷，通信等
赛事营销费用	广告，媒体报道，公共关系，贵宾，网站，娱乐，新闻中心，工作手册/传单等，广告牌等标志物
赞助商服务费	赞助商支持的相关成本
赛事纪念品生产成本	纪念品等相关衍生品的生产成本
赛事融资相关费用	银行汇率/利息，融资的手续费
赛事风险控制费用	税收，保险，法律等

3）赛事收尾阶段的成本

赛事活动结束后，组织举办方要组织人员对赛场进行清理，还要对赛事进行总结与效益评估。这些都会产生成本。

2. 赛事成本的内容构成

电子竞技赛事的成本由多个要素组成。赛事的成本估计要针对成本构成的各要素进行费用的估算。通常来说，赛事的成本构成要素包括以下几类。

1）比赛奖金

各类大小赛事对获得名次的选手都会给予较高的奖金。电子竞技赛事能以此吸引各方俱乐部参赛。这一块费用通常在总成本中占较大比重。

2）人力资源成本

赛事全过程中所有相关工作人员的劳务酬金、福利都是成本之一。不管是什么规模的赛事，人力资源成本都必不可少。

3）场地/场馆和设施/设备的租金

大多数赛事的场地和设备都是租赁的，这一部分费用也是必不可少的。组织举办方可根据预算租赁不同类型的场地/场馆和设施/设备，以此调节租赁成本。以世界电子竞技运动会（WESG）[①]电竞大赛舞台为例，租赁的内容包括舞美结构设备、灯光设备、音响设备和视频设备，具体可见本书的附录 D "WESG 电竞大赛舞台设备成本单"。

4）原材料花费与能源动力费用

场馆搭建涉及各种原材料费用，赛事活动举办时也涉及纸、小礼物、纪念品、食品等费用。能源动力费用是指赛事活动举办在水、电等能源动力方面的支出。

5）赛事宣传及公关费用

赛事的广告宣传是赛事必不可少的工作内容。另外，为了赛事顺利举办，公关费用也是赛事成本的一部分。

6）活动业务外包所产生的商务费用

根据需要，赛事组织举办方可能会将一些相对具体或独立性较强的内容外包给服务承包商，如宣传手册的制作、纪念品的设计、赛事进行过程中的餐饮服务等，从而产生商务费用。

7）意外费用

意外费用是指为应对各类危机或突发事件的出现而备用的费用。如赛事活动评估完成之后遗漏的费用，赛事举办期间物价上涨导致的费用增加等。

表 5-3 所示为 2014 年首届 i 联赛的收支情况，净亏损 9 万余元。

表 5-3 首届 i 联赛收支情况

项目	金额
众筹总额	1 692 620
奖金用途（众筹总额 70%）	1 184 834
门票加入奖金（客户端门票收入全额）	685 424
总奖金	1 870 258
制作费用（众筹总额 30%）	507 786
实际制作费用（见实际制作费用明细）	601 369
ImbaTV 额外支出	93 583
实际制作费用明细	
场地租借费用	100 000
舞美搭建费用	2 100 000

① 世界电子竞技运动会（World Electronic Sports Games，简称 WESG）是阿里体育打造的一项世界级会制电子竞技赛事，赛事覆盖全球多个国家和地区，2016 年为第一届。

续表

实际制作费用明细		
场地制作物费用		34 600
差旅	国际选手差旅	151 239
	媒体差旅	11 910
设备租赁	摇臂租赁 4 天	50 000
	摄像师 4 人 4 天	
	字幕机租用 1 个半月	
	制转租赁	
住宿费	选手住宿费	19 320
	媒体住宿费	11 200
选手餐费		10 800
杂项	化妆师费用	1 200
	奖杯	600
	大巴费	5 500
	网络宽带费	5 000
	合计	601 369

资料来源：ImbaTV、新三板智库

3. 管理会计角度的赛事成本构成

从管理会计的角度来看，赛事成本可分为"直接计入成本"和"间接计入成本"。直接计入成本是指生产费用发生时，能直接计入某一成本计算对象的费用。间接计入成本是指不能或不便于直接计入某一成本计算对象的费用，如杂项开支等。

赛事成本也可分为"固定成本"和"变动成本"。固定成本是指在一定范围内不会随着赛事市场的收益而变化的成本，如固定资产折旧费等。变动成本是指那些成本的总发生额在相关范围内随着业务量的变动而变动的成本，如直接发生的人工费、材料费等。

二、电子竞技赛事的成本估计

赛事的成本估计通常可以运用以下 4 种方法，每种方法都有其优缺点，综合起来考虑能得出更为准确的成本估计结果。

1. 趋势外推法

如果过去对成本产生影响的各种因素在未来仍然会起作用，则可使用趋势外推法作为成本预计的依据。估算者以过去举办同类电子竞技赛事的数据作为参考依据，再利用数理统计方法和模型进行量化估计，最终得出当前赛事的成本数据。使用这个方法时要注意：

首先，历史资料数据要足够充分，必须要有一定时间长度且连续的历史数据作为支撑，而不能是片段数据；其次，各项成本多少要和赛事规模有确定的关系，用可比较的价格去计算，以便消除价格变动的影响。

2. 类比法

这种方法能快速地得到估计的结果，因为类比法是用类似的赛事活动产生的成本去估计的。但因为实际情况总会有所不同，所以该结果通常只能是近似的或粗略的，可作为其他方法的参考或补充。

3. 自下而上法

这种方法就是上层的管理者先将赛事活动进行分解，形成多个子模块，然后交由子模块的各负责人去详细估计，任务一层层分解到基层。最后，再将估计数据由下而上逐层累计，形成最终的总成本估计。

这种方法的优点在于子模块可以分得很细，成本估计也更准确与细致，能在一定程度上避免将赛事作为一个整体进行估计时可能出现的大误差；而缺点就是层层估计的用时较长、代价较高。

4. 自上而下法

与自下而上法相反，自上而下法首先由上层的管理者利用经验与历史数据等进行高一层次的成本估计，然后将结果逐层下达，上一层的估计结果会成为下一层管理人员进行相应层次估计的基础，最后到基层再对组成赛事的各项内容进行成本估计。

这种方法的优点之一是总体预算比较准确。上层管理人员的丰富经验往往使他们能够比较准确地把握赛事活动的整体资源需要，从而使赛事活动的成本预算能够控制在一定的范围之内。另外，由于成本预算预先进行了合理的总分配，能避免资金在任务之间分配不合理的情况出现。

同时，这种方法也有缺点。下层人员是被动地接受预算结果，若其认为上层人员提出的成本估计结果不能满足相应的任务的需求，在上下层之间沟通不畅的情况下，可能会影响赛事的顺利进行，甚至可能最终导致赛事的中断或失败。

三、电子竞技赛事的成本控制

电子竞技赛事的成本控制，是指赛事的管理方（主要是专门的财务部门）在其职权范围内，对各种影响赛事成本的内容采取的一系列预防和调节措施，用以保证成本在预算估计范围内的管理行为。成本控制的主要内容如下。

（1）监督成本执行情况及发现实际成本与计划的偏离。

（2）将一些合理改变包括在基准成本中。

（3）防止不正确、不合理、未经许可的改变包括在基准成本中。

（4）把合理改变通知项目涉及方。在进行成本控制时，还必须和范围控制、进度控制、质量控制等相结合。

为了对电子竞技赛事的成本进行有效的控制，管理方要详细和准确地识别出赛事组织运营过程中的成本中心（Cost Center）与成本标的（Cost Objects）。成本中心是指赛事中的项目或管理区域。成本标的是指每个区域或项目里具体的元素。例如，竞赛是某一赛事的一个主要成本中心，选手、设施/设备、员工及场地租赁等均是具体的成本标的。赛事成本控制的基本要求如下。

（1）每个成本中心应该有可匹配的收益资源（如果可能的话）。

（2）成本中心与成本标的应该是可控的。

（3）成本的上升应该是合理的（如果它能产生额外的收益的话）。

（4）固定成本与间接成本应该最小化，变动成本应该是可控的。

（5）关于成本的决定或决策应该提前做出。

（6）对于可变成本，实行成本回收价格策略是一个可行的成本管理的方法。

（7）变动成本的分析可以为到场人数的设限或赛事的容量控制提供有效的建议，以免出现不可控的成本上升（如突发事件所导致的应急和危机处理成本）。

第三节　电子竞技赛事的资金筹集

与成本相对应的，资金是电子竞技赛事财务管理中的一个根本性问题，是赛事能顺利举行的最为直接的支持条件。尽可能通过各种途径和方法去筹集资金并对其进行高效管理，对赛事的组织举办方来讲是至关重要的。可以说，资金筹集（Fund-Raising）对电子竞技赛事的举办与可持续发展有着十分重要的意义。

资金筹集是指赛事举办组织运营主体依照国家相关法律、法规与政策，从不同渠道利用不同方式获取赛事举办所需的资金和资源的过程。完善、健全的融资机制可以使赛事举办者便捷、迅速地获取资金并进行灵活调配，从而保证赛事顺利举办。

一、电子竞技赛事的收入来源

电子竞技赛事的收入结构是指收入来源的构成、比例及相互关系。图 5-1 所示为全球电子竞技赛事收入结构，从中可以看出，赞助和广告是赛事举办方的主要收入来源。

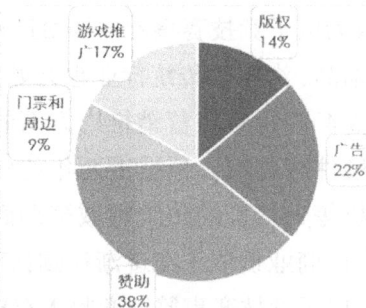

资料来源：Newzoo、广证恒生

图5-1　全球电子竞技赛事收入来源比重（2016 年）

具体来说，对于某项电子竞技赛事，组织举办方通常有如下收入渠道。

1. 政府财政补贴

财政补贴是指国家为了实现特定的政治、经济目标，对符合条件的电子竞技赛事由财政安排专项基金向赛事组织举办方提供的一种补贴。目前，随着国内电子竞技的不断发展，政府逐步出台了一些鼓励政策。例如，杭州电竞数娱小镇推出了扶持新政[①]，承办各级电子竞技赛事都可给与高额补贴；西安曲江新区也有类似的扶持政策[②]，符合条件的电子竞技赛事承办方可以获得不超过 1000 万元的补贴。

对于赛事管理人员来说，先要了解能够为赛事提供这类资金的政府部门或组织机构，并清楚这些部门机关对申请赛事资金的相关要求，然后再提交申请材料。材料里面需对赛事举办理由进行充分合理的阐述，通常包括以下几个方面。

（1）赛事举办的目标。

（2）客观展示举办者运营赛事的能力与财力保证。

（3）提供必要的申请表和支撑财力（如商务计划等）。

（4）对拟获得资金的管理计划，包括获取时间、资金用途、资金的负责人等。

（5）在申请材料中说明赛事的活动项目计划，以及各项目的预算情况。

2. 赛事承办费

赛事承办费是游戏的研发商或运营商为了推广游戏而给予赛事承办方的资金。

3. 广告赞助

广告赞助是电子竞技赛事创造收入的另一个手段。在电子竞技发展的早期，电子竞技赛事的关注度低，赞助商多为外设、显卡等与电子竞技关系密切的硬件制造企业，电子竞

[①] 关于《关于打造电竞数娱小镇促进产业集聚发展的实施意见（征求意见稿）》，详细内容可查询：http://f.qianzhan.com/tesexiaozhen/detail/180608-9c891912.html

[②] 关于《西安曲江新区关于支持电竞游戏产业发展的若干政策（试行）》，详细内容可查询：http://qjxq.xa.gov.cn/info/1531/8693.htm

技座椅等电子竞技衍生品牌也成为电子竞技赛事的主要赞助商。伴随着电子竞技行业的发展，电子竞技联赛不断成熟，快消品、汽车等传统行业也开始成为电子竞技赛事的赞助商。这些传统领域的赞助商（见表 5-4），每年在营销推广方面的投入力度大，其对于电子竞技赛事的赞助价值优于外设、硬件等领域。根据近两年的电子竞技赛事赞助商的分布状况显示，以快消品、汽车、手机等为代表的传统领域赞助商占比已经高于硬件外设。赞助商的变化显示了电子竞技赛事的商业价值正在逐渐得到认可，随着电子竞技赛事发展日益成熟，这种认可将继续增强，电子竞技赛事赞助商收入有望进一步提升。

表 5-4　多领域厂商赞助电子竞技赛事

时间	赛事名	赞助商
2017 年 3 月	2017KPL 春季赛	雪碧、宝马、vivo、六福珠宝等
2017 年 6 月	2017KPL 夏季赛	JEEP、战马、迪瑞克斯、英特尔、达尔优、招商银行等
2017 年 8 月	2017 中国足球电竞联赛	联想拯救者、冰豹等
2017 年 9 月	2017KPL 秋季赛	vivo 等
2017 年 9 月	2017 全球总结赛（S7）	奔驰、伊利、欧莱雅、英特尔、罗技等
2017 年 11 月	2017NEST 总结赛	英特尔、骁龙、魔爪、网鱼网咖、微星等
2018 年 1 月	2018LPL 春季赛	奔驰、多力多滋、战马、英特尔、欧莱雅、惠普、迪瑞克斯等

电子竞技赛事发展较好的是由游戏开发商或运营商支持的单项游戏赛事，而依靠广告赞助商的综合性赛事却由于赞助的不稳定性发展缓慢。在国内，由于目前还没有主流电视媒体对电子竞技赛事进行转播，造成电子竞技赛事影响力不足而难以达到很多赞助商的要求，这限制了赛事广告赞助的数量和金额。随着电子竞技直播被越来越多的人所关注，如果主流电视再能放开对电子竞技赛事的转播，则电子竞技行业的广告赞助收入将会有很大的增长。

4. 出售赛事直播/转播权

在电子竞技赛事商业化的过程中，赛事直播/转播是其中的重要一环。电子竞技赛事的发展现在仍然处于投入期，赛事能够直接带来的收入较小，出售直播/转播权是当前电子竞技赛事的一个重要变现方式。这种方式不仅能够直接为电子竞技赛事创造收入，还能进一步提升赛事影响力，触及更多用户。

在传统体育赛事中，一般来说赛事直播/转播权转让收入占比很大。近年来，随着电子竞技赛事精彩度提升、可观赏度提升及赛事影响力的增长，赛事的直播/转播权价格一直以来呈现高速增长的趋势（全球范围内）。部分顶级电子竞技赛事的决赛观众已超过传统体育赛事的决赛。可以预见，未来国内主流电视对电子竞技转播很可能会逐渐放开，电视转播和网络直播很可能竞争加剧，电子竞技赛事的版权完全可能出现高速增长的态势。

> **【资料】高额的电子竞技赛事直播授权费**
>
> 2016 年 BAMTech 为了获得《英雄联盟》职业联赛的七年直播权，向 Riot Games 支付了 3 亿美元。
>
> 2018 年 Twich 向暴雪支付了 9000 万美元，获得今后两年内《守望先锋》职业联赛独家直播权。
>
> 触手 TV 以 1200 万人民币拿下巨人网络 2016 年《球球大作战》全球总决赛独家网络直播权。
>
> （资料来自网络，可见于多玩游戏《<英雄联盟>的直播权竟然都能卖 3 亿美元》、游侠网《<守望先锋>职业联赛直播授权费高达 9000 万美金　创电竞历史之最》、搜狐网《触手 1200 万获 2016<球球大作战>全球总决赛独家直播权》）

5. 用户付费

资金的筹集不仅可以从政府或企业获得，从用户方筹集也是一种很好的方式。这里的用户付费，是指赛事消费者为了欣赏比赛内容或表达对赛事的兴趣而付费。根据艾瑞咨询2014 年的调研数据，国内电子竞技用户为赛事付费的比例已经达到 57.6%，途径包括赛事众筹、赛事周边、赛事门票和赛事竞猜等（见图 5-2）。

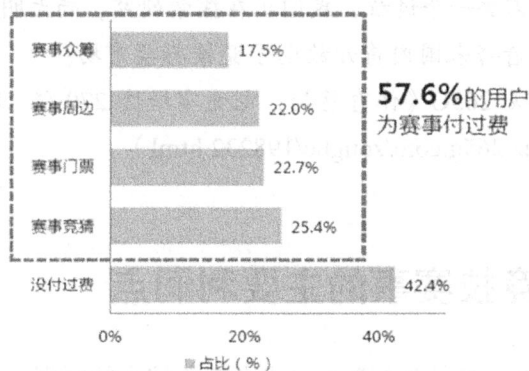

图 5-2　中国电子竞技赛事的用户付费行为（2014 年）

随着电子竞技赛事的运营逐渐成熟，现场和在线的观众数量有明显的增加，门票收入日益完善。如 2016 年 3 月的《DOTA2》上海特锦赛，比赛场馆位于梅赛德斯奔驰文化中心（可容纳 18 000 人），单场门票价格从 99 元至 169 元不等，5 日 VIP 联票为 999 元[①]，粉丝可自由选择价位。

---

① 更多内容，可浏览中金公司 2016 年的报告《电子竞技——体育与游戏密不可分》。

除此之外,《DOTA2》的粉丝还可以在游戏中购买虚拟门票,获得相应虚拟道具和在线观看比赛的权利;同时,粉丝购买门票的部分收益还会流入奖金池中,从而使粉丝更多地参与到比赛中。2014 年,《DOTA2》首次采用众筹奖金模式举办 Ti4,迅速将这项赛事的奖金额从 300 万美元提高到 1000 万美元,2018 年的 Ti8 奖金更是高达 2553 万美元。在全球电子竞技参与人数持续走高的今天,善于运用粉丝经济的力量,也许正是日后解决赛事奖金、支撑行业兴盛的关键。

6. 其他资金筹集方式

和传统体育一样,电子竞技赛事的输赢也可以进行竞猜。目前国内还没有成形的电子竞技博彩,不过已经有直播平台提供用虚拟货币参与的赛事竞猜功能。如果相关政策放开,赛事博彩也会成为电子竞技行业变现潜力巨大的方向。

另外,赛事运营方均在向内容及资源整合领域拓展。在内容领域,主要开拓自身内容,如艺人经纪、IP 相关内容制作等方向的业务;而在资源整合领域,主要是做整合营销、电子竞技营销等方面的业务。这是目前行业内头部玩家的现状。

【资料】电子竞技竞猜的开放需要一个过程

在京举行的首届全国移动电子竞技大赛(CMEG)新闻发布会上,体育总局体育信息中心主任丁东在接受采访时表示:"竞猜可能是竞技体育发展的一个方向,但开放需要一个过程,我们正在探索研究,尚无明确时间表。"这一表态很有可能预示着将来国内将开放电子竞技彩票市场。

(具体可见 265G《体育总局:电竞市场达 270 亿 正研究电竞竞猜事宜》,网址:http://biz.265g.com/zonghe/198232.html)

二、电子竞技赛事的主要利润点

第一方赛事和第三方赛事在变现方式上有着较大的区别。

1. 第一方赛事

第一方赛事主要通过电子竞技游戏来变现。同时,游戏厂商也能通过举办电子竞技赛事来延长游戏的生命周期。

2. 第三方赛事

第三方电子竞技赛事的运营变现方式和传统体育类似,可分为 2B(面向企业,To Business)端变现和 2C(面向消费者,To Consumer)端变现(见表 5-5)。2B 端的变现主要包含赛事广告赞助、冠名和赛事转播权出售;2C 端的变现主要包含赛事门票销售、报名费、赛事衍生品（赛事竞猜、赛事周边等）和赛事直播付费（去广告、付费原画直播等）。

表 5-5　第三方电子竞技赛事变现方式（2016 年）

变现分类	变现方式	事　　例	目前是否成熟
2B 端变现	赛事广告赞助和冠名	可口可乐旗下品牌雪碧1500 万元独家冠名赞助 2016《英雄联盟》职业联赛	是
	赛事转播权	2006 年 NEOTV 以仅 10 万美元获得 WCG 在中国的转播权	否
2C 端变现	赛事门票收入	2016《英雄联盟》职业联赛（LPL）夏季赛总决赛门票价格从 180 元至 880 元不等	是
	赛事报名费	WCG 分赛区选拔报名费约 100 元	是
	赛事衍生品	《DOTA2》国际邀请赛出售的手办、玩偶、服饰等	是
	赛事直播付费	斗鱼在其独播的 NSL2016《星际 2》职业联赛中采用了原画收费的模式，是国内直播平台的首次收费直播行为	否

3. 第一方赛事与第三方赛事在变现方式上的关系

当然，对于第三方赛事的变现渠道，第一方赛事也是拥有的；而第三方组织在承办赛事时，有时是可以从游戏厂商处获得承办费用的。此外，由于授权的原因，在运营上第三方赛事可能会受到一些限制。

4. 电子竞技赛事的主要利润点

赛事要实现变现，需要提供各种产品和服务。表 5-6 展示了电子竞技赛事主要的利润点及实现方式。

表 5-6　电子竞技赛事主要利润点及实现方式

利　润　点	实　现　方　式	利润源客户或消费者
现场体验的机会	出售门票	现场观众
电子竞技赛事的传播功能	商业赞助	赞助企业
电子竞技赛事影像产品	直播/转播权出售	付费电视媒体、直播平台等
知识产权商品	纪念品、工艺品、玩具	大众
围绕观众（或潜在观众）消费能力所带来的可能的收益机会	赛场内的招商、相应活动商业赞助等	相关企业
赛事信息资源出售	赛事报道权	媒体
丰富体验的相关服务及相应的服务体验本身	提供食品、餐饮、停车服务等	现场观众
空间销售	地理空间、印刷品空间、网络空间	进入空间的企业

第四节 电子竞技赛事财务管理的常用工具

在电子竞技赛事的财务管理过程中，需要用到现金流管理、财务报表等。

一、现金流管理

现金流管理（Cash Flow Management）是对赛事相关现金流的监控和预测，是电子竞技赛事管理者设定和修正预算的一个重要管理工具。通过现金流管理，管理团队可以知道在不同情况下分别需要多少现金来维持商业运作。如果只看预算可能出现财务安全的错觉，最终却可能因为现金流不平衡而不能达到预算结果。因为实际赛事中成本是不间断产生的，而收入直到赛事结束才可能实现，因此赛事的收入相对于成本具有更大的不确定性。

现金流管理的实质是建立一个现金流日程表，对期望的日程内所有的花销和收入进行准确的预测。要达到准确预测的效果，需要对每笔账款何时以何种条件到达有清晰的认识。另外，相比短期需要花销的预算项目，那些短期具有收益潜力的预算项目（如有预付款）优先级更高，因为保持或维持现金的正常流动是非常必要的。

二、会计

会计是以货币为主要的计量单位，以凭证为主要的依据，借助于专门的技术方法，对一定单位的资金运动进行全面、综合、连续、系统的核算与监督，向有关方面提供会计信息、参与经营管理的一种经济管理活动。

会计直接关系到电子竞技赛事组织内部的资金运营和财务安全，对组织外部而言则是处理赛事举办方与税务、法律等政府部门间相关事务的一个重要工具和必备手段。另外，在赛事组织内部可能还会有会计的分支"管理会计（又称分析报告会计）"，它是赛事的战略、业务、财务一体化最有效的工具。

三、审计

审计是指由专设的外部机构和人员依照法律、法规对被审计单位的重要项目和财务收支进行事前和事后审查的独立性经济监督活动。审计具有独立性、权威性、公正性的特征。独立性是审计的本质特征，也是保证审计工作顺利进行的必要条件；权威性是审计权的必要条件，审计的权威性总是与独立性相关，它离不开审计组织的独立地位与审计人员的独立执业；审计的公正性反映了审计工作的基本要求，从某种意义上说，没有公正性，也就不存在权威性。

需要说明的是，审计与会计是两种不同的但又有联系的社会活动。具体来说，审计的主要对象是会计资料及其所反映的财政、财务收支活动，会计资料是审计的前提和基础，会计活动本身就是审计监督的主要对象。

四、财务报表

财务报表是以会计准则为规范编制的，向所有者、债权人、政府、其他有关各方及社会公众等反映会计主体财务状况的会计报表。财务报表包括资产负债表、损益表、现金流量表或财务状况变动表、附表和附注[①]。财务报表是财务报告的主要部分，不包括董事报告、管理分析及财务情况说明书等列入财务报告或年度报告的资料。

资产负债表（Balance Sheet）也称财务状况表，是反映会计主体在一定日期（通常为各会计期末）的财务状况（资产、负债和业主权益的状况）的主要会计报表；损益表（Profit and Loss Statement）是反映会计主体在一定时期内运营成果（利润或亏损）的报表；现金流量表（Statement of Cash Flow）主要反映一段时间内的资源与现金的使用情况，可用于预测会计主体在未来一定时间内产生现金流和目标达成的能力及对信贷的需求等。上述 3 个报表是财务报表的 3 个基本报表。

五、财务表现的评价内容

根据《国有资本金效绩评价规则》和《企业效绩评价操作细则（修订）》中明确确定的《企业效绩评价指标体系》，评价内容分为财务效益状况、资产运营状况、偿债能力状况、发展能力状况。常用的评价指标有偿付能力相关指标、投资回报率、资产回报率、资本净值、成本收益率等。

偿付能力（Solvency）是财务表现的评价内容之一，它对于现金流方面存在问题从而需要靠"举债"来组织赛事运营的组织举办方来说是非常重要的，相关的指标有流动比率、资产流动性、运营资金比率等；投资回报率（ROI）是指通过投资而应返回的价值，即会计主体从一项投资活动中得到的经济回报，是衡量一个会计主体盈利状况所使用的的比率；资产回报率（ROA）又称资产收益率，它是用来衡量每单位资产创造多少净利润的指标；资本净值是资本减去负债的总额，是影响会计主体价值的重要的决定性因素；成本收益率表明单位成本获得的利润，反映成本与利润的关系。

---

① 关于财务报表，可查询互联网。更多详细内容可浏览财务管理的相关书籍。

六、财务控制①

财务控制是指对赛事组织举办方的资金投入、收益过程及结果进行衡量与校正，目的是确保赛事目标及为达到此目标所制定的财务计划得以实现。中小赛事的财务控制应当从建立严密的财务控制制度、现金流量预算、成本和财务风险的控制等方面入手。

【延伸阅读】

［1］荆新，等.财务管理学［M］.第 8 版.北京：中国人民大学出版社，2015.

［2］周兵.财务管理（高职高专应用型教材）［M］.北京：中国经济出版社，2014.

【思考题】

1. 电子竞技赛事预算的基本内容是什么？

2. 从内容构成来看，电子竞技赛事的成本包括哪些内容？

3. 对电子竞技赛事的成本进行预估通常有哪些方法？

4. 电子竞技赛事的变现有哪些途径？

---

① 详细内容可查询互联网，更多内容可参看财务管理的相关书籍。

第六章　电子竞技赛事的赞助

【学习的意义】

赞助是电子竞技赛事的主要收入来源之一。一场电子竞技赛事要成功举办，实现盈利目标，甚至持续举办下去，赞助是必不可少的。学习者弄清楚赞助的相关知识后，才好在工作中加以实践应用。

【学习目标】

详细了解电子竞技赛事所有可能的赞助资源。

详细了解赞助方和被赞助方要权衡的各要素。

理解电子竞技赛事中赞助定价的各个因素。

深刻理解电子竞技赞助招商方案的关键内容并能运用到实际工作中。

【关键词】

电子竞技赛事　赞助资源　赞助商权益　赞助匹配　赞助议价　赞助招商方案

赞助是指企业或组织为了达到自己的目标而向某一社会事业或社会活动提供资金、物资或服务支持的一种商业行为。它是市场营销的内容之一，企业或组织通过赞助营销，投入资金、劳力、物资、技术或服务，来获得冠名、广告、专利及促销等权利的互惠回报，最终得到促进对应产品的销售、提升品牌知名度等效果。

当前，赞助是市场经济中的一个非常普遍的现象。在电子竞技赛事领域，赞助是赛事组织举办方进行赛事活动运营的主要资金来源之一。

第一节　电子竞技赛事的赞助资源

电子竞技赛事的赞助资源，是指有助于赛事目标实现且又为赞助商所接受，并可通过赞助交易为赛事举办方带来收益的所有有形和无形资产的总称。这些资产有的已被认识到，可成为现实的赞助资源；同时还有一些有待发现或开发，被视为潜在的赞助资源。

对电子竞技赛事的管理者来说，寻找赞助之前的一个重要工作就是要对所有可能的赛事资源进行盘点，列出一个资源清单。这些资源可能会给潜在的赞助商带来利益从而引起他们的兴趣。因此，赛事举办方应该充分发掘赛事资源，并凭借这些资源去寻找对应的赞助商，再通过招商方案等方式向潜在赞助商进行展示或销售。

一、电子竞技赛事的赞助资源要素

电子竞技赛事的赞助资源要素通常包括以下内容。

1. 空间与物质载体

比赛的场地、场馆等是空间，门票、纪念品、赛事参与者及赛事工作人员的身体是物质载体，它们都是重要的赞助资源。将空间和物质载体细分，可以销售给不同的赞助商。如比赛场地可细分为场内和场外，场内还可细分为解说台、主舞台地面、主舞台屏幕下方、选手电脑背贴等不同的单元。同样，选手身体可分为胸部、背后等，它们可以形成不同价值的广告部位，并且还可以进行多种组合。

2. 举办时间

举办时间涉及长度和时段。不同时段的比赛（如小组赛、决赛）可以分销给不同的赞助商，也可以打包销售，甚至可以将比赛时间与空间资源组合在一起进行整体销售。

3. 举办地区

这项要素强调在宏观上的赛事举办地的地域特征，如城市赛、全国赛、国际赛的某些赞助项目可以分销给不同的赞助商。

4. 活动项目或计划

除了核心的竞赛活动，举办方还须注意赛前、赛中、赛后举办的一系列相关活动，如开幕式活动、颁奖活动、庆祝酒会等，可以从中选取赞助项目进行招商。

5. 供应

举办赛事需要供应各种物资及提供住宿、公关宣传等服务，一些与赛事范围经济相关的企业或组织，可以通过提供对应的物品与服务来达到赞助赛事的目的。这是具有"实物偿付"性质的赞助，如直接赞助鼠标、键盘、耳机等比赛需要的外设部件。

6. 其他无形的具有属性的资源

这类资源是指赛事的资质、地位、影响力、历史、身份、品牌价值等，这些资源大多是无形的。

7. 沟通互动类资源

如赛事的官网，企业或组织也可以对其进行赞助。

表 6-1 所示为体育赛事常见的赞助资源，都可以应用于电子竞技赛事。从表中可以看出，可用于赞助的赛事资源是非常多的。

表 6-1　体育赛事常见的赞助资源

常见的有形资源	特许经营产品，如纪念币、纪念衫、特许产品包装等
	比赛场馆广告资源
	比赛印刷品广告资源，如宣传画册、竞赛指南、纪念册等
	开幕式、闭幕式门票等
	媒体播放版权
常见的无形资源	排他性营销权
	视觉识别系统使用许可权
	赛事比赛项目冠名权，赛事相关活动冠名权，奖杯奖项冠名权
	赛事专用产品专有权
	赛事比赛场馆冠名权
	赛事组委会名誉职位
	赛事合作伙伴、各等级赞助商、供应商、服务商的授予权

二、赞助商的权益类型（赞助资源类型）

赛事组织举办方有了可用于赞助的资源后，需要将资源进行分类，形成各种权益后用于赞助商。相对应地，举办方也需要对赞助商进行分层，使其根据不同的赞助费用，获得不同的赞助收益，并享有不同的身份地位。当然，为了双方合作顺利及后续更多的合作，举办方需要对赞助商的权益进行保护，以及对"伏击营销"进行管控。具体的赞助商权益涉及以下 9 个大类。

1. 标志及称谓资源

这是指赞助商在规定宣传平台上使用赛事徽记与授权称谓、联合徽记与冠名称谓等。

这些宣传平台包括：产品包装、企业内部营销、产品目录、产品称谓、电视、广播、报纸、杂志、信函、户外广告、互联网（企业主页）、移动媒体、各类线下活动、赛事与赞助商品牌联合标志开发与使用、赛事名称及赛事分项冠名名称、赛事奖项冠名名称。

2. 广告资源

这是指赞助商可免费使用或购买赛事官方广告权益，包括但不限于以下一些广告位置：官方出版物版面、官方媒体和户外广告、免费赛场广告位、收费赛场广告位、产品和企业宣传中涉及赛事赞助信息、电视/广播转播广告时段、电视/网络转播植入广告时段、官方媒体采访。

3. 款待资源

这是指赛事举办方提供给赞助商的礼宾待遇和款待资源，如出席官方宴会、接待专车或礼宾用车、权益内饭店房间、额外房间租用、开/闭幕式门票、比赛门票、额外门票购买权等资源。

4. 证件资源

这是指赛事举办方提供给赞助商与赛事有关的各类证件，如停车证、通行证、VIP 证件、项目管理及运营人员证件、工作人员证件等。

5. 赞助商识别资源

这是指赛事举办方为赞助商提供免费识别服务，即利用赛事方掌握的媒体平台宣传赞助商品牌与产品，如官方报纸广告识别、官方户外广告识别、官方网站识别、官方电视/广播/网络宣传识别、官方出版物/印刷物识别、赛事新闻发布会及其他官方活动识别、赛事现场运营识别等。

6. 市场营销支持资源

这是指赛事举办方为赞助商的赛事赞助营销提供帮助，如门票和赛事信息用于赞助商内/外部营销活动、赞助商联谊会、赞助商使用官方资料、赞助商活动参与支持、官方活动赞助权、官方网站链接支持、官方特许产品优惠购买、赞助商营销计划建议、相关赛事优先赞助权等。

7. 反隐性营销资源

这是指赛事举办方为赞助商提供反隐性市场营销服务。具体来讲，这些资源包括为赞助商反隐性市场行为提供法律支持、反隐性市场营销宣传，通过行政、法律等途径打击一切非经授权使用赛事知识产权的行为。

这里的隐形营销是指伏击营销，即那些没有付出任何费用给赛事组织举办方以获取合法经营权的企业或组织，通过各种手段利用赛事进行宣传营销活动的行为。这类市场营销行为是非法的。随着电子竞技赛事影响力逐渐扩大，这种行为必定会出现，甚至可能愈演愈烈。

8. 赞助产品类别的排他权资源

这是指赛事举办方保证赞助商在相同产品类别企业中享有赞助权益唯一使用权。赞助商身份的产品类别的排他性权益，是指赞助资源不可以授权给其他与赞助企业生产同类产品的企业。这是对赞助商权益的一种保护。

在体育赛事中，由于未能有效保护排他性权利，出现过许多排他性权利相关的纠纷，电子竞技赛事起步较晚，应该吸取教训，做好排他性权益的保护。

9. 赛事明星资源

这是指赛事举办方协助赞助商使用赛事明星资源。经过批准，赞助商可获得在产品广告、包装、宣传活动中使用赛事举办方指定的明星团队形象（赞助权益期内）、邀请明星参加活动（额外付费）、获得明星签名纪念品、官方赛事明星见面活动等权益。

从赞助资源的形态来分析，这9大类赞助资源包括了有形资源和无形资源。标志及称谓资源、广告资源、款待资源、证件资源、赞助商识别资源、市场营销支持资源和赛事明星资源都是有形资源；赞助产品类别的排他权资源是一种无形资源；反隐性营销资源既可以是有形的（赛事举办方提供的反隐性营销宣传），也可以是无形的（赛事举办方的反隐性营销经验）。

从赞助资源的激活（获得赞助资源的权利）角度来分析，企业对这9大类赞助资源激活过程管理的难易程度差异较大。有些赞助资源需要企业付出较低的成本即可激活，如标志及称谓资源、证件资源和赞助商识别资源的激活；有些赞助资源需要企业付出较高的成本才可激活，如广告资源和赛事明星资源的激活；有些赞助资源的激活需要企业付出的成本不高，但是对于企业的管理能力要求较高，例如，当赛事举办方为赞助企业提供了赛事现场的产品销售机会后，企业还需要仔细地规划产品展示的内容、促销的方式并组织好现场销售执行。

三、赞助商结构

赛事赞助资源的分割与组合形成的不同赞助资源单元，对多个赞助商进行销售，从而形成了多种类型和不同层次的赞助商。所有赞助商在整个电子竞技赛事赞助计划中的地位与层次分布构成了赞助商结构，赞助商结构通常有以下3种类型。

1. 单独结构

这种结构适用于只有一个赞助商参与到赛事活动中（不管其享有什么程度与层次的权益）。这在中小赛事中经常见到。

2. 层次结构

层次结构即"金字塔"结构。层次反映了赞助商的等级地位，这是由其赞助金额与所享权益决定的。层次数没有上限。每一层次里可以有多个赞助商，而他们的权益内容可以不同，示例见图 6-1。

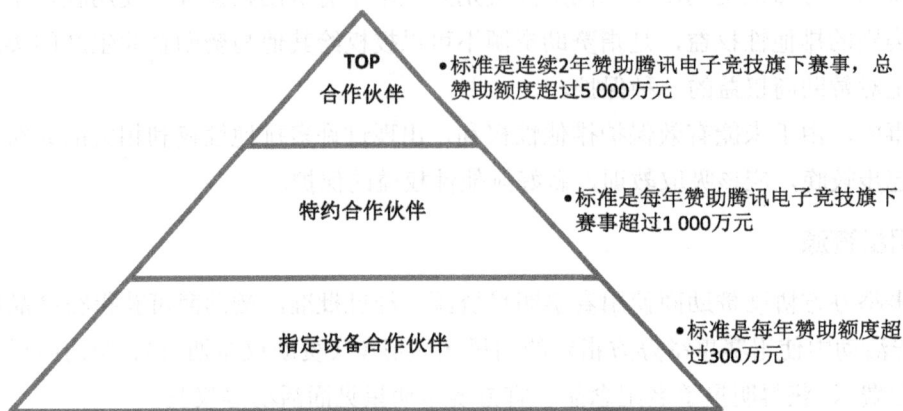

TOP 合作伙伴
• 标准是连续2年赞助腾讯电子竞技旗下赛事，总赞助额度超过5 000万元

特约合作伙伴
• 标准是每年赞助腾讯电子竞技旗下赛事超过1 000万元

指定设备合作伙伴
• 标准是每年赞助额度超过300万元

图 6-1　腾讯电竞"商业合作伙伴计划"的分层[①]（层次结构）

3. 平行结构

平行结构也就是全部赞助商享有相同的地位，可能获得相同或不同权益并支付相同或不同的赞助费用。

第二节　电子竞技赛事赞助方案的销售

电子竞技赛事赞助方案的销售就是赞助招商，俗称"拉赞助"，它是赛事组织举办方商务活动的重要内容之一。在大多数情况下，在赛事组织举办方发出招商信息后，或者赞助商接到赞助请求后，赞助商才会提出赞助意向。因此，赛事组织举办方对目标赞助市场的研究，对潜在赞助商的考量，以及制作赞助招商指南是十分重要的工作。

一、目标赞助市场的研究

赞助是以市场导向为主的。赛事组织举办方在深刻理解自己的资源优势之后，需要对潜在的目标市场企业或组织进行调查研究，再将赛事的资源与潜在赞助商进行匹配，这样不仅能提出更有效和更有针对性的赞助招商计划，也容易形成双赢结果。这项工作费时费

---

① 来自腾讯游戏新闻《戴斌：腾讯电竞将带来全新的"商业合作伙伴计划"》，具体可见：http://games.qq.com/a/20180615/015835.htm

力，特别是电子竞技赛事作为新鲜事物，更不容易让潜在赞助商理解。相比传统体育赛事委托赞助代理机构或顾问来完成此项工作，电子竞技赛事对目标市场的研究还有很长的路要走。

（一）目标赞助商的基本利益诉求

通常来说，目标赞助商主要有以下利益诉求。

1. 品牌利益

品牌传播是很多企业或组织对电子竞技赛事进行赞助的最主要的原因。电子竞技赛事通过赛事现场、各类媒体及各类公共空间等传播渠道实现了赛事的传播，借助这些渠道，赞助商就能提高消费者对自己的品牌或产品的认知度，或者改变消费者对其品牌的态度。

如雷蛇公司经常赞助电子竞技比赛，现在只要一提起电子竞技外设，大家都会联想到雷蛇品牌的鼠标和键盘。

2. 市场利益

当赛事和赞助商的目标市场一致或有关联时，双方容易达成赞助协议。若是一致的目标市场，能直接促进赞助商的产品销售；若是有关联的目标市场，赞助商也能借助赛事接触、拓展新的市场。

为什么鼠标和耳机等电脑外设企业一直对电子竞技赛事赞助情有独钟，就是因为它们的目标市场与电子竞技赛事的观众高度重叠，一致性强；为什么宝马、雪碧等企业赞助《王者荣耀》职业联赛，就是因为赛事的观众都很年轻，是这些企业希望拓展的消费群体。

3. 范围经济利益

这是指赞助商供应的原材料、产品或服务，与电子竞技赛事有关联性，因此赞助商可以不直接使用货币也能达到赞助的目的。

电子竞技赛事会用到鼠标、键盘、耳机、座椅等外设，移动电子竞技赛事会用到手机，这些产品的商家就是目标赞助企业，因为其产品和电子竞技赛事具有很强的关联性。

4. 管理价值利益

赞助商以贵宾身份参加赛事活动，以及提供名额给员工与客户，让他们以特殊身份参与或观看精彩的电子竞技比赛，这些都是管理价值利益的具体表现。

（二）赞助商的匹配

电子竞技赛事组织举办方在清楚了目标赞助商的基本利益诉求之后，需要将赞助商的利益诉求具体化，便于明确自己所展示出来的赛事利益和赞助商权益能最大化地满足赞助商，更好地达到双赢的结果。也只有这样做才能有的放矢，更容易打动赞助商。具体来说，需要在以下几个方面对赞助商诉求与赛事赞助资源进行匹配。

1. 赛事观众的特征

赛事的每个观众个体都有各自的特征，可以将其统计后形成年龄、爱好等用户画像，然后与赞助商的产品或服务的目标市场进行匹配。

2. 媒体曝光

媒体曝光主要是在赛事媒体宣传中，如何曝光赞助商的产品和服务。这就涉及赛事的新闻价值、曝光方式、曝光途径、曝光频率等，以及在曝光过程中，用何种具体的方式去曝光赞助商的产品和服务。如是否有海报，海报数量是多少。又如赞助商的产品是否可以在公共场合出现，出现的具体次数限制是多少。

3. 分销渠道的受众

这需要评估赞助活动对赞助商的上下游合作方有什么正面效应。如赞助商的渠道方能有什么受益，他们是否能参与到赞助活动的促销中来。

4. 竞争优势

这需要评价赛事本身的独特性、赛事历史上的赞助商、其他赞助商是否会与这些赞助商合作等情况。这些情况的评价让赛事招商更具有针对性，对说服赞助商赞助也是十分重要的。

5. 投资回报率

赞助商也有财务管理，会进行投资回报率的评估，即投入多少赞助，最终有多少收益。赛事组织举办方需要满足赞助商最低期望的回报率。

6. 赛事本身的特点

此匹配主要考量赛事本身的身份、地位、口碑如何；赛事的品牌形象和延续性如何；赛事的形象与赞助商形象是否相配等。

7. 赛事组织举办机构的声誉

此匹配主要考量赛事组织举办机构的办赛经历、办赛成绩，以及对赛事活动的把控能力。也会对赛事组织举办机构内部工作方式、员工情况有所考量。考量的结果需要与赞助商情况进行匹配。

8. 娱乐与招待机会

电子竞技赛事可能会邀请一些明星和社会名人参与，举办方对他们是否可以成为赞助商的代言人、以何种方式代言等情况要予以提前考虑。另外，考量内容涉及赞助关系中应提供多少赛事门票及具体位置与场次情况，是否还有其他 VIP 待遇等。

二、电子竞技赛事赞助商选择的考量因素

赛事组织举办方在选择目标赞助商时，不仅要考虑到赞助商的权益，也要对他们进行基本的条件考察，这样才可能实现"双赢"。以 2008 年北京奥运会为例，组委会制定了选择赞助商的 5 大标准，分别为"资质""保障""价格""品牌"和"推广"。这 5 大标准对电子竞技赛事的赞助商选择也有参考意义。

1. 资质因素

赞助商必须具有实力，有充足的资金支付赞助费用。特别要注意的是，某些企业是不适合作为赞助商的，如烟草企业（抽烟有害健康，与体育比赛的初衷相背离）。

2. 保障因素

赞助商提供的产品、技术或服装应当是充足、先进、可靠的。若提供给电子竞技赛事的主机配置差，不能正常运行目标游戏，这样的赞助商就不会被选择。

3. 价格因素

赞助报价高低是一个很重要的选择因素。在有多家同类赞助商竞争时，举办方可同时对报价进行审核。

4. 品牌因素

赞助商不仅要有良好的社会形象和信誉，其品牌形象和赛事精神相符是更好的。

5. 推广因素

这是指赞助商有一定的推广和营销赛事的能力和计划。这样，赞助商就能在一定程度上推广赛事。

举办方在充分理解了赛事本身的资源及分析了潜在赞助商的利益诉求以后，继而对赞助商进行基本考察，接下来就需要举办方公开发布招商指南，或者定向投递招标邀请书，来向社会寻找赛事赞助商。当然，在发送招标邀请书之前，如果能联系潜在的赞助商请求见面交流一下，也是一个不错的主意。

三、电子竞技赛事赞助议价

企业或组织在收到赛事方投递的招标邀请书后，要么没有兴趣而直接放弃赞助机会，要么非常感兴趣而直接接受赞助方案，但更多的情况是要求赛事方提供详细的信息或有意向需要谈判议价。一般情况下，有兴趣的赞助商都会与赛事方接触，在双方就权利与利益诉求达成一致后，就要确定最终价格，形成双方都能接受的协议。接触的过程中也可能谈判失败而终止合作。

价格往往是谈判成败的关键因素，但也是最难以确定的因素，因为赞助方和被赞助方都会有各自的考量。这里主要从被赞助方即赛事组织举办方的角度来分析定价。

（一）电子竞技赛事赞助费的影响因素

1. 内部因素

就赛事组织举办方内部来说，赞助价格受到自身的经营目标、营销组合战略、成本、组织本身4个方面的影响。

①不同的价格对利润、销售额和市场占有率等会产生不同的影响，价格会最终影响到这些经营目标，而经营目标的确定也会关系到价格的选择。②在具体的市场营销过程中，举办方可能会采取不同的营销组合战略，如在4P营销理论中价格作为基本策略之一，要与其他策略协调组合，因此，在制定价格时举办方要通盘考虑，不能脱离其营销组合而单独确定。③"赞助"也是有成本的，如赞助相关的设施/设备、人工等固定成本，赞助商的商标暴露次数等变动成本，员工加班费等准变动成本，这些成本会抵扣掉部分利润，成本越高则赞助费也就越高。④赛事组织本身的价值取向、市场地位、财务状况等综合因素也会影响赞助价格，如果赛事的品牌影响力弱，中低价位可能是更好的策略。

2. 外部因素

外部市场环境复杂，对赞助价格也会形成重要的影响。市场需求、竞争对手及宏观状况都是举办方需要考量的外部因素。

①若市场需求旺盛则可定价更高，一般要根据市场的规模和容量、发展趋势，消费者的消费水平、消费习性等综合因素来制定赞助价格。②电子竞技赛事赞助的价格竞争，不仅包括各种同类电子竞技赛事、其他体育竞技赛事等，还包括文化娱乐市场、旅游市场等多方面的竞争。因此，电子竞技赛事需要不断向前、创新、办出特色，才能从竞争环境中脱颖而出。③宏观状况（如政策支持、宏观社会经济发展情况等）对赞助价格也有影响，如电子竞技赛事的主流社会认知度偏低，就不利于赛事赞助费议价。

（二）电子竞技赛事赞助费的价格构成

市场上流通的商品的价格构成，一般包括生产成本、流通费用、税金和利润4个部分。前两个部分的总和是商品价格的最低界限，是商品生产经营活动得以正常进行的必要条件。这里的生产成本是商品价格的主要组成部分，它不是指个别企业的成本，而是指行业的平均成本，即社会成本。流通费用包括生产部门支出的销售费用和商业部门支出的商业费用，商品价格中的流通费用是以商品在正常经营条件下的流通费用为标准计算的。税金和利润是构成商品价格中盈利的两个部分。不同类型的商品的价格，其构成的要素及其组合状态也不完全相同。电子竞技赛事赞助费的价格构成也是要考虑这些要素及其组合状态的。

（三）电子竞技赛事赞助费的定价策略

在清楚了价格的影响因素后，赛事组织举办方就要对赛事赞助费进行计算，这时可使用一些常见的方法，即定价策略。常见的有基于成本的定价策略、基于需求的定价策略、基于竞争的定价策略和产品组合定价策略。

1. 基于成本的定价策略

这是以产品成本为基础的定价策略，是赛事赞助中最常用、最基本的定价策略。"成本+利润=价格"是其基本的理论指导原则。具体的方法主要有成本加成定价法、目标收益定价法、边际成本定价法、盈亏平衡定价法等。

2. 基于需求的定价策略

需求导向定价是指按照赞助商对赞助资源的认知和需求程度来制定价格，而不是根据资源的成本来定价。这种定价策略的出发点是赞助商的需求，赞助商认为赛事组织举办方提供的各种资源能否满足"我"的需要，价格以此为依据来制定。需求导向定价的方法主要包括认知价值定价法、反向定价法和需求差异定价法3种。

3. 基于竞争的定价策略

这种定价策略下，价格与成本、市场需求不发生直接关系，而是通过研究同类产品的商品价格、生产条件、服务状况等，结合赛事自身的发展需要，以竞争对手的价格为基础进行产品定价。竞争导向定价的方法主要包括随行就市定价法、价格领袖定价法、投标定价法和拍卖定价法。

4. 产品组合定价策略

组合定价法，是通过把不同商品组合在一起，进行集合定价的定价方法。具体的策略方式分为产品线定价、任选品定价、连带品定价、分级定价、产品捆绑定价等。这种定价策略对电子竞技赛事组合产品的销售具有重要的意义。

【资料】传统大品牌正在密集涌入电子竞技赞助商行列

随着电子竞技市场近年来的火热，传统大品牌的赞助商们，开始迫不及待地寻找电子竞技所能容纳的一切商业元素，包括游戏内植入、职业战队赞助、赛事冠名、解说合作等。

根据 THE NEXT LEVEL 整理的资料，2016 年涉足电子竞技的 50 大品牌已经涵盖各大行业和品类，包括福特、阿迪达斯、可口可乐等世界巨头，都曾赞助或投资过电子竞技相关领域。在未来，会有越来越多的世界品牌出现在电子竞技活动中。

从国内市场来看，快消品行业正纷纷成为电子竞技队伍赞助商，如天喔茶庄、同福碗粥等。

《王者荣耀》职业联赛 KPL 吸引了雪碧冠名、宝马提供指定用车、vivo 成官方赛事用机。肯德基则与《王者荣耀》达成战略合作，携手发布《王者荣耀》主题套餐"人气荣耀餐"，并且随餐赠送含有游戏权益的限量版闪卡。

2017《英雄联盟》全球总决赛的赞助名单也引起了人们的广泛关注。其中，梅赛德斯-奔驰成为全球总决赛中国区首席合作伙伴；伊利谷粒多、欧莱雅男士为全球总决赛中国区特约合作伙伴；罗技与英特尔为全球总决赛中国区官方合作伙伴。赞助商所属行业分跨汽车、食品、化妆品、外设和硬件厂商。

（资料来自媒介 360《传统大品牌缘何纷纷开始赞助电竞？》）

第三节　电子竞技赛事赞助招商方案

赛事组织举办方在赞助招商的过程中，会用到赞助招商方案。下面介绍电子竞技赛事赞助招商方案的要点，这些要点可以根据赛事类型和目标赞助商的不同而进行增删。

一、电子竞技赛事的活动价值

电子竞技赛事的活动价值，一般包括游戏简介、赛事简介、赛事的理念、赛事的意义、赛事用户的画像等内容，还包括赛事组织举办方的背景、举办赛事的经验、赛事的合作伙伴等内容。

通过这些内容，能让赞助商基本了解本次电子竞技赛事的基本轮廓，初步判断是否与其赞助计划相吻合。

二、电子竞技赛事的活动运营

电子竞技赛事的活动运营主要介绍电子竞技赛事的规划（如职业联赛的年度规划）、活动方案、活动流程（如某场赛事的流程是赛事介绍—互动环节—明星出场—明星现场互动—赛前分析—嘉宾访谈—赛事直播—赛间分析—礼品派发）等内容。

通过赛事运营的介绍，能让赞助商了解赛事由哪些部分组成，赛事的特点、优势、亮点都有哪些，从而对赛事形成更清楚的认识。

三、电子竞技赛事的赞助合作方案

电子竞技赛事的赞助合作方案是赞助招商方案的重点，涉及赞助的核心，也是能否引起赞助商的兴趣并进一步接触的关键。

1. 赞助内容

赞助内容是指赞助商以什么方式来提供赞助。一般可提供资金、产品、技术或服务。

2. 赞助形式

赞助形式主要涉及赞助商的层次结构。如提供资金进行赞助，将按资金对赞助商进行分层，示例见图 6-2。

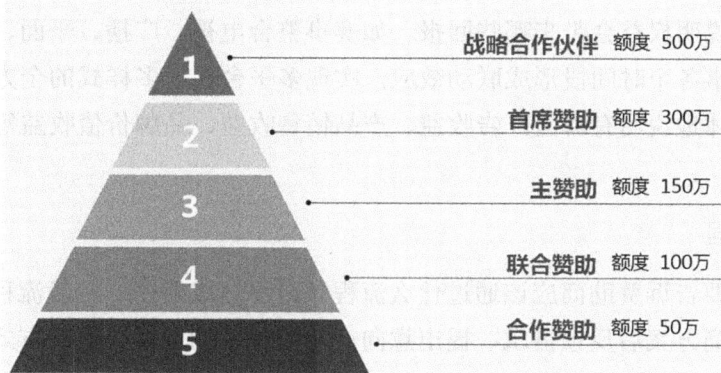

图 6-2　招商方案的赞助形式示例

战略合作伙伴　额度 500万
首席赞助　额度 300万
主赞助　额度 150万
联合赞助　额度 100万
合作赞助　额度 50万

3. 赞助权益

表 6-2 所示为招商方案中的赞助资源说明示例。

表 6-2　招商方案中的赞助资源说明示例

赛事资源	直播资源	场地资源	IP 资源	官网资源	推广资源
资源说明	品牌广告 LOGO 展现 赞助商介绍 现场互动	展位 广告位 产品展示 海报	赛事形象授权	广告位	官网 客户端 微博 公众号
资源特点	高曝光	场景化	品牌联合	流量引入	强曝光

将赛事赞助资源提供给赞助商使用，就形成了赞助权益。表 6-3 以直播资源为例，更具体地说明赞助权益实现的细节。

表 6-3　赞助方案中直播资源的权益示例

资源列表	资源描述	展示频次	展示时间
大场片头广告	15 秒视频	每场 1 次	214 秒
小片场广告	15 秒视频	每天 1 次	80 秒
5 秒片头转场 （BP 结束正式开赛前）	5 秒视频	每局 1 次	约 500 秒
5 秒片尾转场 （比赛结束切回主播前）	5 秒视频	每局 1 次	约 500 秒
开场-赞助商播报	90 秒视频 （包含所有赞助商）	每天 1 次	90 秒
底飞 LOGO （回放、结尾鸣谢、战队介绍、数据排行、赛后采访等）	图文	每天 8 次	800 秒
互动环节奖品提供	4 分钟	每天 1 次	80 秒

4. 赞助收益

赞助收益是说明权益会带来哪些回报。如赛事整合电视、广播、平面、网络等多领域传播渠道，在赛事各个时间段形成联动效应，实现多平台化、多样式的全方位立体传播。方案中也可更具体地说明有哪些广告收益、产品销售收益、品牌价值收益等，最好有图文示例。

5. 赞助流程

赞助流程是要告诉赞助商应该通过什么流程来最终达成赞助。一般流程如下：企业或组织收到赞助招商方案后反馈需求、提出意向；双方就赞助规模、赞助方式、权益回报等进行谈判；双方达成赛事赞助的共识，确定细节后签订合同；双方就合作中的具体设计进行确定；最后是赞助商服务和品牌保护等赞助事宜的具体运作（见图 6-3）。

咨询反馈 ▷ 谈判报价 ▷ 签订合同 ▷ 设计定稿 ▷ 项目运作

图 6-3　常见的电子竞技赛事赞助流程

6. 联系方式

联系方式一般要写明公司地址、电话、电子邮件地址、网址、联系人等联系信息。

【延伸阅读】

［1］刘辛丹.我国企业体育赛事赞助策略研究［D］.北京：北京体育大学，2010.

［2］沈佳.体育赞助［M］.上海：复旦大学出版社，2012.

［3］倪园园.我国大型体育赛事赞助商赞助效果的评价研究［D］.武汉：华中师范大学，2017.

【思考题】

1．电子竞技赛事的资源类型有哪些？

2．如何理解赞助商的4个基本利益诉求？

3．电子竞技赛事赞助费用受哪些因素影响？

4．撰写1份电子竞技赛事的招商方案，注意表达的重点。

第七章 电子竞技赛事的市场营销

【学习的意义】

在市场经济中，市场营销是电子竞技赛事非常重要的一环。学习本章对如何将电子竞技赛事推向市场非常有帮助。

【学习目标】

了解市场营销的发展历程和赛事营销的本质。

了解常用的电子竞技赛事市场细分的指标。

掌握电子竞技赛事市场细分的过程，目标市场选择的标准，以及如何准确定位目标市场。

理解体育赛事的"7P"市场营销策略组合，并对其他常见的市场营销策略组合有所了解。

学会制订并应用电子竞技赛事市场营销计划书。

【关键词】

电子竞技赛事　市场营销　市场细分　目标市场选择　市场定位　市场营销策略组合营销计划

第一节　赛事营销的概念和本质

电子竞技赛事属于一种体育项目，其市场营销与其他体育赛事大体相同。本章主要从体育赛事的市场营销出发探讨，来阐述电子竞技赛事的市场营销。

一、市场营销的概念

市场营销（Marketing），又称市场学、市场行销或行销学。关于市场营销的定义有很多种，从不同的学科角度和实践角度都有市场营销的定义。美国市场营销协会（AMA）给出的"市场营销"的定义如下：市场营销是在创造、沟通、传播和交换产品中，为顾客、客户、合作伙伴及整个社会带来价值的一系列活动、过程和体系[①]。

值得说明的是，市场营销的概念和定义通常是基于个体自己的理解和体会，并非如数学公式那样有标准形式，即使是营销管理学大家，通常也会不断更新自己对于市场营销的定义。因此，我们看待任何定义（包括市场营销）都需要持审慎的态度。

二、市场营销观念的发展历程及趋势

随着社会与经济的发展，市场营销的观念也在逐渐发展。"以史为鉴，可以知兴替"，了解市场营销观念的发展历史（见表 7-1），也能使我们更好地做好当前的和未来的市场营销工作。

表 7-1 市场营销观念的发展过程

阶段名称	导向	驱动力	时间	主要特点
生产营销观念	生产	生产方式	20 世纪 50 年代以前	产品不太丰富（需求大于供给），消费者购买产品选择余地小
产品营销观念	产品	产品质量	20 世纪 50—60 年代	强调产品质量而忽视市场需求（认为只要产品质量好就不愁销路）
推销营销观念	销售	销售手段	20 世纪 60—70 年代	以销售为中心，主要运用推销技巧诱使消费者购买（不是顾客真正需要）
市场营销观念	市场营销	顾客需要	20 世纪 70 年代至今	以顾客需要和欲望为导向，企业的生产经营是不断满足顾客需要的过程
社会营销观念	整体营销	社会各方面利益	21 世纪以来	企业为了建立和维护良好的公共关系，必须加强与社会群体的交流与沟通，从而为企业发展营造良好的外部环境

市场营销活动的发展趋势主要表现在以下四个方面。

1. 消费者导向原则

传统的市场营销 4P 理论向 SIVA 理论[②]转变。SIVA 模型的重点在于以消费者为核心，

---

① 原文：Marketing is the activity，set of institutions，and processes for creating，communicating，delivering，and exchanging offerings that have value for customers，clients，partners，and society at large.具体可在 https://www.ama.org 查询。

② 舒尔茨认为传统的 4P 营销理论应该被新的 SIVA 理念代替，即解决方案（Solutions）、信息（Information）、价值（Value）和途径（Access），营销人员不再主导一切，权力移交转移到消费者手上，客户或潜在客户成了发送信息的人，而不是索取信息的人，组织变成了接收者与呼应者。更多可查询互联网。

以搜索引擎的广泛使用为驱动力，品牌扮演的角色是为消费者找到答案。当 SIVA 理论与搜索平台相结合，便能为消费者提供实时的解决方案。

2. 更加强调与顾客建立联系和关系

4R 理论以关系营销为核心，重在建立顾客忠诚。它既从厂商的利益出发，又兼顾消费者的需求，是一个更为实际、有效的营销制胜术。

3. 网络营销成为新宠

随着互联网技术的快速发展和普及，以及在此基础上形成的人们消费行为的变化，线上网络营销成为新宠，线上和线下融合更是一个大的趋势。

4. 体验营销的作用日益突出

体验营销自始至终都把为顾客营造难忘的、值得回忆的体验作为其工作重点，通过满足消费者的体验需求来实现其目标利润。

【资料】电子竞技体育崛起

Newzoo 数据显示，2017 年，全球电子竞技市场总收入约 6.6 亿美元，这一数字较上年增长 34%。

可以肯定，2018 年，电子竞技在保持高速增长的同时，也将继续向主流赛事迈进。电子竞技运动的爆发式崛起，也将成为年轻人关注和讨论的热点，并广泛分布于消费者集中地区，其营销影响力将极大爆发。

（资料来自媒介 360《2018 体育营销：大事&大势》）

三、体育赛事市场营销的概念

在了解体育赛事的市场营销之前，先了解体育赛事的市场开发是很有必要的。所谓赛事的市场开发，即赛事组织举办方利用赛事所拥有的各种资源，通过市场交换行为，尽一切可能增加赛事收入的过程，这些收入主要来源于商业赞助、门票销售、转播权销售、特许经营等。上一章所讲的电子竞技赛事赞助，也是市场开发的一部分。

而体育赛事的市场营销以满足营销对象需求为目标，主要是一个花费资金的过程。这些营销对象包括政府、运动员、赞助商、媒体、观众、供应商及其他相关利益个人或群体。

电子竞技赛事的市场开发和市场营销是紧密联系、密不可分的两个概念。市场开发需要运用市场营销的方式去开展，而市场营销的目的之一也是为了促进市场开发。对于商业性赛事而言，市场营销更是紧密围绕市场开发，以赢得赛事收入为最终目标。

四、体育赛事营销的本质

将体育赛事视为一种商品进行营销，是以市场为导向的经济运行体制的客观产物和必然选择。结合市场营销有关理论，体育赛事营销的本质属性归纳起来有以下 3 点。电子竞技赛事作为体育赛事的一个分支，其本质属性也是这样的。

1. 体育赛事营销是一种服务过程

体育赛事营销，既包括对体育赛事产品或服务的营销，也包括借助体育赛事进行的营销。体育赛事营销活动通常包括 2 个方面的内容：一方面是直接向消费者营销体育产品或服务，即体育赛事本身的营销，如比赛门票的销售、纪念品的销售等；另一方面是借助体育赛事对其他产品或服务进行营销，即作为广告载体的体育赛事营销，如场内外产品广告宣传等。而营销的水平关系到服务的质量。因此，贯穿体育赛事营销全过程的实质内容是一种服务，赛事工作必定要以服务为价值取向，以满足顾客的需求和欲望为最终目标。

2. 体育赛事营销是商品交换的过程

体育竞赛表演作为一种特殊的商品，其生产的目的与其他商品一样，是为了满足社会的需要，不是纯粹地为满足某个俱乐部或教练员或运动员的单一性"原始竞技"的欲望，而是呈现出体育赛事生产目的的多元化。因此，体育赛事在其营销观念、营销模式及营销过程上比传统商品的营销更具复杂性和特质性。但是，体育赛事产品的营销过程，其本质亦是商品的交换过程。实现体育赛事产品的商品价值的惟一途径是进入市场，围绕市场进行开发，运用有效的营销模式，通过交换的手段，最终实现体育赛事产品营销的目的，实现体育赛事生产目的的多元化。

3. 体育赛事营销的实质是一种整合营销

从营销理论上讲，体育赛事营销整合了交换过程中生产者和消费者的众多资源。赛事举办过程中方方面面的资源，它们都能通过体育赛事而达到有效的整合。这些资源包括场内资源（如场内广告牌）、场外资源（如公共关系资源）、观众带来的经济效益资源（如优惠卖场）、赛事本身所具有的潜在经济价值（如招待客户观看比赛）等。赛事组织方和赞助商都可以利用这些资源，与受众形成有效互动。

五、市场营销的管理过程

市场营销的管理过程是企业或组织为实现其任务和目标而发现、分析、选择和利用市场机会的管理过程。首先是发现、分析及评价市场机会，主要是市场中那些尚未满足或未能很好满足的地方，然后是细分市场、选择目标市场、进行市场定位、选择市场营销策略组合，最后是制订市场营销计划并实施。

第二节　电子竞技赛事的目标市场

市场细分和目标市场选择是营销活动开展前的必要步骤。没有合理的市场细分和正确的目标市场选择，所有的营销活动将不能针对目标顾客需求，不能聚焦优势资源，不能摆脱红海①竞争而显得苍白无力。在市场细分的基础上完成市场定位，将使赛事产品或服务在目标客户心目中树立独特的形象。

一、电子竞技赛事的市场细分

赛事的本质是服务，但没有一个电子竞技赛事的服务能满足市场上所有的对象，因为这些服务对象的需求是千差万别的。且随着产业分工越来越细和市场竞争越来越激烈，实施差异化的市场战略是非常有必要的。在这样的前提下，电子竞技赛事组织举办方在做市场营销计划的时候，对电子竞技赛事的市场进行细分是关键且基础的。

市场细分是指营销组织在市场调研与分析研究的基础上，依据一系列指标，将整体市场分为若干个在特质上具有相对一致性的分市场，并选择一个或多个作为自己营销对象的过程。市场细分为电子竞技赛事组织举办方的产品与服务的专业化与定制化提供了条件，能帮助其定位市场并有针对性地实施营销活动。

（一）电子竞技赛事的市场细分指标

理论上，地理因素、人口统计因素、心理因素、行为因素和社会文化因素是主要的市场细分指标，但电子竞技赛事的市场细分本身是一项创造性的工作，不需完全拘泥于书本，可在理解市场细分原理的基础上，创造新的有效指标。不仅如此，在实际运用时，更多的是采用组合指标，这样会更细、更具体、更容易把握细分市场的特征。另外，消费者的价值观念、购买行为和动机是随着社会与经济的改变而不断变动的，赛事组织举办方采用的指标也应随之变化。下面是对各指标的具体介绍。

1. 地理因素

这类指标是按地理特征细分市场，包括以下因素：自然环境、人文地理环境、空间距离与位置等。

2. 人口统计因素

这类指标是按人口特征细分市场，包括以下因素：年龄、性别、教育、职业、收入水平、家庭结构、民族构成等。另外，国外某些节事活动会对参与者进行社会经济等级划分，

---

① "红海"是一个经济术语，指竞争相当激烈的市场。与之相对应的是"蓝海"。

当在相关地区举行比赛时，要予以注意。

3. 心理因素

心理因素包括：消费者生活方式、性格、购买动机、态度等。这类变量中最为重要的是赛事的参与动机。

4. 行为因素

这类指标主要包括赛事的参与时机、参与程度、参与频次、对赛事品牌的忠诚度等。

5. 社会文化因素

电子竞技亚文化（暴力属性、易上瘾性等）是这类细分指标中重要的一种。

（二）电子竞技赛事的市场细分过程

1. 选定市场范围

市场细分将确定电子竞技赛事产品或服务的营销范围。如定位高消费赛事市场还是大众消费市场，定位全国性赛事还是国际性赛事等。为选定赛事活动的市场营销范围，赛事的组织举办方必须明确自身的优势和劣势，在产品线的宽度、顾客类型、地理范围等方面最终选定市场范围。

2. 列举市场范围内潜在顾客需求

选定了市场范围后，按照市场细分的指标，比较全面地列出潜在顾客的需求，作为后续深入研究的基本资料和依据。

3. 分析潜在顾客需求

对所列的潜在顾客需求进行分类、设计调查问卷及进行市场调查，在调查统计的基础上，了解潜在顾客的迫切需求，初步划分出一些差异明显的细分市场。

4. 排除潜在顾客的共同需求

共同需求不是设计细分市场的基础，因而应将具有鲜明特征的需求作为确定市场细分的变量标准。有些不合要求的或无用的细分市场也要剔除。

5. 划分不同的子市场

选择合适的细分方法，然后将市场划分为不同的群体或子市场，并结合各子市场的顾客特点赋予每一子市场一定的名称，在分析中形成一个简明的、容易识别和表述的概念，如商人型、舒适型、好奇型、冒险型、享受型、经常外出型等。

6. 深入分析各细分市场

深入地分析各细分市场的消费者需求和购买行为特点，这个过程中可能会放弃较小的或无利可图的细分市场，或者合并较小的且与其他需求相似的细分市场，或者进行进一步的市场细分。

7. 确定细分市场

通过上述细分过程，最终确定细分市场。

二、电子竞技赛事的目标市场选择

目标市场选择（Market Targeting）是指估计每个细分市场的吸引力程度，并选择进入一个或多个细分市场。赛事组织举办方选择的目标市场应是那些能在其中创造最大顾客价值并能保持一段时间的细分市场。资源有限的赛事组织举办方通常会选择只服务于一个或几个特殊的细分市场。

一般会依据以下几个标准进行目标市场选择。

1. 目标市场有一定规模和发展潜力

如果某一细分市场的规模狭小或趋于萎缩状态，进入后将难以发展，赛事组织举办方一般都会谨慎考虑选择此类细分市场。

同时也需避免大的市场竞争过于激烈的问题，如果赛事组织举办方选择三四线城市举办电子竞技赛事，避免一二线城市很可能出现的过度"拥挤"，或许会有"柳暗花明"的局面。

2. 细分市场的市场结构的吸引力程度

有些细分市场的规模足够大、发展也很好，但盈利情况并不乐观，这样的细分市场未必就有吸引力。美国学者迈克尔·波特（Michael Porter）的"五力模型[①]"理论认为，有 5 种力量决定整个市场或其中任何一个细分市场的长期的内在吸引力，它们分别是竞争者的竞争能力、潜在竞争者进入的能力、替代品的替代能力、购买者的讨价还价能力和供应商的讨价还价能力。

3. 符合自身的发展目标和能力

某些细分市场虽然有较大的吸引力，但不能推动赛事组织举办方实现其发展目标，甚至会导致其分散精力，无法完成主要目标，这样的市场应考虑放弃。此外，赛事组织举办方的资源条件是否适合在某一细分市场经营，也是需要考虑到的。只有选择那些自身有条件进入、能充分发挥自身资源优势的市场作为目标市场，才能拥有成功的最大可能性。

---

① 了解"波特五力模型"，具体可查询互联网。

三、电子竞技赛事的目标市场定位

市场定位是指根据竞争者现有产品在市场上所处的位置，针对消费者或用户对该产品的某种特征、属性和核心利益的重视程度，强有力地塑造出自身产品与众不同的、令人印象深刻的、鲜明的个性或形象，并通过一套特定的市场营销组合，把这种形象迅速、准确而生动地传递给顾客，影响顾客对这种产品的总体感觉。因此，电子竞技赛事的目标市场定位，其本质是挖掘自身的竞争优势，选择竞争优势，并在目标客户心目中树立产品独特的形象，以达到将自己与竞争对手区别开来的目标。

电子竞技赛事组织举办方在进行目标市场定位时，通常要经过下面 3 个步骤来完成。

1. 识别自身的潜在竞争优势

这里需要回答几个问题：竞争对手的产品定位如何？目标市场上顾客需求的满足程度如何？还可以在哪些方面提升？针对竞争者的市场定位和潜在顾客的真正需求，赛事组织举办方应该及能够做什么？要回答这几个问题，赛事组织举办方的相关人员必须通过一切调研手段，系统地分析并整理有关上述问题的资料和研究结果。能回答这几个问题，就能确定自身的潜在竞争优势在何处了。

2. 选择竞争优势

竞争优势既可以是现成的，也可以是潜在的。选择竞争优势实际上就是将自身与竞争者各方面实力相比较的过程。通常的方法是比较自身与竞争者在经营管理、技术开发、采购、生产、市场营销、财务、产品等方面的强弱。

3. 树立产品的独特形象

在这个步骤，赛事组织举办方的主要任务是要通过一系列的宣传促销活动，将自身独特的竞争优势准确传递给潜在顾客，并在顾客心目中留下深刻印象。首先，应使目标顾客了解、知道、熟悉、认同、喜欢赛事组织举办方的市场定位，并在顾客心目中建立与该定位相一致的形象。其次，通过各种努力强化目标顾客的印象，保持目标顾客的了解，稳定目标顾客的态度，加深目标顾客的感情。最后，应注意目标顾客对赛事市场定位理解出现的偏差，或者由于自身市场定位宣传上的失误而造成目标顾客对赛事定位出现模糊、混乱和误会，对这种情况赛事组织举办方应予以及时纠正。

第三节 电子竞技赛事的市场营销策略组合

赛事组织举办方在对目标市场进行充分的分析研究之后，确定了市场定位，这时需要针对选定的目标市场，综合运用各种可能的营销手段，组合成一个系统化的、与动态市场营销环境相适应的整体市场营销组合，然后再进行市场推广。一个电子竞技赛事活动的市场营销优势很大程度上取决于策略组合，而非单个营销手段。

一、体育赛事的 7P 策略组合

4P 营销是指 4 个基本策略的组合，这些策略分别是产品（Product）、价格（Price）、渠道（Place）、宣传（Promotion），该理论已经成为传统市场营销领域的经典理论。在此基础上，在体育赛事领域增加人员（People）、合作关系（Partnership）、组合（Packaging）扩展成了 7P 营销理论[①]。

1. 电子竞技赛事的产品

1）电子竞技赛事产品的构成

消费者购买产品是为了享有产品给自己带来的利益，基于这点，市场营销策略在产品维度上的重点应是将产品能带来何种利益传达给消费者。而产品本身是具有层次性的。电子竞技赛事产品的层次性可大致划分如下。

（1）基础产品。赛事的基础产品是电子竞技竞赛活动。选手通过这些活动向消费者提供满足其观赏需求或文化需求的服务。而赛事的观众通过观看比赛，满足娱乐体验、审美体验或价值（如归属感和认同感）追求。基础产品无疑是电子竞技赛事核心价值得以实现的关键，也是其他层次的产品的依附基础。

（2）附加产品。附加产品是建立在基础产品上的可以进行价值增值的衍生产品。它通过市场交换的形式被观众、媒体、赞助商等消费，从而为赛事组织举办方增加收益。附加产品可以分为 2 类。

一类是赛事纪念品与相关商品等。这类产品面对的是最终消费者，可以独立存在。另一类是赛事的转播权、赛事标志的使用权、广告权等。这类产品本质上属于"中间型"产品，它的消费具有"投资"的性质。例如直播平台购买电子竞技赛事的直播权，最终消费者为直播平台的观众（直播平台就是"中间者"），在直播过程中，会给直播平台产生收益（直播平台购买赛事就具有"投资"的性质）。

（3）外延产品。外延产品表现为因赛事而带来的相关产业的增长、带来的城市新建的基础设施（如电竞小镇、电竞场馆）、提升的城市文化精神等。这些外延产品也同样可以被

---

① 通常"7P"营销理论是在"4P"基础上，添加了人、过程与有形展示。此处为体育赛事的"7P"营销策略组合。

社会公众所消费。赛事的外延产品虽然不能给赛事带来现金收入，但可以为赛事运营带来外部环境资源和政府资源。

2）电子竞技赛事的品牌形象建设与推广

消费者对产品及产品系列的认知程度，就是消费者对品牌的认识。品牌是一个名称、名词、符号、设计或是它们的组合，同时也是一种文化和精神。品牌营销已经成为整合营销的载体。

电子竞技赛事的品牌形象是其综合价值的体现，也是标志性赛事及其举办地重要的无形资产。树立形象意识对于电子竞技赛事的组织举办者来说具有十分重要的战略意义。地方标志性赛事活动尤其需要注意树立明确的品牌营销观念，着力打造赛事精品。

电子竞技赛事的品牌推广优化策略包括以下几个方面。①科学定位赛事品牌，打造文化新理念。②确保赛事举办的长期性与持续性。这样可使消费者形成认同感，利于最大限度地开发赛事的无形资产。③有效利用各种传播媒介。④努力扩大影响覆盖面。⑤建立长期稳固的赞助关系。⑥邀请或引进国内外优秀的战队加盟。⑦完善战队队员激励机制以确保赛事水平。⑧以赛事文化吸引受众的关注。

3）电子竞技赛事品牌形象的"差异化"策略

品牌的差异化是决定电子竞技赛事作为一个整体产品的竞争力强弱的根本因素，同时也会对其利润产生直接影响。差异化是创建一个产品或服务品牌所必须满足的第一个条件，可涉及项目主题、特色或风格、场地等。

要做到品牌形象的差异化，赛事组织举办方需做好以下几个方面的工作。①尽可能突出地方性。②要有好的理念和创意。包括赛事活动的宗旨、广告语等。这需要准确把握本地特色资源，在赛事与资源的关系上寻找最佳结合点。③要注意对活动本身的维护和对文化内涵的挖掘，做到常办常新。④持续有效地做好宣传和推介工作。⑤服务的标志化和个性化互相渗透。

在赛事举办期间，除了竞技活动，其他各类活动项目的设计也是产品的一部分。通过项目活动设计让赛事具有独特的风格，并形成自己的标志性（Hallmark），也能达到差异化的效果。

4）电子竞技赛事的生命周期及产品策略

产品的生命周期是指产品从投放市场到最终被市场淘汰的全过程。一般根据产品的销售量（或市场占有率）和利润率等指标将其分为投入期、成长期、成熟期和衰退期4个阶段。赛事方人员需要根据产品的不同发展阶段，及时调整市场营销策略组合，灵活地适应市场环境的变化。

在投入期，赛事影响力小、知名度不高，经常会存在经营成本偏高、赛事产品有缺陷等问题。因此，赛事方需要重视和加强赛事产品的品质建设。在成长期，为了保持先入者的优势和稳定的利润空间，赛事方需要不断丰富赛事产品的特色和式样。在成熟期，产品相对稳定，但会面临竞争等各种压力，这时赛事方就需要采取一些创新性的措施以维持和吸引新的赛事消费者，同时对赛事产品和服务进行改进。最后，由于内部产品或服务，以及外部环境等各种因素，赛事产品会步入衰退期，赛事方可根据情况停办赛事，或者留下蓄势进入新项目。

【资料】耀宇文化如何塑造公司品牌

公司从电子竞技赛事承办起步，积累丰富运营经验，积极打造自主赛事品牌，"主办+承办"协同发展。

公司与国内外许多知名游戏厂商保持良好的合作关系，保障公司可持续获取优质赛事承办资源。

公司与国内外大量顶级战队建立良好的合作关系，可邀请其参加公司举办的赛事，扩大赛事市场影响力及业界认同度。

公司与国家电子竞技主管部门"体育信息中心"保持良好沟通和合作关系，由其主办、公司承办的首届 DPL 赛事圆满举办。

公司资金实力与资源整合能力强，为未来独立举办更多更大规模的电子竞技赛事奠定基础。

公司积极布局电子竞技泛娱乐产业，紧跟爆款游戏推出多部自制网剧，同时培养自有赛事解说等人才。

公司核心团队均为业内资深从业人员，行业资源丰富。

（更多详细内容可见搜狐网介绍耀宇文化的内容，
网址：http://www.sohu.com/a/157699791_609541）

---

2. 电子竞技赛事产品的价格

总体来看，赛事产品进行定价时需要综合考虑成本结构、市场竞争状态、产品本身特点、消费者需求及消费行为模式等因素，以确定合适的定价策略。

1）赛事产品的结构性与定价策略

对于赛事的基础产品，如果赛事是公开或公益性质的，则门票免费或收取一些成本费；如果是商业性赛事，则门票的价格可以参考一些常用的价格策略进行定价。而对赛事的附加产品而言，则需要考虑赛事本身的品牌与形象价值。赛事的外延产品不能在市场范畴内进行交易。

2）赛事生命周期与定价策略

投入期的赛事，通常比较适合采取"低价进入"的价格策略。随着赛事进入成长期与成熟期，价格可以曲线变化，同时还要考虑市场竞争情况，适应当地的价格市场，使当地收入不是很高但是对比赛有浓厚兴趣的人也可以看到比赛。

3）差别定价策略

差别定价策略是指针对不同的产品进行不同的定价，也称价格歧视策略。一级价格歧视是对每一消费者都按其所愿支付的最高价格出售，这是一种理想化状态；二级价格歧视主要表现为对团体票的优惠政策，是间接地在消费者之间进行挑选；三级价格歧视是最为普遍的价格歧视形式，运营者将全部销售对象划分为不同的群体，对不同群体设置不同的价格，而对每个群体内部的不同消费者收取相同的价格。

无论采取何种策略，消费者对产品的无形感受会形成预期价值，若能增强赛事的预期价值，则能降低消费者对价格的敏感度。运营者在具体定价时，需要考虑以下因素：应该收取哪些费用；定价的技巧；谁来收款；支付的时空特征；支付方式等。

3. 销售地点或渠道

传统市场营销策略组合中，销售渠道是指产品从生产领域转向消费领域的路线与通道。但在电子竞技赛事领域，这一具有"空间性"的要素则需要转化为"地点"，即赛事举办地相对于潜在市场的地理位置。"地点"直接关系到消费者可达性，并进一步影响赛事参与者的数量和参与程度。从本质上讲，"地点"策略与传统的"销售渠道"策略是相同的。

对于内容与程序已经高度标志化的赛事来说，销售渠道的拓展可以通过举办地的变更和多地区举行来达成。

4. 宣传推广与促销

宣传推广指运营者运用各种刺激手段（如赠送低价门票）鼓励消费者购买以促进产品或服务销售的一种方式，是人员推销、广告和公共关系等各种促销手段的总和。

采用多种方法宣传赛事相关的内容，抓住可以引起兴趣和获取正面影响的机会，这些都需要有一个整体且系统的推广方案。常见的宣传推广和促销方式如下。

（1）广告。通过广告，向社会广大公众宣传赛事相关内容，设法引起潜在消费者的需求和兴趣。

（2）电邮或直接派发。通过群发或定向发送电子邮件进行推广，也可以在路边直接派发传单等宣传资料。

（3）人员推广。指派专人对各机构和客户进行拜访，可以是电话沟通、面对面拜访等。

（4）新闻发布会。这是赛事组织举办方与新闻界加强联系的有效方法，新闻发布会需要精心组织、广泛邀请记者参会。

（5）大众媒体传播。这不仅要面向传统的平面和电视媒体，而且要面向直播、微信、微博、短视频等新媒体。特别需要关注新媒体，它是当前大部分电子竞技赛事推广和传播的主要方式。

（6）创意或活动促销。利用各种创意进行推广是不错的营销策略。如在路边摆放一个大型充气物品或雕塑等。

（7）宣传册等印刷品。用来宣传的印刷品的色彩要醒目，图案和文字可以充满设计感。将它们放置在台前能达到吸引人的效果。

（8）公共宣传。这是指以非付费的方式，从大众媒体获得展示产品或服务信息的机会。这种宣传的费用低、可信度高。

（9）公共关系。公关关系即公关。与宣传、促销和广告等推广手段相比，公关活动往往通过第三方来传达信息，容易被认可和接受。

5. 人员

人员不仅指与赛事有关的工作人员、志愿者、赛事参与者、观众、裁判等，还指这些人员之间的互动。他们的行为和表现在一定意义上也构成赛事产品的一部分，他们可以看作特殊的"演员"。从这个角度来看，电子竞技赛事需要特别强调"内部营销（Internal Marketing）"。

6. 合作关系

合作关系主要指赛事外部利益相关者之间的合作关系。各利益相关者之间的合作及他们的支持是赛事顺利进行的一个重要的促进要素。在电子竞技赛事领域，对这种关系的管理通常采取"联合营销"。这种特殊的营销策略可以确保赛事组织不会凌驾于其他利益相关者之上去营销赛事，基于此，有些时候赛事举办组织不得不在价格与产品等方面做出一定调整甚至妥协。

7. 组合

组合这一营销策略在赛事的旅游语境下具有特殊的意义。若电子竞技赛事举办地是旅游胜地，就可以将赛事活动与当地的旅游吸引物、服务乃至其他节事活动"捆绑"在一起，或是为了更好地推出赛事，或是出于"联合"的目的共同推出这项组合要素。这种策略不仅使组合的各方在市场营销活动中更有效率，也让赛事活动与其他节事活动的"组合"在整体上更具有吸引力。它需要市场营销人员寻找机会讲明赛事及相关产品作为旅游包价产品（Tour package）的一部分，以借助其销售网络进行票务销售，从而提高赛事的营销效率。

从总体上看，上述的体育赛事的"7P"营销策略组合可根据内容的性质分为体验性成分和促进性成分（见图 7-1）。前者包括产品、地点、人员，后者包括合作、促销、价格和组合。这种二分法强调了这样一个事实：在这些组合要素中，有的营销要素会直接影响消费者的体验，而有的要素则是对消费者的体验间接起到促进作用。

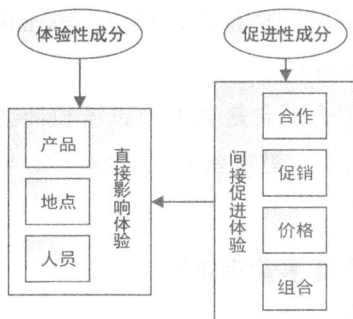

图 7-1　体育赛事 7P 营销策略组合的二分图

二、其他策略组合

1. 4C 策略组合

4C 策略组合以消费者需求为导向，设定了市场营销组合的 4 个基本要素：消费者（Customer）、成本（Cost）、便利（Convenience）和沟通（Communication）。它强调生产运营者首先应该把追求顾客满意放在第一位，其次是努力降低顾客的购买成本，然后要充分注意到顾客购买过程中的便利性，而不是从生产运营者的角度来决定销售渠道策略，最后还应以消费者为中心实施有效的营销沟通。

4C 和 4P 可以结合起来考虑。从顾客需求的角度思考如何设计和研发产品；从顾客成本的角度考虑如何制定最合理的价格，且顾客需求本身对于产品价格也有着直接的影响；从客户购买的便利性的角度来确定销售通路的选择；从与顾客如何实现沟通的角度思考促销和推广的方式。作为营销的基本理论，4C 和 4P 的营销策略组合原则，在日常的营销实践中被有意无意地广泛应用。

2. 4R 策略组合

4R 策略组合是由美国唐·E. 舒尔茨（Don E. Schultz）在 4C 营销理论的基础上提出的新营销理论。4R 分别指代关联（Relevance）、反应（Reaction）、关系（Relationship）和回报（Reward）。该营销理论认为，随着市场的发展，生产运营者需要从更高层次上，以更有效的方式，与顾客建立起有别于传统的新型的主动性关系。

4R 理论以关系营销为核心，重在建立顾客忠诚。它从生产运营者的利益出发，又兼顾消费者的需求。它也有不足和缺陷，如与顾客建立关联、关系，需要实力基础或某些特殊条件，并不是任何生产运营者都可以轻易做到的。但不管怎样，4R 营销提供了很好的思路，是赛事组织举办方和营销人员应该了解和掌握的。

3. 4V 策略组合

随着高科技产业的崛起，高新技术产品和服务不断涌现。国内学者（吴金明等）综合性地提出了 4V 营销组合理念。所谓 4V 是指差异化（Variation）、功能化（Versatility）、附加价值（Value）和共鸣（Vibration）。

从整体上来分析，4V 营销组合理念是典型的系统和社会营销论，既兼顾社会和消费者的利益，又兼顾生产运营者的利益；更重要的是，通过对 4V 营销的展开，可以培养和构建生产运营者的核心竞争力。

4. 基于社会化媒体的体育赛事营销策略

社会化媒体是指一种给予用户极大参与空间的新型在线媒体[①]，如微博、微信、直播、短视频等。常见的社会化媒体营销有微博营销、微信营销、社交网站营销等。电子竞技赛事与各在线媒体有着先天的联系，更应该制定基于社会化媒体的赛事营销策略。社会化媒体营销的策略应整合不同社会化媒体平台，联动线上线下，在赛前、赛中和赛后有计划地进行营销，同时，在社会化媒体下的营销应挖掘观赛个体的影响力，巧妙制造可以引起关注的热点，使赛事营销的影响不断扩大且持久。

用社会化媒体进行营销的关键在于利用社交媒体平台，实现 O2O（Online To Offline）。社交媒体营销的价值在于线上和线下的结合，实现了整合。具体来讲，需要把握天时（Key time）、地利（Key place）、人和（Key person）3 个关键问题。图 7-2 所示为体育赛事基于社会化媒体营销的 3K 模型。

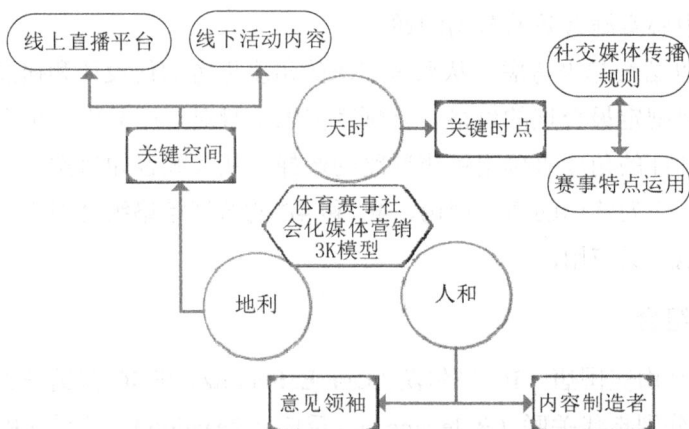

图 7-2　体育赛事基于社会化媒体营销的 3K 模型

5. Fun 营销策略

Fun 营销是腾讯互娱于 2014 年在"泛娱乐"策略基础上提出的一个概念[②]，它是基于互联网，以互动娱乐的元素或形式，用情感共鸣作为核心线索，借助 IP 化包装手段，通过

---

① 2006 年，Antony Mayfield 发表《什么是社会化媒体》，认为社会化媒体是一种给予用户极大参与空间的新型在线媒体。目前关于自媒体、新媒体、社会化媒体尚无权威定义。详细内容可以关注知乎提问：什么是社会化媒体（https://www.zhihu.com/question/19565344）。

② 《新营销》2014 年第 05 期发表了题为《腾讯互娱的"Fun 营销实践"》的文章。

粉丝效应驱动，高效组织传递营销信息的营销方法。

按照腾讯互娱自己的总结，Fun 营销主要有 3 个要点：情感积累、IP 化包装和粉丝效应。简单来讲，Fun 营销建立在 IP 上，但使用方式不能粗暴，IP 所有方应通过场景和故事来包装 IP，在粉丝已有情感积累的前提下发挥粉丝效应。

【资料】2018 年腾讯互娱 Fun 营销分享

谈及 Fun 营销如何实现用户体验和品牌商业诉求的平衡时，腾讯互动娱乐平台部商务总监龙宗海分享了腾讯互娱选择品牌合作时的三个标准：第一，双方用户重叠度；第二，一致的品牌理念；第三，合适及合理的场景。

以电竞为例，腾讯电竞的商业化借鉴了传统体育营销的经验，这其中就包括标准化的媒体资源售卖方式，如赛事冠名赞助等。但如何进行突破？腾讯互娱也为品牌提供了不少"非标准化"的营销思路。例如，通过《王者荣耀》成都研发团队、上海赛事团队联动，vivo 通过赛事用机测试，打造官方赛事用机 X20 和 vivo NEX。此外，在腾讯互娱商务团队整合之下，vivo 签约了 2017 年 KPL 冠军战队 QGhappy，进一步深入战队背后的圈层用户中。除了赛事合作本身，腾讯互娱还整合了战队、联盟、直播平台等电竞生态体系资源，不仅让合作品牌的营销维度更多元化和立体化，也为品牌提供了不同场景下更加丰富的用户互动和交流方式。

（资料来自 Socialbeta 专访《实现用户、品牌和 IP 价值的三赢，腾讯互娱 Fun 营销是怎么做到的？》）

---

6. 市场营销中 SWOT 营销策略

前文曾介绍过，SWOT 分析可用于电子竞技赛事的可行性分析。在市场营销中，也可以用 SWOT 分析来制定营销策略。

SWOT 分析法作为生产运营者对其市场营销策略进行内部研究分析的手段，依照生产运营者当前的市场营销策略来分析，指出其目前在市场竞争中存在的优势、劣势及其原因所在，进而便于生产运营者进行未来市场营销策略的决策。SWOT 四要素中 S（优势）与 W（劣势）是市场营销发展的内部影响因素，而 O（机会）与 T（威胁）则是外部影响因素。电子竞技赛事基于 SWOT 分析法建立的市场营销策略，就是依照赛事方"自身有能力做的事"（自身的优势与劣势所在）和"外界允许做的事"（赛事在市场营销中所遇的发展机会和所受的威胁）二者结合构成的。因此，赛事 SWOT 市场营销策略的建立运用，就需要基于对 SWOT 四方面的分析，在此基础上制定赛事营销的策略与方案。

第四节　电子竞技赛事的市场营销计划书

赛事组织举办方在选择和确定市场营销策略后，将其形成具体的计划并以书面的形式表达出来，就得到了市场营销计划书，它为后续的市场营销活动提供了一份"路线图"。

需要说明的是，市场营销计划书有不同的表达方法，具体内容也是各有侧重，并没有一个标准的样式。下面就电子竞技赛事的市场营销计划书的常见内容进行阐述。

一、计划概要

电子竞技赛事市场营销计划书首先需要有一个计划概要，对整个活动框架、营销目标和措施进行简单概括，包括营销目标、实施策略、核心活动项目与内容、预估费用等几个方面，目的是使阅读者迅速了解该计划的主要内容。

二、营销状况分析

市场营销计划书此部分要介绍电子竞技赛事的宏观政策、社会文化状态，以及整个市场规模的大小和竞争状况，使阅读者能对整个电子竞技赛事的市场营销背景有比较清晰的认识。如有必要，计划书中可以用 SWOT 分析法具体地分析赛事面临的机会、威胁、优势和劣势。下面具体介绍营销状况分析包括的各部分内容。

1. 宏观环境

对电子竞技赛事的宏观环境状况及其主要发展趋势做出简要的介绍，包括人口、经济、技术、政治、法律、法规、社会文化等。

2. 市场状况

列举目标市场的规模及其成长性的有关数据、顾客的需求状况等。如往届赛事的直播观赛人次、历年发展趋势等。

3. 竞争对手分析

识别主要的竞争对手，并详细阐述竞争对手的状况，数据要充分，包括竞争对手的规模、目标、市场份额、赛事质量、营销战略和行动，并对其特点进行分类。如竞争对手的销售量与销售额的分析、市场占有率的分析、市场区域与产品定位的分析、广告费用与广告表现的分析、促销活动的分析、公关活动的分析、定价策略的分析、销售渠道的分析、赛事活动的内容与特点分析等。

4. 自身分析

自身若曾举办过赛事，可对其进行回顾，挖掘自身的优势和劣势，并将该优劣与竞争对手之间的优劣进行对比分析，找出自身的机会。

三、营销活动的目标

从层次上来说，电子竞技赛事的营销目标可分为战略目标和具体目标。

1. 战略目标

战略目标具有指导意义。一般包括创新目标、盈利目标和社会目标。

要让赛事在激烈的市场竞争环境中发展下去，不断创新是必不可少的。创新目标的内容首先要有总体创新目标，如赛事主题、赛事项目、赛事服务方式等；其次要有技术创新目标，如新的设施/设备、新的宣传平台等；最后还要有管理创新目标，如赛事运营规则和程序的改进与创新、组织结构优化等。

盈利目标是商业性的表征。通过提高人力、物力、信息、资本等资源的配置效率及利用率，可达成盈利目标。而社会目标通常包括通过电子竞技赛事让品牌形象提升、促进电子竞技游戏发展、履行社会责任等。

2. 具体目标

具体目标是战略目标的细化和具体化，需要明确具体内容且切实可行。如盈利额、接待人次、竞争地位（市场占有率、总营业收入、顾客满意度等）、产品结构（主要产品、支撑产品、辅助产品）、财务状况（赞助费、门票收入、流动资金、固定资金等）、人力资源（培训人次、培训费用、人员素质等）、社会责任等。

四、市场营销策略

营销计划书要阐明赛事活动准备进入的细分市场，以及面向目标市场采取哪些营销策略。这些策略可能包括产品策略、渠道策略、推广策略、价格策略、服务策略、合作策略等。

五、市场营销的执行计划

市场营销的执行计划要详细说明实施每种策略的细节，即什么时间做什么事。赛事组织举办方可运用一些管理工具（如日程表、甘特表）来安排执行各个具体的计划。下面是对部分计划进行的举例说明。

①广告表现计划：报纸与杂志广告稿的设计（标题、文字、图案）；网络广告的创意脚

本等。②推广宣传计划：报纸与杂志提前进行宣传；新媒体进行同步直播等。③促销活动计划：展览、抽奖、赠送、折扣等。④其他活动计划：同自媒体、记者等联络举行公关活动等。

六、市场营销预算

要完成市场营销计划，需要有人力、物力、资金等各方面的支撑。营销计划书不仅要分门别类地列出总的预算和细节预算，还要有具体的时间和预期效果。

完成市场营销计划书后，在方案执行过程中，赛事组织举办方应当适时地对营销计划进行检查和控制，用以监督计划的执行进程。需要注意的是，市场营销计划制定后并非是一成不变的，而是要根据市场的变化和监控的情况进行调整。

【延伸阅读】

［1］［美］罗伯特·布莱.营销计划全流程执行手册［M］.易文波，译.广州：广东人民出版社，2017.

［2］张少辉.市场细分：市场取舍的方法与案例［M］.北京：企业管理出版社，2010.

【思考题】

1. 说一说市场营销的发展历程。
2. 电子竞技赛事的市场营销的步骤是什么？
3. 电子竞技赛事的市场定位的步骤是什么？
4. 电子竞技赛事的"7P"营销策略组合有哪些内容？
5. 撰写1份电子竞技赛事的市场营销计划书。

第八章 电子竞技赛事的利益相关者管理

【学习的意义】

组织举办一场电子竞技赛事，需要和各类人群打交道，他们分属于不同的利益方，具有不同的诉求。如何分清人群对象，又如何满足他们的诉求，并使其协调与合作，最终促进赛事成功举办？学习了本章，这些问题就会迎刃而解了。

【学习目标】

了解利益相关者的常用分类方法与分类结果。

了解利益相关者管理框架的构建。

了解电子竞技赛事常见的利益相关者及其诉求。

理解利益相关者的协调机制。

【关键词】

电子竞技赛事　利益相关者　利益相关者管理　利益相关者理论　利益相关者识别
利益协调　利益冲突　利益一致

电子竞技赛事是近年发展起来的新兴事物，有关其利益相关者的研究屈指可数。本章以利益相关者相关理论为基础，结合大型体育赛事利益相关者的理论研究和电子竞技赛事的实际情况，扩展电子竞技赛事运营与管理的思路。

电子竞技赛事的运营和管理是一个较为庞大的系统工程，特别是大型电子竞技赛事，其关联的主体呈现多元化和复杂化的特点，这里的关联主体就是电子竞技赛事的利益相关者。一场赛事想要顺利且成功举办，除了需要良好的管理运作水平，还需要各方利益相关者的支持和参与。如何使各方利益相关者协调与合作是电子竞技赛事运营的一项重要内容。

利益相关者的管理贯穿在赛事的整个生命周期之中，不仅用于赛前的分析与评估，而且用于处理赛事中出现的各种危机与问题。

对电子竞技赛事的利益相关者进行管理，就是分辨各方的利益诉求，建立协调机制，尽可能平衡利益相关者的利益要求，最终做到让赛事成功举办，同时实现各利益相关者共生共荣，从而促进电子竞技赛事的发展。

第一节 利益相关者理论

利益相关者分析（Stakeholder Analysis）是由美国学者弗里曼（Freeman）在《战略管理：利益相关者方法》一书中提出来的。20 世纪 80 年代至 90 年代初期，弗里曼、布莱尔（Blair）、多纳森（Donaldson）、克拉克森（Clarkson）等学者的共同努力使利益相关者管理形成了较为完善的理论框架。特别是克拉克森于 1993 年在多伦多大学建立了"克拉克森研究中心"，其研究成果大大促进了该理论的发展。

目前，这一理论的研究成果主要应用在 2 个方面：一是解释性应用，即对研究对象的利益相关者进行界定与分析，构建相关领域的分析框架；二是操作性应用，即应用利益相关者理论对某一专门领域的管理问题提出可操作性的具体解决方法。

一、利益相关者的定义

从利益相关者理论的提出到如今，已形成了多种"利益相关者"的定义。弗里曼在《战略管理：利益相关者方法》一书中提出：利益相关者是指能够影响一个组织目标的实现，或者受到一个组织实现其目标过程影响的所有个体和群体。另一个学者克拉克森认为，利益相关者是在承担着亏损风险的情况下，为企业注入了人力、财力、物力、时间等资本的个人或团体。

国内学者在综合众多观点之后，认为利益相关者是那些在企业的生产活动中进行了一定的专用性投资，并承担了一定风险的个体或群体，其活动能够影响或改变企业的目标，或者受到企业实现其目标过程的影响。

利益相关者理论认为，只顾赚钱而不关注相关者利益的做法是不道德的，它极大地挑战了以股东利益最大化为目标的"股东至上"理念。利益相关者管理奉行的核心思想是，企业的经营管理活动要为综合平衡各个利益相关者的利益要求而展开进行。与传统的"股东至上"理念的主要区别在于，该理论认为任何一个企业的发展都离不开各种利益相关者的投入或参与，企业追求的是利益相关者的整体利益，而不仅仅是某个主体的利益。

伦理管理也成为利益相关者管理理论的基本要求和思想精华。

二、利益相关者的分类

在谈及利益相关者管理之前，需要先识别有哪些利益相关者。可以从多个角度对利益相关者进行分类，方便对其识别。需要说明的是，不同类型的利益相关者对于企业管理决策的影响及被企业活动影响的程度是不一样的。

1. 弗里曼的多维细分法及类似分法

弗里曼认为不同利益相关者所持有的资源是不同的，继而会对企业产生不同的影响，可以从下面 3 个角度对利益相关者进行细分。

（1）所有权角度。这类利益相关者持有该企业的股票，利益与企业的经营管理业绩直接相关，如董事会成员和其他持有股票者。

（2）经济依赖性角度。这类群体与企业有经济往来，如在企业取得薪酬的所有经理人员、债权人、内部服务机构、雇员、消费者、供应商、地方社区、管理机构等。

（3）社会利益角度。这类群体与企业在社会利益上有关系，如政府机构、媒体等。

还有一些类似的分法。如弗雷德里克（Frederick）依据影响的方式将利益相关者分为直接利益相关者和间接利益相关者 2 类。直接利益相关者是指直接与企业发生市场交易关系的利益相关者，如股东、企业员工、债权人、供应商、零售商、消费者等；间接利益相关者则是指与企业发生非市场关系的利益相关者，如政府、社会活动团体、媒体等。再如查克汉姆（Charkham）按照相关群体是否与企业存在合同关系，将利益相关者分为契约型和公众型 2 类。

2. 米切尔分类法

这是美国学者米切尔（Mitchell）与伍德（Wood）在 1997 年提出的。他们认为，企业所有的利益相关者必须具备以下 3 个属性中至少一个：合法性、权利性与紧急性。合法性是指某一群体是否有被法律上、道义上或习惯上认可的、向组织提出利益主张的权利。权力性是指某一群体是否拥有影响组织决策的地位、能力和相应的手段。紧急性是指某一群体的权利主张的重要性、被注意和被采纳的紧迫程度。依据这 3 个属性可以将企业利益相关者分为如下 3 种类型。

（1）确定型利益相关者。这类相关者同时拥有这 3 个属性，是企业首要关注和密切联系的对象。

（2）预期型利益相关者。这类相关者拥有其中任意 2 个属性。

（3）潜在型利益相关者。这类相关者只具有 3 个属性中的一个。

米切尔分类法操作起来比较简单，是利益相关者理论的一大进步。

3. 国内学者的分类法

国内一些学者也从利益相关者的其他属性对其进行了界定和划分。如万建华根据利益相关者是否与企业有正式的、官方的契约将利益相关者划分为一级利益相关者和二级利益相关者。又如李心合以合作性与威胁性为指标，将利益相关者分为支持型、混合型、不支持型和边缘型 4 类。再如陈宏辉和贾生华以主动性、重要性和紧急性为指标，将利益相关者分为核心、蛰伏和边缘 3 种类型。

4. "内部–外部"分类法

利益相关者理论也经常根据利益相关群体与中心组织之间的关系性质将其分为内部利益相关者与外部利益相关者。

三、利益相关者理论的优缺点

利益相关者理论的应用范围很广泛，对现代管理理论具有很好的解释力。它的优点与缺点如下。

优点主要表现在以下几个方面。首先，它强调关系及关系管理的重要性，这在社会分工越来越细的现代市场环境中具有十分重要的意义。其次，它强调个人或组织的社会责任，这对经济的可持续发展与社会发展都具有重要的战略意义。最后，它对包括赛事在内的节事活动产业具有更大的理论指导意义，这是因为这类产业所提供的产品与服务相比传统产业而言，具有更强的公共性或准公共性，因此涉及的利益相关者也会更多、更复杂。

缺陷与不足则表现在以下几个方面。第一，概念的界定过于宽泛，边界难以确定。目前为止，对利益相关者的界定和划分还只是停留在探讨阶段，还找不到一种理论和方法能够定量地衡量各利益相关者的权重。第二，由于理论本身的不完善，很难在实践中运用。虽然弗里曼提出了利益相关者如何参与企业治理的"利益相关者授权法则"，但是理论的实施过程仍需要操作者对利益相关者理论及参与基础有比较深的认识，何况这些参与机制可能本身就存在缺陷。第三，即使能在行业管理或企业治理方面得到运用，中心企业或组织也极有可能陷入协调各利益相关者之间关系的泥潭中。

四、利益相关者管理框架的构建

利益相关者管理是一种战略管理工具，它能够勾画出任何给定或预设的情形下，电子竞技赛事相关因素之间的关系，并能够帮助赛事组织者和管理者处理这种关系。实施利益相关者管理涉及一系列步骤，旨在帮助赛事组织者和管理者了解赛事本身和利益相关者之间的关系和"变量"，从而尽量使整体利益最优。因此，在实施利益相关者管理之前，对赛事的利益相关者管理框架的构建就显得至关重要。图 8-1 所示为利益相关者管理框架的构建流程。

图 8-1 利益相关者管理框架构建流程

1. 利益相关者的识别和界定

利益相关者的识别和界定，是指对与企业或组织或某一行动计划有关的内部和外部的相关者进行全面的列举。下面的 9 个问题对利益相关者的识别和界定具有重要意义。

（1）谁是赛事现在的利益相关者？

（2）谁是赛事潜在的利益相关者？

（3）各利益相关者对赛事的影响如何？

（4）赛事对各利益相关者的影响如何？

（5）赛事不同阶段的利益相关者是否相同？若不同，分别是谁？

（6）目前赛事战略对重要利益相关者有何假设？

（7）影响赛事及利益相关者的现行的"环境变量"是什么？（如通货膨胀、赛事理念、媒体形象、国民收入等）

（8）怎样测评这些变量？怎样测评这些变量对赛事的影响和对利益相关者的影响？

（9）怎样与利益相关者的利益和价值保持一致？

2. 利益相关者的利害关系本质评估

利益相关者利害关系本质评估，是指对上述识别出来的各利益相关者的需求或利益诉求、愿望、权利、相互关系、相互作用等进行进一步分析，最终认清利益相关者对赛事的利害关系本质。尤其是在赛事的危机管理中，通过评估利益相关者的行动、信念、合作潜力及利害关系，赛事组织者和管理者可以对利益相关者形成更开阔、客观的认识，更有利于赛事管理与运营。具体评估的内容见图 8-2。

3. 利益相关者的力量本质评估

利益相关者之所以对电子竞技赛事产生不可忽视的影响，是因为他们对赛事具有法定或非法定的利益或权利要求。评估利益相关者的力量本质需要了解如下问题：各利益相关者分别有什么特点？在特定的利害关系中，赛事运营管理过程会损害谁的利益？谁会获得利益？谁会撤退？

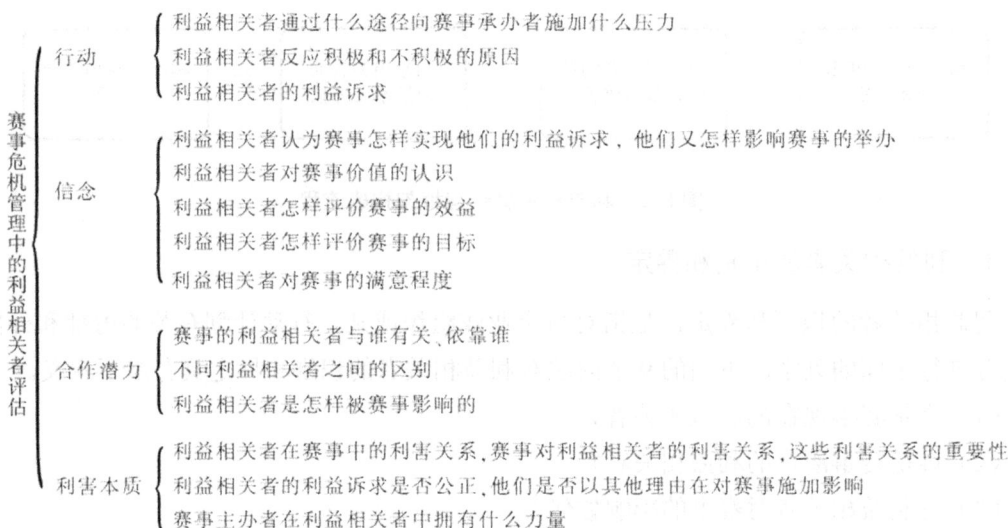

赛事危机管理中的利益相关者评估

行动
- 利益相关者通过什么途径向赛事承办者施加什么压力
- 利益相关者反应积极和不积极的原因
- 利益相关者的利益诉求

信念
- 利益相关者认为赛事怎样实现他们的利益诉求，他们又怎样影响赛事的举办
- 利益相关者对赛事价值的认识
- 利益相关者怎样评价赛事的效益
- 利益相关者怎样评价赛事的目标
- 利益相关者对赛事的满意程度

合作潜力
- 赛事的利益相关者与谁有关，依靠谁
- 不同利益相关者之间的区别
- 利益相关者是怎样被赛事影响的

利害本质
- 利益相关者在赛事中的利害关系，赛事对利益相关者的利害关系，这些利害关系的重要性
- 利益相关者的利益诉求是否公正，他们是否以其他理由在对赛事施加影响
- 赛事主办者在利益相关者中拥有什么力量

图 8-2　赛事危机管理中的利益相关者评估

通常，大型电子竞技赛事更为关注的有实力的利益相关者有 3 种：有投票权利的利益相关者、有政治权利的利益相关者和有经济力量的利益相关者。这里的投票权利是指在赛事决策等方面有左右的能力，如电子竞技游戏厂商、赛事主办方或某项领导专家无疑具有投票权；政府是制定政策、引导电子竞技赛事发展的部门，是明显的政治权利利益相关者；赞助商则是明显的经济力量的利益相关者。

一般来讲，大型电子竞技赛事利益相关者的力量具有复合性质，即每种类型的利益相关者都拥有一种或一种以上类型的力量。同时，利益相关者的每种力量对赛事的决策和活动，都有可能产生支持或抵抗、积极或消极的不同影响。这种复杂情形下的管理，向赛事组织者和管理者提出了新的挑战，要求赛事的组织者和管理者必须具有评估和回应不同利益相关者的能力和技巧。

4. 实施利益相关者管理——基于信任与合作的伙伴关系管理

通过对大型电子竞技赛事利益相关者的识别和界定、评估利益相关者的利害关系本质、评估利益相关者的力量本质，可以获得数据和分析结果，接下来就可以参考结果实施利益相关者管理。大型电子竞技赛事利益相关者管理的实质就是基于信任与合作的利益相关者伙伴关系管理。

从博弈论中的囚徒困境①来看，如果人们缺乏联系和信任而不能建立合作关系，将会给

---

① 囚徒困境的故事讲的是，两个嫌疑犯作案后被警察抓住，分别关在不同的屋子里接受审讯。警察知道两人都有罪，但缺乏足够的证据。警察分别告诉他们：如果两人都抵赖，各判刑 1 年；如果两人都坦白，各判刑 8 年；如果两人中一个坦白而另一个抵赖，坦白的放出去，抵赖的判 10 年。于是，每个囚徒都面临两种选择：坦白或抵赖。然而，不管同伙选择什么，每个囚徒的最优选择是坦白：如果同伙抵赖、自己坦白的话自己放出去，自己抵赖的话自己判 1 年，坦白比抵赖好；如果同伙坦白、自己坦白的话自己判 8 年，比起抵赖的判 10 年，坦白还是比抵赖好。结果，两个嫌疑犯都选择坦白，各判刑 8 年。

彼此造成巨大的损失。在大型体育赛事的运营管理过程中，信任与合作可以使赛事方与利益相关者之间形成良好的心理契约，有效降低交易成本，而且也能降低赛事未来的不确定性，促使赛事利益相关者资源更合理的运用，从而提高组织效能。此外，信任还可以促进利益相关者之间的互助合作，使利益相关者之间的沟通更加顺畅。因此，在大型电子竞技赛事的运营管理过程中，如发生重大决策变化，赛事组织者和管理者必须和政府、赞助商、媒体及其他利益相关者进行协商、沟通，以共同应对和处理好这种重大决策变化。

　　大型电子竞技赛事在实施利益相关者管理时还需要注意：赛事组织举办方可以对利益相关者从市场和非市场的角度实施管理，更重要的是，根据利益相关者对赛事的支持程度，对利益相关者做出是否易于合作的区分。一般来说，政府、赞助商、管理机构和社区因其经济利益或社会利益与赛事密切相关，与赛事有着天然的合作关系，更容易选择对赛事的支持。因此，赛事组织举办方应尽可能安排这些利益相关者参与赛事的管理运营，在决策方面吸收其意见和建议。媒体、其他社会团体和环保组织因为信息的不对称或其他原因可能与赛事的关系呈现一种不合作的态势，甚至可能发生对立的情形，赛事组织举办方必须谨慎处理这些关系，使其对赛事的负面影响降至最低程度。同时，赛事组织举办方可以采用有效的沟通和协调机制提高他们对赛事的支持度。

五、电子竞技赛事利益相关者的构成

　　电子竞技赛事的利益相关者是很难完整确定的，这是因为不仅理论本身还有一定缺陷，而且行业在不断快速发展中，会有新的利益相关者进入研究范围。图 8-3 所示为电子竞技赛事的利益相关者，其中的省略号表示这个图的结构是开放性的，意指还有未识别出的利益相关者。

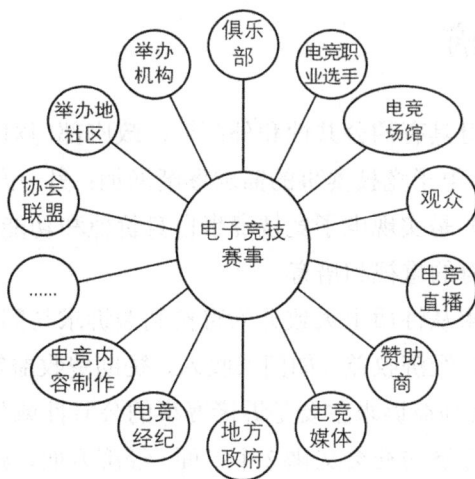

图 8-3　电子竞技赛事的利益相关者

第二节　电子竞技赛事的利益相关者及其利益诉求

体育赛事利益相关者的利益诉求，是各赛事关联主体对其所投入资产的预期回报。电子竞技赛事的利益相关者的利益诉求，只不过是针对电子竞技赛事而言的。通常来说，各利益主体的诉求是有着不同特点的。

一、赛事参与者

本书的赛事参与者包括了电子竞技选手、教练和裁判。对于选手与教练来说，其利益诉求体现在竞赛成绩、经济收益、竞赛环境和服务 3 个方面；而裁判的利益诉求主要是经济收益，同时也有通过赛事提升自己在业界的影响力与知名度等非经济方面的利益诉求。

二、观众

电子竞技赛事以其特有的魅力吸引着众多的现场观众和媒介观众。电子竞技赛事的观赏价值和娱乐价值是观众最主要的利益诉求。另外，电子竞技赛事还可以为促进人们之间的交流沟通等创造平台，这也是观众的利益诉求之一。

一般而言，赛事观众的数量多寡与赛事的级别高低、项目普及程度及市场营销推广效果等有密切关系。对于商业性赛事而言，观众数量不仅直接影响赛事的营业收入，而且还间接影响媒体和赞助商等利益相关者对赛事的关注度和兴趣，进而会影响赛事播放版权和广告权的交易价格。

三、举办地政府

由于电子竞技赛事本身具有的公共性和外部性，政府部门对电子竞技赛事的介入越来越多。一方面，政府对举办电子竞技赛事的需求逐渐增加；另一方面，城市良好的环境（自然、人文与社会、硬件等）是实现电子竞技赛事自身价值和功能的重要条件，而各种良好环境的营造需要举办地政府的重视和培育。

举办地政府的利益诉求从性质上大致分为直接利益诉求与间接利益诉求。直接利益诉求是诉诸赛事所产生的直接经济收益（如门票收入、赞助费收益等）。举办地政府是公共利益的代表者，对赛事的间接利益诉求主要是诉诸赛事的公共性或外部性所带来的积极效应，这些积极效应主要体现在经济与社会文化 2 个方面。经济方面，赛事的举办对地方产业（主要包括城市旅游业、餐饮业、酒店业等）有很好的拉动作用；社会文化方面，赛事的举办也可以产生良好的社会影响（如城市形象的改善、城市知名度的提升等）。通常，社会文化方面的影响更为深远，对举办地的发展更具有可持续意义。

四、赛事所有权人

所有权是物权中最重要的一项权利，具有绝对性、排他性和永续性 3 个特征。具体包括占有、使用、收益与处置 4 项权利。电子竞技赛事所有权人就是依法拥有赛事这 4 项权利的个人或组织，其主体可以是举办地政府，也可以是某个企业（如第一方赛事中的电子竞技游戏的研发商和运营商）。

赛事所有权人决定了赛事的定位、竞赛规则、赛事举办地点与时间、赛事发展方向等一系列重大问题。

当赛事所有权人的主体为政府时，其利益诉求同上一个利益相关者（举办地政府）。而当企业作为主体时，其利益诉求包括赛事的经济效益（含商业价值）、社会影响力及长远发展。

五、赛事举办机构

赛事举办机构是直接负责某项赛事组织运营具体工作的机构。赛事所有权与经营管理权分立是非常常见的。例如，越来越多的赛事选择电子竞技赛事运营公司等商业性机构进行运营。作为赛事运营的执行者，赛事举办机构是赛事能否成功举办并实现赛事自身价值的重要影响因素。

赛事举办机构可以是政府，也可以是一般的商业性运营机构或经济实体。对于后者来说，利润回报是其运作赛事的主要目的。另外，赛事举办给赛事举办机构带来的声誉和良好社会形象也是赛事举办机构的利益诉求。

六、媒体

众所周知，大众媒体特别是直播平台已强势介入各类电子竞技赛事。在"全媒体"时代，每一项电子竞技赛事都可能成为一个"媒体事件"。媒体关注赛事的直接动因是电子竞技赛事的社会影响力及商业价值，媒体最根本的利益诉求是电子竞技赛事的新闻价值。媒体通过赛事报道可以拓宽受众群体，并在此基础上通过广告给自身带来更多的经济效益。对于媒体来说，电子竞技赛事具有传播的符号价值，其意义价值往往超越赛事本身。麦克斯威尔·麦科姆斯和唐纳德·肖曾提出，大众传媒对某个事件的突出报道会引起公众的普遍关心和重视，进而成为社会舆论讨论的中心议题。现今媒体正逐渐介入特定的电子竞技赛事，依据自身的媒体特征和价值诉求，通过公共议程设置的方式，将电子竞技赛事重构成全民狂欢的媒体事件。

七、举办地社区

社区主要指线下社区。它是指居住在一定地域范围内，以一定的社会联系和社会关系为纽带，以同质人口为主体的人群形成的生活共同体。社区是一个相对独立的地域社会，而电子竞技赛事举办地社区是指电子竞技赛事活动所能覆盖或涉及的一个或若干个相对独立的地域社会。作为电子竞技赛事的直接发生地，所在社区的支持、社区居民的参与及配合是赛事成功举办的关键因素和重要保障。尤其是公益性电子竞技赛事，由于其公共性和公益性的特点，组织运作应具有高度的政治敏锐性，因而公众的参与有着十分重要的意义。

社区是公共利益的主体，社区对电子竞技赛事的利益诉求如下：有形收益，如社区基础设施建设的有效改善、社区配套服务的改善、社区就业率的增长等；无形收益，如社区居民凝聚力和归属感的有效提升、当地居民在参与赛事举办过程中形成的社会精神等。

八、赞助商

赞助商因为直接关系到电子竞技赛事的资金与财务问题，因此无疑是电子竞技赛事的重要利益相关者。赞助商的赞助行为源自电子竞技赛事的商业价值。随着电子竞技产业的发展，电子竞技赛事的商业价值得到了更多的重视与开发。电子竞技赛事赞助已成为众多企业开展市场营销活动的一种重要手段。作为一种有效的市场沟通工具，电子竞技赛事赞助已在全世界范围内广泛应用。

赞助商与被赞助的赛事之间实际上是资源或利益交换的合作关系（Partnership）。双方的"相关"点包括品牌利益、目标市场利益和范围经济利益3个方面。品牌利益相关者是指想通过电子竞技赛事赞助的商业行为达到推广和扩大自身的品牌影响力的赞助方；目标市场利益相关者则是指目标市场与所赞助赛事的目标市场一致或有关联的赞助方；范围经济利益相关者是指在原材料、产品和服务的供应方面与电子竞技赛事的举办有关联性，从而可以通过提供实物材料或服务对后者进行赞助的赞助方。电子竞技赛事组织举办方可以运用这一原理寻找到潜在赞助商。

赞助商的利益诉求是有层次的，主要体现在以下3个方面：一是提升品牌知名度，即提升公众对于赞助商旗下品牌的认知度；二是进入目标市场；三是提升品牌美誉度。而由于电子竞技赛事的营销方式较为隐性，受众的接受度较高，故也受到赞助商的认可。

九、志愿者及赛事工作人员

志愿者，即志愿工作者，又称"志工"或"义工"，是指自愿贡献个人的时间及精力，且不以获得物质报酬为目的，只为改善社会服务和促进社会进步而提供服务的人。志愿工作除了具有自愿性、无偿性特征，还具有公益性（利他性）和组织性特征。电子竞技赛事志愿者，是指在电子竞技赛事的组织、筹备与举办过程中，不期待任何金钱或物质回报，自愿将自己的时间、精力、技能、经验、服务与支持奉献给赛事组织与举办机构，并能完成所分配任务的人。

大量实证研究结果表明，志愿者工作对赛事的运营管理具有十分重要的意义。首先，在现代市场经济环境下，很多电子竞技赛事的财务预算都较紧张，志愿者的无偿服务可以有效地节约资金、减少预算；其次，随着赛事规模越来越大，对人力资源的数量与质量也提出很大的挑战。因此，相比其他形式的支持，志愿者服务显得尤为重要。

通常，志愿者的利益诉求相对较为弱化，主要包括物质资助和"利他"价值认同。

而对于电子竞技赛事的工作人员来说，虽然其构成较为复杂，但是，总体来看，这个利益相关者群体有基本相同的利益诉求，包括经济收益、赛事成功举办为其带来的成就感、自我价值的实现等。

【资料】2012 中国昆山世界电子竞技全球总决赛志愿者招募

人员：分为外语志愿者（英语志愿者、韩语志愿者）和普通志愿者。

时间：2012 年 11 月 26 日至 11 月 27 日，培训、彩排；11 月 28 日至 12 月 2 日，现场服务。

内容：外语志愿者负责参赛队伍联络、协调，选手村运管协助，现场协助指挥、引导参赛选手等涉及外语的相关服务；普通志愿者负责现场协助、场地管理、观众指引、设备管理等。

要求：外语志愿者需英语（中级以上），韩语（上级以上），能进行口语交流，能使用 PC 及 MS Office 软件，对游戏有一定了解；普通志愿者需能使用 PC 及 MS Office 软件，对游戏有一定了解。

保障：入选志愿者，将由组委会购买保险，进行统一调配。外语志愿者安排食宿及会场之间的车辆接送；普通志愿者除安排服务期间伙食及车辆外，其他一切费用自理。

（资料来自互联网）

第三节　电子竞技赛事利益相关者的协调机制

利益关系是人类社会最基本的关系之一。电子竞技赛事利益相关者的利益关系主要表现为利益的一致与利益的冲突 2 个方面。利益的一致，是指利益相关者之间的利益诉求在一定意义上是一致和共容的。利益的冲突，是指不同利益相关者之间在利益诉求方面的相抵触与相矛盾（某个利益相关者利益诉求的满足会减小或损害其他利益相关者获得相关利益的机会或增加其获得利益的成本），这种冲突可能来自不同层面，或是完全对抗无法协调的冲突，或是非对抗性且可以协调的冲突。

电子竞技赛事利益相关者协调机制，是指在深入分析各利益相关方利益诉求的基础上，通过对其利益一致或冲突的辨别和分析，讨论和构建包括协调原则、协调方式等内容的协调机制。

一、利益冲突辨析

从一般意义上讲，因为利益的总量是有限的，所以有相同利益诉求的利益相关者之间就有可能存在针对这一利益类型的冲突与矛盾。虽然有相同的利益诉求表明利益上的一致性，但这只是相对的，立场的不同使这些相关者之间产生了矛盾。

一般来说，经济利益或收益是最为突出的多利益诉求主体的诉求对象，因此，以此为例分析利益冲突更具有典型性。例如，在所有权人与赞助商之间，赞助商期望以较低的赞助金额获取赞助回报的最大化，而所有权人则期望以较少的赞助回报获取较高的赞助金额；当赛事所有权人和举办机构不一致时，两者之间必须就举办费用的支付或下拨达成契约，其核心便是经济利益问题。

媒体与赛事参与者、观众之间的利益冲突，主要表现在报道赛事过程中的"议程设置"和"框架设置"有可能忽视或损害参与者与观众的利益，或由此形成"交恶"。

电子竞技赛事志愿者、社区公众与赛事工作人员，他们之间无明显的利益冲突，主要原因在于他们与赛事的关联性相对较小，且基本都是被动地受到电子竞技赛事活动的影响。

政府、所有权人、举办机构与媒体之间的利益冲突，同媒体与赛事参与者、观众之间的利益冲突类似：媒体的失实报道和负面新闻是利益冲突的焦点。负面消息对政府、所有权人、举办机构等主体的社会形象和声誉具有一定的损害。

赛事参与者在赛事正常运作的前提下表现为较为稳定的状态，但当赛事的运作处于非正常情况时（如赛事不合理等），他们就会跃升为活跃状态，与赛事举办机构产生利益冲突（如罢赛等）。赛事组织举办方与观众的利益冲突则主要围绕前者是否为后者提供了物有所值的能够满足后者体验需求的产品与服务。

举办机构与赛事志愿者、社区公众、赛事工作人员之间的利益冲突主要表现为以下 3个方面。

（1）举办机构与社区公众的利益冲突。社区公众被动地受到电子竞技赛事活动的负外部性影响（如交通管制、交通拥挤、噪声污染等）。社区公众在赛事举办期间的生活质量（利益）难以保障。一些大型赛事甚至会对公众产生长远的影响（如债务等），这也是利益冲突的表现。

（2）举办机构与工作人员的利益冲突。两者之间的利益冲突集中体现在工作报酬、包括决策自主权在内的各类工作环境、自我价值和成就感的实现程度等方面。

（3）举办机构与志愿者的利益冲突。志愿者是赛事运行的重要力量，他们被动地接受电子竞技赛事活动的影响，志愿者与举办机构的利益冲突主要包括物质补助的多寡和自我价值实现程度等。

媒体、赛事参与者、观众与赛事志愿者、赛事工作人员、社区公众之间的利益冲突表现得较为分散与复杂。媒体与后者的利益冲突亦如与其他利益相关者之间的冲突。赛事参与者与志愿者、赛事工作人员之间会因为服务质量产生利益冲突。观众与赛事志愿者、赛事工作人员之间的冲突表现在后者为前者的观赏赛事而提供的产品与服务是否达到了前者的期望与要求。社区公众往往成为赛事负面外部性影响的承受者，这种负面外部性有时是由赛事观众（含赛事旅游者）造成的，在这种情形下，观众与社区公众之间就会有直接的利益冲突。

二、利益一致性分析

通过电子竞技赛事的成功举办获得相应的经济利益，是政府、所有权人、举办机构之间利益一致的首要表现（只是经济利益的表现形式不尽相同）。当政府本身就是赛事所有权人时，利益诉求自然不会自相矛盾。当政府不是赛事所有权人时，两者也都希望赛事的净收益最大化。从另一方面来说，政府、所有权人、举办机构往往是赛事不可或缺的群体，与赛事有着紧密的利害关系，甚至可以直接左右赛事的生存和发展，因此，通过电子竞技赛事的成功举办进一步提升他们的形象或美誉度，实现他们与电子竞技赛事的良性互动也是他们利益一致的重要表现。

对于媒体而言，实现新闻价值、传播价值和社会影响力的重要基础是赛事的精彩程度和赛事竞技水平的高低，高水平的赛事往往会吸引更多的媒体参与到赛事的报道中来；而在观众的利益诉求中，赛事竞技水平的高低也是实现其娱乐价值的重要前提；对于赛事参与者来讲，高水平的电子竞技赛事往往能够激发赛事参与者的潜能与热情。因此，媒体、观众和赛事参与者利益诉求的一致性可归纳为赛事的高水准。

赛事工作人员、志愿者和社区公众往往被动地受到电子竞技赛事的影响，他们的重要程度相对较低，其实现利益要求的紧迫性也不强，利益诉求较为弱化。另一方面，他们的性质和形态差异较大，利益诉求难以一致。从工作人员、志愿者、社区公众的实际利益诉求来看，他们利益诉求的一致性在某种意义上可以归纳为自我价值的实现与自豪感的提升。其中，工作人员和志愿者更多地表现为自我价值的实现与认同；普通民众则更多地表现为居民自豪感的提升。

全部利益相关者之间利益一致性的表现并不明显，无法辨识出他们之间高度的利益一致性表现。其中，政府、所有权人、举办机构与媒体、赛事参与者、观众之间具有一定的利益一致性，因为高水平的竞赛对于前者的利益诉求具有很强的促进作用，所以前者的获取经济利益、提升自我形象和美誉度的利益诉求与后者的赛事高水准的利益诉求具有一致性。另外，政府、所有权人、举办机构与赛事工作人员、志愿者、社区公众之间也具有一定的利益一致性，因为"自我价值实现与自豪感提升"对赛事举办效果的评价意义重大，从而间接影响核心利益相关者的自我形象和美誉度。媒体、赛事参与者、观众与赛事工作人员、志愿者、社区公众之间没有明显的利益一致性。

三、利益协调的原则与方式

（一）利益协调的原则

电子竞技赛事利益相关者的利益协调原则是构建电子竞技赛事利益相关者的利益协调机制的基础，协调方式、内容和具体实际操作都需要在协调原则的指导下进行。

1. 自我发展原则

自我发展原则强调电子竞技赛事管理者在进行利益协调时，要始终站在核心利益相关者（举办地政府、所有权人、举办机构和赞助商）的角度，以实现电子竞技赛事的良好运行和自我持续发展为首要目标。要注重电子竞技赛事的盈利能力，以满足核心利益相关者的利益诉求为首要任务。这是电子竞技赛事能够获得长远发展的基础，也是满足其他利益相关者利益诉求的前提。

2. 全面性原则

全面性原则要求电子竞技赛事管理者要分析和考虑电子竞技赛事各个利益相关者的利益诉求，不可忽视任何关联主体的利益。在满足核心利益相关者利益的前提下，对赛事媒体、观众、赛事参与者、工作人员、志愿者、社区公众，以及自然环境利益诉求进行协调和满足。

3. 共同参与原则

研究表明，"共同参与"或"共同治理"模式能够弱化利益相关者之间的利益冲突。电子竞技赛事利益相关者协调机制的构建，要求赛事管理者以构建各利益相关者共同参与赛事运作和管理的机制为重要任务，其中，不同种类利益相关者参与电子竞技赛事运作和管理的方式可以不同。

（二）利益协调的方式

根据电子竞技赛事自身的特点，可以将电子竞技赛事利益相关者的利益协调机制分为四种主要方式：经济协调、政治协调、法律协调和道德协调。

1. 经济协调

经济协调是电子竞技赛事利益相关者协调的首要方式。如前所述，经济利益或收益是最为突出的多利益诉求主体的诉求对象，因而经济协调机制是利益协调的基本手段。例如，通过经济合约的签订来规范赛事所有权人和赛事举办机构的权利义务关系和经济关系；通过赞助合同来明确赛事赞助商和赛事所有权人或举办机构的经济关系等。

2. 政治协调

政治协调机制是利用国家和政府的职能、政治制度及各种政治手段进行利益调节的协调方式。例如，政府通过有关部门协调和缓解赛事举办期间的交通拥堵等问题；通过政府资源拓宽赛事举办机构的融资渠道，同时促进赞助商和赛事所有权人或举办机构的契约订立等。

3. 法律协调

在现代社会中，法律作为基本的行为约束不仅可以作为政治手段，而且可以超越政治的范围，协调人们在各个领域的利益关系，电子竞技赛事利益冲突的协调也不例外。法律协调以权利和义务为特征，通过明确规定人们的权利义务来协调利益关系，维持社会秩序，同时法律还通过监督社会公共事务的实施来维护全体社会成员的基本利益，如保证公民的人权、财产权等。电子竞技赛事作为特殊事件，在赛事的申办、筹备和举办等环节中牵涉到众多关联主体，通过法律手段进行利益协调是实现赛事正常运转的重要保障。例如，《中华人民共和国劳动法》可用于对赛事工作人员、志愿者与举办机构之间的利益协调，《中华人民共和国环境保护法》可作为赛事举办机构与自然环境保护组织之间利益协调的法律依据等。

4. 道德协调

赛事举办期间，当赛事利益相关者的言行不触及法律规范时，法律便无法起到协调作用，这是法律协调的局限性。道德的产生早于法律，在电子竞技赛事活动中，道德协调的作用和范围也很广泛，例如，赛场观众乱扔垃圾造成环境污染等是可以得到协调的对象。

【延伸阅读】

［1］王双丽.我国大型体育赛事志愿者的激励问题与管理对策研究［D］.武汉：华中师范大学，2006.

［2］李军岩，张春萍.我国职业体育利益相关者共生下的利益均衡分析［J］.沈阳体育学院学报，2016.

【思考题】

1．利用米切尔分类法分出的 3 种利益相关者类型是什么？
2．利益相关者的管理框架构建有哪几个步骤？
3．说一说电子竞技赛事有哪些利益相关者，他们的利益诉求分别是什么。
4．电子竞技赛事利益相关者的利益协调的原则有哪些？

第九章 电子竞技赛事的风险管理和收尾工作

【学习的意义】

举办电子竞技赛事不一定会成功，因为可能会遇到各种风险。在了解风险分类的基础上，对风险进行识别、评估并处理，以形成良好的电子竞技赛事风险管理机制，是成功举办赛事必不可少的条件。

当竞赛结束后，收尾工作也是赛事的必要内容之一。好的收尾不仅会给本次赛事画上圆满的句号，也为举办后续的赛事打下了良好的基础。

【学习目标】

深刻领会风险管理对于电子竞技赛事的意义。

从风险产生的原因角度认识电子竞技赛事。

掌握电子竞技赛事风险管理的主要内容。

掌握常见的赛事风险识别与分析方法。

理解电子竞技赛事的收尾工作的主要内容。

【关键词】

电子竞技赛事　风险　风险分类　风险识别　风险分析　风险评估　赛事收尾工作

第一节　电子竞技赛事风险的概念与分类

近年来，电子竞技赛事风行各地，然而各方面资源的不足及相关经验的缺乏，让举办赛事的风险较之传统赛事加大。大型电子竞技赛事的社会影响力大、参与人员多、涉及面广、利益关联方多，整个组织的管理系统较复杂，不可控因素较多，因此对其进行风险管理十分必要。

一、电子竞技赛事风险的概念

通俗地讲，风险就是发生不幸事件的概率。广义的风险强调了收益的不确定性，即风险产生的结果可能带来损失或获利，也可能是无损失无获利。在投资领域，有些投资者偏向于高风险，这是为了获得更高的利润，也就是所谓的风险和收益成正比，这种风险被称为"投机性风险"；狭义的风险则强调成本或代价的不确定性，即风险的结果只会产生损失，没有获利的可能性，这种风险可称为"绝对风险"。本章主要阐述狭义的电子竞技赛事风险。

电子竞技赛事风险，是指电子竞技赛事组织举办方在筹备和举办赛事过程出现的不确定性。这种不确定性是一种几率，并非一定会发生，但也需要预防和管理。

与传统体育赛事一样，电子竞技赛事在有限的时间与空间范围内聚集了大量的人流、物流和信息流，导致在赛事的组织运营过程中风险产生的概率很大。相比传统体育赛事，电子竞技赛事的"冒险性（Risky）"不是重点，故由此产生的风险要小得多；不过，软硬件故障对电子竞技赛事影响程度明显更大。

二、电子竞技赛事风险的构成要素

电子竞技赛事的风险通常由起源、方式、途径、受体与后果 5 个要素构成。起源是指威胁的发起方，或称为威胁源。方式是指威胁源实施威胁所采取的手段，或称为威胁行为。途径是指威胁源实施威胁所利用的薄弱环节，也称为脆弱性或漏动。受体是指威胁的承受方，即资产。后果则是指威胁源实施威胁所造成的损失，称为影响。

上述 5 个构成要素之间的关系可以表述为，风险的一个或多个起源（威胁源），采用一种或多种方式（威胁行为），通过一种或多种途径（脆弱性或漏动），侵害一个或多个受体（资产），造成不良后果（影响）。风险的概念模型可表述为，威胁源利用资产的脆弱性，对其实施威胁行为，造成负面影响。

三、电子竞技赛事风险的分类

按照风险的产生原因，可以将电子竞技赛事风险分为 7 个大类。

1. 灾害类风险

参考我国对灾害种类的划分，结合体育赛事可能发生的灾害事件类型，将体育赛事灾害类风险因素划分为自然灾害、事故灾难、公共卫生事件和社会安全事件。这些因素均可能给体育赛事造成灾害性影响。

自然灾害是自然环境出现的灾害事件，以赛事举办地的地形地貌、气象气候条件为依托。它可能造成人员伤亡、经济损失、赛事取消、赛事延迟等后果。

事故灾难是人为因素带来的灾难。它可能造成大范围人员伤亡、经济损失、赛事取消、赛事延迟等后果。

公共卫生事件是赛事举办地发生或可能发生的、对赛事相关人员健康造成或可能造成重大损失的事件。它可能造成人员感染疾病、经济投入成倍增加、体育赛事长期取消、体育赛事暂时取消等后果。

社会安全事件是由内部矛盾引发的群体性事件。它的风险主要表现在人员直接伤亡、人员恐慌造成踩踏伤亡、赛事长期取消、赛事暂时取消或推迟、安保经费支出超出可承受范围等。

2. 管理风险

管理风险是源于管理不善及制度缺陷，导致的应急失效或责任落实不到位的现象，从而给赛事造成损害。它的风险因素有风险管理计划不当、应急计划不当、缺乏管理培训、缺乏应急演练等。

风险管理计划主要针对常态和非常态的风险进行管理，计划不当可能造成的风险有风险控制效果不理想、风险管理流程混乱造成人力财力耗损、影响观赛效果和观赛秩序、举办机构声誉受到影响等。

应急计划是针对非常态的事件而制定的应急措施，应急计划不当可能造成的风险有突发事件处置无法达到预期效果、影响比赛秩序、舆论给举办机构带来不利影响等。

管理培训不仅针对管理人员、工作人员、志愿者，还应附加关于选手、教练、裁判的相关培训。缺乏管理培训可能造成的风险有比赛程序不规范、选手教练迟到、工作人员责任落实不到位等。

缺乏应急演练可能造成的风险有应急救援达不到应急计划的要求、应急处置秩序混乱、人力财力资源浪费等。

3. 人因风险

大型电子竞技赛事是围绕人的行为和活动运转的，最大限度降低人身风险、保证比赛顺利开展是赛事风险管理的核心导向。赛事中的人员分为参赛人员、观赛人员、工作人员等，人员性质不同，可能产生的风险也不相同。

赛事举办机构应格外关注参赛者的人身安全，避免因设备安装不牢或个别人情绪激动对其造成伤害。

表 9-1 列举了人因风险因素和可能导致的风险结果。

表 9-1 电子竞技赛事的人因风险

风险因素	风险结果
管理人员	管理人员对工作人员行为、比赛流程、应急计划、应急指挥等存在管理过失或疏忽的风险
工作人员及志愿者	工作人员及志愿者存在工作失误的风险
选手	选手有受到意外伤害的风险，或造成死亡、终身残疾、挫败后羞耻等
教练	教练具有最大限度降低选手可能遭受的风险的责任，当工做出现疏忽时会面临被起诉的风险，同时面临声誉损害和经济损失的风险
裁判	裁判要确保比赛判罚准确、公正，因而会受到来自法律和道德的双重制约。裁判面临的风险有法律制裁、被禁赛、道德谴责、意外伤害等
现场观众	现场观众一般处于被保护之列，但会面临因冲突伤害他人被判刑、因个人行为不当被谴责的风险，以及踩踏等意外伤害的风险

4. 环境风险

环境风险涵盖了赛事开展的设施环境、场馆环境、交通环境、赛事环境。先进而完善的竞赛设施是保证比赛顺利进行的前提，也是保障人身安全的关键。交通设施条件、路况条件等将对选手裁判能否准时到达产生影响。

设施环境风险是电子竞技常见的一种风险。设施环境中的硬件设施包括比赛器材设备、通信系统、新闻系统等。设施购置不合理会产生风险；设施的检测、维护不当会造成伤害风险；设施更换与调试不当也会造成风险。如某场比赛中，由于现场音频系统的问题，比赛延迟了 1 小时。

场馆环境风险是指由于场馆的设计和建设不合理而埋下事故隐患，以及场馆防灾设施不到位产生灾害风险。

交通设施的风险如车辆性能障碍造成的风险、驾驶员不当驾驶造成的风险、路况恶劣造成的风险等。

赛事环境风险如赛程安排不合理造成的风险、赛程备用方案缺乏造成比赛混乱的风险。

5. 技术风险

电子竞技赛事的技术风险主要涉及电子信息系统、应急指挥系统、安全管理系统、生化武器检测系统等方面。

电子竞技赛事对电子信息系统依赖很强，不管竞赛本身还是竞赛直播都必须依托于它。电子信息技术风险主要表现为设施和技术不配套、技术不够成熟、信息可能被盗取或篡改等。网络环境较为复杂，在赛场上网络波动时有发生，这会导致在比赛中出现技能释放延迟等问题；电子竞技赛事是以电子游戏为媒介进行的竞赛，由于一些技术原因，客户端可能会报错，造成延迟比赛、暂停比赛甚至重赛的后果。如在某场比赛中，出现了角色无法移动的问题，最后不得不重新比赛。

应急指挥系统的风险主要包括：缺乏应急指挥中心带来的隐患风险；指挥中心的设施设备不完善不全面、无法提供决策支持造成的风险；应急指挥中心运作流程不畅造成的风险等。

安全管理系统的风险主要包括：安全监测设施设备出现问题造成的风险；危险上报、处置、反馈流程不畅造成的风险等。

生化武器检测设施的风险主要包括：检测设施技术未经过充分验证使用的风险；技术落后造成的风险等。

6. 政治风险

政治风险主要指赛事举办国发生政治类事件，或者国与国之间因政治关系动荡而给比赛带来风险的可能性。本国或他国的政治抵制轻则影响比赛秩序，重则升级为政治破坏。目前来看，政治风险对电子竞技赛事的影响有限，但未来随着电子竞技赛事的影响扩大，它是不得不考量的一种风险。

政治风险主要包括政治抵制和破坏行为、示威游行、种族宗教矛盾 3 种。政治抵制和破坏行为存在赛事规模缩小的风险、阻碍比赛顺利开展的风险、对承办国或承办地区有声誉损害的风险。示威游行则有影响观赛秩序、影响声誉、安保压力增加的风险。种族宗教矛盾可能引发现场冲突、激化矛盾的风险。

7. 经济风险

经济风险是指由经济活动、经济危机引起的赛事举办机构遭受经济损失的风险，主要分为来源型风险和干扰型风险。通过支持、投资、募捐等方式增加办赛经费的具有来源型风险，如融资风险。给赛事造成经济压力或负面社会影响的是干扰型风险，如经济危机、规模化经济干扰。表 9-2 罗列了详细的经济风险因素和风险后果。

表 9-2　电子竞技赛事的经济风险

风险因素	风险结果
爆发经济危机	基础设施无法按时完工的风险，相关服务不到位的风险，参与比赛积极性降低的风险
规模化经济干扰	政府社会声誉降低的风险，社会公共秩序受影响的风险，经济资源浪费的风险，比赛规模受影响的风险
融资风险	项目设施无法完工或延期完工的风险，赛事无法达到预期运行标准的风险
预算风险	财政赤字的风险，赛事无法按照预期完成的风险
赛事营销风险	赛事的经济效益低的风险，挫伤举办机构积极性的风险，无法达到预期形象宣传的风险

第二节　电子竞技赛事风险管理的内容

一、突发事件管理

突发事件（Emergency），是指已经或有可能对人的生命或财产产生破坏性影响并因此需要紧急应对的事件或环境（Situation or Condition）。在生活中，人们容易将"危机（Crisis）""灾害（Disaster）"与"突发事件"相混淆。严格说来，这三者之间是有区别的。"危机"是指一种可能引发急迫问题的突发事件或演进形成的环境。如果不及时处理，这种事件或环境有可能发展成为灾难性结果。"危机"更多的是强调未来的可能性。而"灾害"更多的是强调既已发生的事件的后果的严重性，特别是结果超出某一组织应对能力范围的特性。

突发事件管理的内容包括对可能发生的事件的识别、对潜在影响的评估、选择合适的应对途径和准备可获得的资源。突发事件管理应该是一个过程（见图 9-1），而不能是"事发"后的简单和被动的应对。这个过程通常会有预防、处置、缓解和恢复 4 个途径。其中，前 2 个途径是主动的，具有前摄性（Proactive），后 2 个途径是被动的，具有"反应性（Reactive）"。

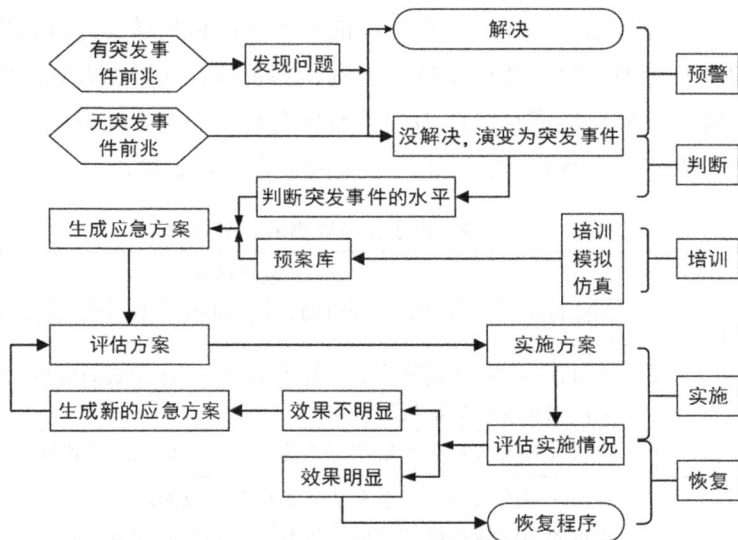

图 9-1　突发事件应急管理流程

二、服从管理

电子竞技赛事活动是社会活动的一部分，因此赛事活动的规划设计与运营管理必须遵守一系列相关的法律（Laws）、法规（Codes）与条例（Regulations）。对于赛事组织管理者来说，如果不遵守这些社会规范，就会面临受到惩罚的风险。因此，如何规避这类风险是电子竞技赛事风险管理中的一个重要内容。

服从管理（Compliance Management），是指电子竞技赛事组织者获得、正确展示和保留赛事运营所必需的许可证、营业执证、书面免除证（如免税证）、其他授权（如知识产权）资证文件及法律文件，以表明赛事活动是在相应的法律、法规和条例许可下举办的赛事活动。

服从管理的首要任务是了解赛事活动组织在运营过程中需要遵守的法律责任（Legal Responsibility）与义务，包括合同和其他一些法律文件。这些责任与义务可以保护所有利益相关者的人身与财产权利。因此，理解并谨慎地履行与赛事活动有关的法律责任是非常关键的管理内容。下面是服从管理涉及的关键内容。

1. 责任

责任（Liability）是指个体或群体对自身的活动所应该承担的法律责任。换句话说，如果不履行某些职责（Duty），则个体或群体就必须对因为其行为或不作为而受到损害（或伤害）的自然人或法人进行赔偿或补偿。

责任管理的一个重要手段就是针对相关人员或组织的职责履行情况或尽职（Due Diligence）情况进行监督与等级评估。通常对相关人员的不正确行为或不作为可以分为 4 个等级，相应地，这些行为所造成的损害或伤害也会形成不同的水平层次，这在风险管理领域也称为"失职（Breach of Duty）"（见图 9-2）。

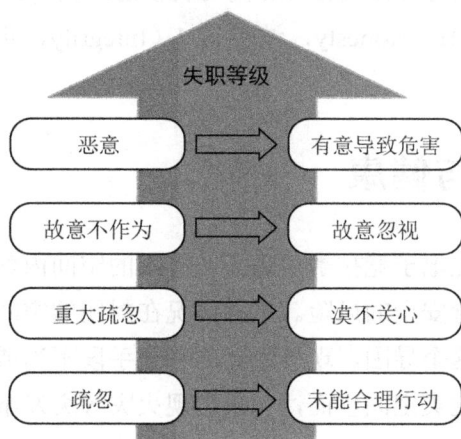

图 9-2　失职等级及危害程度图

通过合同与契约的形式分派职责是电子竞技赛事责任管理的一个有效手段。

2. 知识产权

知识产权（Intellectual Property Rights，IPR）[①]是指权利人对其所创作的智力劳动成果（如发明，文学和艺术作品，在商业中使用的标志、名称、图像、外观设计等），在有限时

---

① 很多时候会将知识产权称为 IP。

间期内享有的专有权利。权利人可以是自然人或法人。如果没有所有权人的授权，任何个人或组织均不得使用应用这些成果的载体。IPR 通常包括专利权、商标权、著作权等。知识产权保护的客体通常是创意的外在表现形式（有形成果）而非创意本身，因此，它不仅具有独创性，而且还必须是可识别的（Recognizable）和可再生产的（Reproducible）。

3. 隐私

在当今信息爆炸的时代，电子竞技赛事活动无疑会涉及大量个人信息、组织专有信息和公共信息。这会导致在赛事的组织运营过程中非常容易出现侵犯隐私的行为。因此，赛事组织者与运营者需要在数据收集与信息处理的过程中，保证赛事相关人员个人信息的机密性，并且要尽量保证这些信息的使用目的能让当事人了解并得到许可。

赛事活动中可能出现的侵犯隐私的行为有未经许可的打扰、出于商业目的的个人身份的挪用、个人身份及个人信息的未经许可的曝光等。

隐私的侵犯有时是主动（或恶意）的，有时则是由于管理手段或技术本身造成的。

4. 伦理

简单地说，伦理是指人们对于对错、好坏进行评判、选择及行动，是基于道德、责任、义务来指导人们进行决策、协调与行动的科学。

在体育赛事领域，人们将有关的伦理行为与价值总结为"ETHICS"，即 E（Equality，平等）、T（Trust，信任）、H（Honesty，诚实）、I（Integrity，正直）、C（Clarity，透明）和 S（Sincerity，诚意）。

三、人身安全与健康

在人身安全方面，首先电子竞技赛事由于在有限的空间内聚集了大量的人流，很容易造成拥挤、踩踏等危及人身安全的风险。这种情况在封闭的空间内特别容易出现。除了观众的骚乱和情绪化的行为这个导因，现场人员的管理手段不当或不作为等也经常是出现状况的主要原因。另外，在这类空间里面，如果出现火灾等突发事件，也极容易因为恐慌而造成重大伤亡事故。

公共健康问题也是这方面危机管理的一个重要内容。在这一方面，关键的问题包括保证公共卫生（特别是餐饮卫生）环境、流行病与传染病的监控、个人健康与卫生行为的引导及垃圾的处理等。

四、损失防范

电子竞技赛事组织运营过程很可能出现人、财、物损失的事件。这类事件除涉及收入损失与财产损失外，还可能涉及人身意外伤害所造成的民事责任赔偿损失及其他特殊原因造成的损失，如因转播设备故障或损毁造成的不能转播赔偿、比赛无法（或不能如期）举行造成的电视转播不能如期进行的赔偿等。另外，这些损失还可能涉及组织能力、信誉（或声誉）、信息、人员等诸多方面。因此，如何对各类损失进行有效防范，是电子竞技赛事组织者在风险管理方面的一个重要工作内容。

损失防范是指通过降低损失概率（损失预防）或减少损失程度（损失减少）来减少期望损失成本的各种行为的统称。常见的措施有安全检查、应急计划、安全保卫、培训和信息管理等。其中，信息管理属于同时兼有损失预防和损失减少作用的措施。保持信息通畅，不仅可以减少事故的发生，而且可以在事故发生时，有助于迅速施救。

损失防范的有效策略有实施风险融资（Risk Financing）。可以通过 2 种方式实施这种策略：一是组织内部在赛事财务规划时专门拨付一部分资金应对风险损失，实质上是一种"风险自留"；二是将损失风险通过购买保险的形式进行损失的"转移"。

按照损失出现的可能性和严重程度，可以对损失等级进行评定。如图 9-3 所示，处在左边 2 个象限的损失由于严重程度相对较低，组织可以自行解决和处理；处在右边 2 个象限的损失则需要采用其他方式进行有效的风险规避。尤其是位于右上角象限里的风险，当它过高时，最好放弃某一活动甚至取消整个电子竞技赛事。

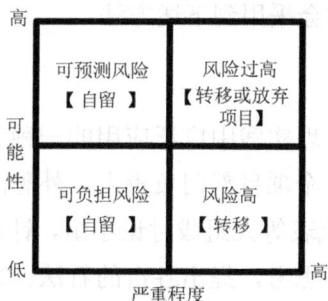

图 9-3　"可能性-严重程度"损失等级防范策略矩阵图

损失防范的另一个有效策略是"安保（Security）"，也就是指采用一定的措施以减小损失出现的几率。常用的方法有防范（Prevention）、干预（Intervention）、观察（Observation）和审查（Inspection）。

第三节　电子竞技赛事的风险管理过程

风险管理过程是指风险管理所采用的程序，一般由若干阶段组成。目前，不同的组织、学术机构与学者对阶段的划分有不同的看法。总的来说，比较普遍接受的观点是，整个过程依时间顺序包括风险规划、风险识别、风险分析及评估、风险应对与处理 4 个基本过程，同时，"风险管理监控"和"风险管理信息归档"贯穿整个过程。

一、风险规划

风险规划具有"统管"性质，从本质上看，风险规划是指规划和设计一个系统化的、持续的电子竞技赛事全过程中的风险管理机制。其目的在于，在基于现实的科学预测和切实可行的方法基础上，结合先前的风险管理经验，为赛事的风险管理执行决策提供一个结构性的框架。工作内容的主体在于宏观层面的管理目标、管理组织机构、人员与资源配置、技术手段、基本策略、基本程序等。

二、风险识别

风险识别（Risk Identification）是指通过一系列手段与方法收集数据与信息，以尽可能地将潜在风险或容易产生风险的环节识别出来的过程。识别出来的风险应列出一个清单，分发给风险分析人员和相应的管理人员备用。

风险识别需要依次回答 3 个基本问题：谁将受到伤害或损失？有可能造成什么样的损失（或后果）？损失可能由什么引致？

在风险识别的过程中，通常会采用到下述方法。

1. 头脑风暴法

头脑风暴法是项目决策与管理实践中广泛应用的一种策略。这种方法用于电子竞技赛事风险识别时，就是请赛事的各个项目部门负责人、外聘的风险管理专家、赛事活动相关人员（赞助商、媒体等）、员工代表等人组成讨论小组，针对电子竞技赛事运营过程中遇到的风险及其危害程度等问题展开思考，提出各自的看法。采用头脑风暴法时，最重要的原则是不要在会议上指责或阻止他人的设想，要鼓励所有参与者提出尽可能多的潜在风险。

2. 风险档案分析法

电子竞技赛事风险管理通常具有连续性。举办地政府相关部门和标志性电子竞技赛事组织机构均需要建立风险档案，将以前举办过的赛事所积累的资料、数据、经验、教训及组织成员的个人常识经验和判断作为档案保存起来，并随时将赛事举办过程中遇到的新风险加入以更新原有的风险档案。通过查询和了解类似赛事历史风险档案资料来识别赛事运营管理中可能存在的风险是一种常用的风险识别方法。

3. 人物访谈法

访谈人物应该包括赛事组织所有部门的领导、主要利益相关者代表、同行及其他所有与赛事运营有关的人物代表。访谈可以一对一进行，也可以以小组的形式进行。访谈的问题应根据责任范围准备，并针对访谈对象列出相应的问题。此方法可以有效地避免赛事组织中的不一致、误解甚至冲突。

4. 德尔菲法

德尔菲法又称专家咨询法，是一种反馈匿名函询法。它以匿名方式通过函询征求专家意见，预测领导小组对意见进行汇总整理，作为参考资料再发给参与函询的每位专家，供他们分析判断，提出新的论证，如此反复多次，专家意见趋于一致，结论的可靠性越来越大。德尔菲法有如下 3 个特点：一是为克服专家会议易受心理因素影响的缺点，德尔菲法采用了匿名形式；二是德尔菲法不同于民意测试，一般要经过 3 到 4 轮；三是为了定量评价预测结果，德尔菲法需采用统计方法对结果进行处理。

5. 情境分析法

这是根据已往的经验设计一些可能出现的风险情境，然后让与会人员就问题出现的原因、过程、后果及解决的方法等展开分析与讨论。实践证明，这是一种非常有效的风险识别方法。

6. 测试事件法

测试事件法对特大型电子竞技赛事非常有用。通过举办一系列小型的测试赛事或活动，可以有效地检测设施设备及资源利用方面有可能出现的问题。

7. SWOT 分析法

SWOT 分析法也可用于分析风险。在 SWOT 坐标系中，处于劣势和威胁象限中的环境因素出现风险的可能性最大，应引起赛事组织者和风险管理人员的注意。

8. 制约因素分析法

任何项目的执行在人、财、物等方面通常会受到能力或容量范围、质量、时间（日程）、资源等方面的制约。另外，法律、法规等硬性制约也应考虑在内。这些"瓶颈"因素是最"脆弱"、最容易产生风险的环节。赛事组织者和风险管理人员应对这些制约因素的机动性（Flexibility）、优先性（Priority）及对决策的影响等进行详细分析，以识别出可能出现的风险。

9. 影响图分析法

影响图分析法类似于"心智地图"法（Mind Mapping），其基本工作原理是，以某一要素为中心，分析该要素对其他要素的影响及相互之间作用的范围与结果，并在这种情境下分析有可能产生的所有风险。这种工具利用关系图解的方法识别在一定环境中某个因素可驱动的其他因素及它们之间的关系。"箭头"开始于作用因素，结束于被影响（或作用）的因素。引出箭头最多的要素通常是风险驱动的根本因素。

三、风险分析及评估

风险评估就是在对赛事风险进行识别的基础上对赛事风险进行综合评估，是应用各种风险评估技术来判定风险影响大小、危害程度高低的过程。这个过程为如何处置这些风险提供科学依据，以保障赛事的顺利运行。

风险评估过程中的一项重要工作就是风险预警。在对赛事运营过程进行风险识别、分析和评估之后，赛事管理者就可得出赛事风险发生的概率、风险损失的大小、风险的影响范围及主要的风险因素，并在此基础上做出风险预警，提醒赛事风险管理人员采取适当的风险控制措施，达到规避或降低风险的目的。需要注意的是，风险评估是协助赛事风险管理者管理风险的工具，并不能代替风险管理者的判断。

常用的风险分析及评估方法有以下 6 种。

1. 因果分析法

如图 9-4 所示，因果分析法形成的结果形状如"鱼骨"，因此，该方法也称为"鱼骨分析法"。它是一种通过发挥团体智慧，从各种角度找出问题所有原因或构成要素的方法。从方法论上来讲，这种方法具有"归纳（Inductive）"性质。

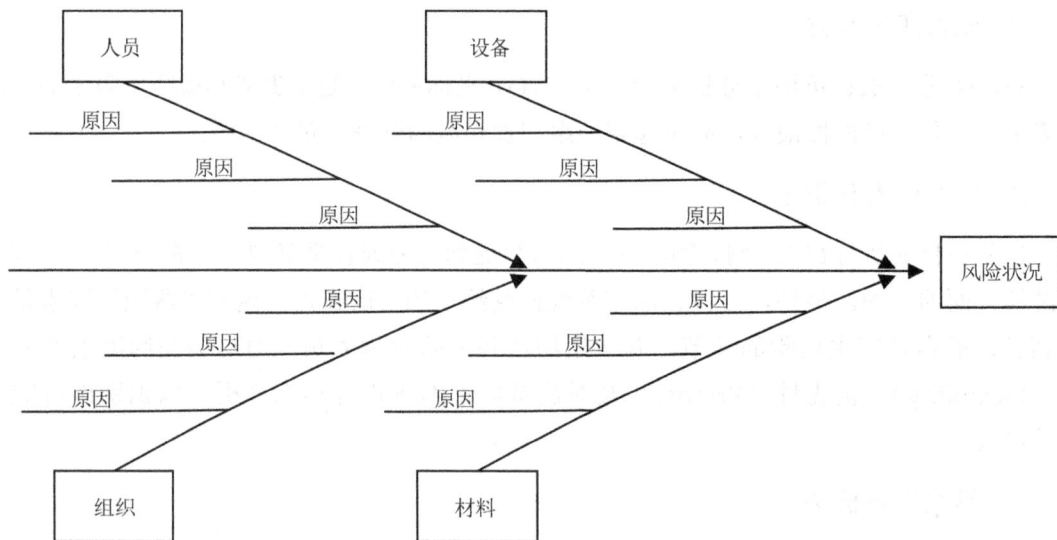

图 9-4　因果风险分析方法

2. 故障树形图分析法

故障树形图分析法是一种演绎推理分析法，这种方法将系统可能发生的某种事故与导致事故发生的各种原因之间的逻辑关系用一种称为"事件树"的树形图来表示（见图 9-5）。通过对事件树的定性与定量分析，找出事故发生的主要原因，为确定安全对策提供可靠依据，以达到预防事故发生的目的。

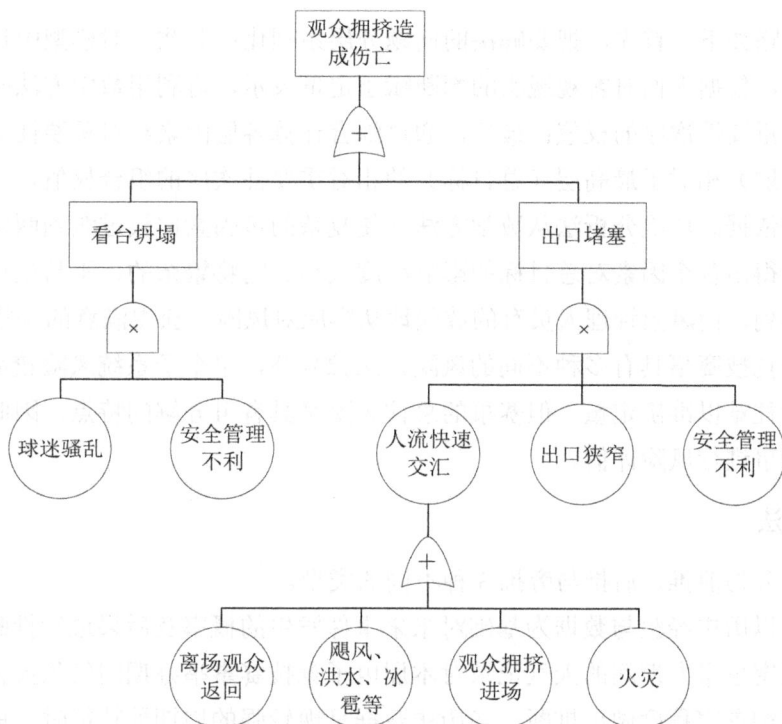

图 9-5 故障树形图风险分析方法

3. "可能性–严重性"矩阵法

"可能性-严重性"矩阵法，是将风险发生的概率与发生后果的严重性进行量化后相乘，二者的乘积即风险的预测值（见图 9-6）。很显然，预测值越大，风险应对的优先等级就越高。在风险计算过程中，若出现相同预测值的情况，可以将可能性和严重性赋予一定权重，再进行下一步分析。

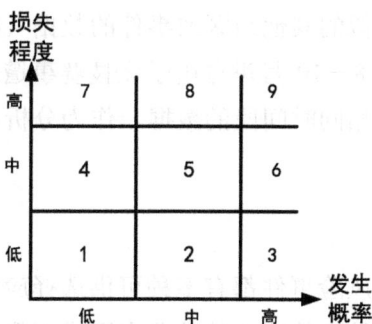

图 9-6 "可能性-严重性"损失等级评估矩阵

4. 层次分析法

层次分析法（Analytic Hierarchy Process，AHP）是由美国匹兹堡大学教授萨蒂（Thomas L.Saaty）于 20 世纪 70 年代提出的一种定性分析与定量分析相结合的多目标决策方法。其解决问题的思路如下：首先，把要解决的问题分层系列化；其次，对模型中每一层次因素的相对重要性，依据人们对客观现实的判断赋予定量表示，再利用数学方法确定每一层次全部因素相对重要性次序的权值；最后，通过综合计算各层因素相对重要性的权值，得到最底层（方案层）相对于最高层（总目标）的相对重要性次序的组合权值，以此作为评价和选择方案的依据。层次分析法从数学方法上使复杂的多因素比较过渡到两两因素之间的比较，并最后得出各个因素对总目标的影响程度大小。它将繁杂的、不易量化的风险因素按大小顺序排列，使风险管理人员有的放矢地从容应对风险，获得满意的决策。

大型电子竞技赛事具有多种不同的风险，来源复杂，单个子系统风险较易确定，而总体赛事风险往往难以准确定量，但赛事的总体风险又具有可分解的特点，因此可以应用层次分析法对赛事进行风险评估。

5. 外推法

外推法可分为前推、后推与旁推3种不同的类型。

前推法是以历史经验与数据为基础对未来事件发生的概率及后果进行推断的方法。例如，根据往届赛事举办期间的天气记录对本届电子竞技赛事举办期间气象灾害类风险出现的概率及可抵御灾害程度做出推断。当历史数据呈现较强的周期性特征时，前推法有时可以估计风险出现的类型及大致时间，或者根据历史数据估计其出现的概率。有时限于历史数据不够充分，或者客观现象本身不具有明显的周期性，则可认为获得的这一历史数据是更长的历史数据序列中的一部分，根据相关的定性分析可以假定它服从某种分布函数，再根据此函数进行外推。这是赛事风险评估中常用的一种方法。

后推法在逻辑上与前推法正好相反，是指在没有相关的历史经验数据可供使用的情况下，把未知的、想象的事件及后果与某一已知的事件及后果联系起来，把未来风险事件归结到有数据可查的已知事件上，从而对风险做出评估。

旁推法是指利用情况相类似的其他地区或事件的数据（横向数据）对本地区或本事件进行外推。例如，分析杭州市8—10月举办电子竞技赛事遭遇灾害性气候的概率，可以通过收集自然条件类似的上海市相同时间段的数据，作为分析和评估杭州市出现灾害性天气概率的重要参考。

6. "决策树"分析法

决策树分析法，是指每一风险事件都有多种可供选择应对的方法，并会产生相应的成本、利益和"次生"风险。这种决策或事件的分支画成图形很像一棵树的枝干，故称决策树分析法（见图9-7）。通过对这些方案进行比较，风险管理人员可以确定相对较合理的风险应对方案。

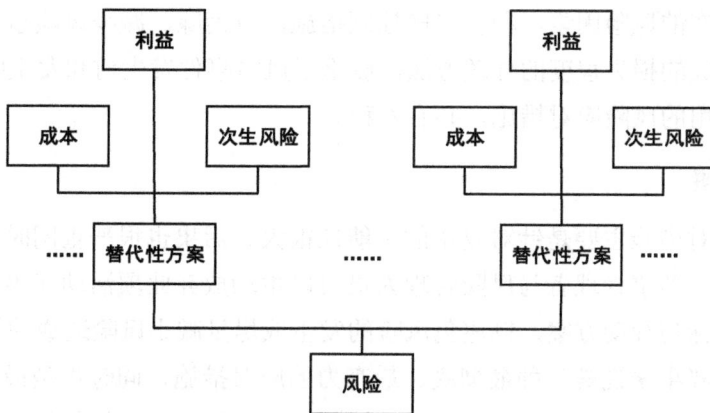

图 9-7 "决策树"风险分析法

赛事管理者与风险管理人员在完成风险识别与分析评估之后，需要对结果进行总结形成报告。这个过程主要包括电子竞技赛事风险因素采集、赛事风险评估指标体系确定、赛事风险评估模型设计、赛事风险级别评定。

图 9-8 所示为一般的赛事风险评估报告流程。

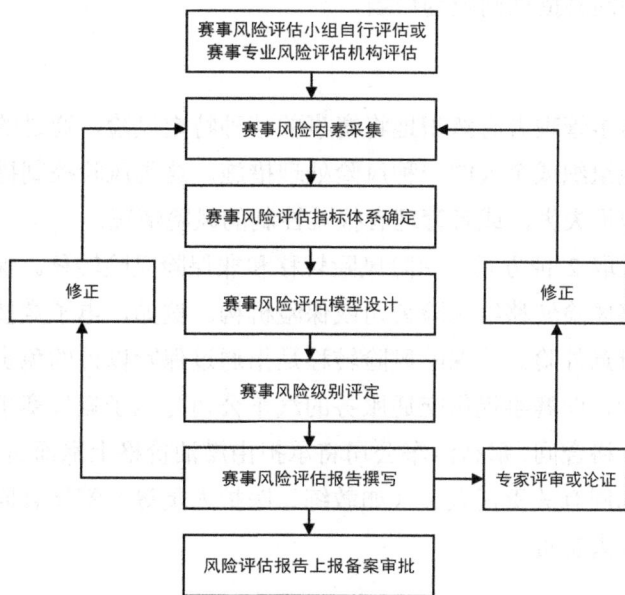

图 9-8 赛事风险评估报告流程

四、风险应对与处理措施

在风险识别、风险分析评估之后，接下来一个重要的环节就是建立风险处理体系，以有效地控制这些风险，降低风险发生概率和减少损失程度，这是进行风险研究的根本目的。

一般来说，大型电子竞技赛事的风险处理方法通常采用控制型风险处理。控制型风险处理是指针对存在的风险因素，积极采取控制措施，以消除、减少风险事件发生概率及减轻风险发生时造成的损失程度的处理方法，侧重于风险事件发生前和发生中。

下面介绍常用的风险应对措施，共有 6 种。

1. 风险回避

风险回避应对措施主要是针对发生的可能性很大、后果也很严重同时又无其他措施来减轻的赛事风险。赛事管理者与风险管理人员可以主动放弃此项活动（事件）或改变该活动（事件）的目标与行动方案，以避免风险的发生或尽量减小风险造成的损失。

风险回避对赛事来说是一种最彻底、最有力的应对措施，同时也是最简单、最消极的一种措施，因为风险总是与机会（收益）并存，避免风险也就意味着放弃收益机会。因此，风险管理人员在实施这种措施的时候需要考虑以下 3 个方面的因素：一是某些赛事风险是难以预测及回避的，如地震、灾害性的天气、水灾、流行性传染病等；二是某些风险即使可以避免，但也会因此失去较高的经济效益；三是避免了某一种风险后有可能产生新的风险。基于以上因素的考虑，最适合采用风险回避措施的情况有以下 2 种：一是某种特定风险的发生概率和所致的损失程度相当大；二是采用其他风险处理技术的成本超过赛事预期的收益，而采用风险回避措施则较为恰当。

2. 风险转移

风险转移是指赛事管理者有意识地将赛事的某种特定风险，通过购买保险、签署合同等方式，转移给其他组织或个人的一种风险处理措施。这类风险控制措施主要用于处理那些发生概率比较小但损失大，或者管理者很难控制的风险情况。

风险转移可以采取 2 种方式：保险风险转移和非保险风险转移。保险风险转移是指通过购买保险的办法将风险转移给保险公司或保险机构。例如，电子竞技赛事举办机构为所有参赛人员购买人身意外险。非保险风险转移是指通过保险以外的免责协议和套期保值等方法转移风险。例如，向赛事提供交通服务的汽车公司与电子竞技赛事举办机构就赛事用车服务签定了固定价格合同，那么汽车公司将承担由燃油价格上涨而引起成本上升的风险。又如，赛事举办机构同有关责任人员（如教练、医护人员等）签署合同，由他们对自己的过失行为所造成的损失负责。

3. 风险预防

风险预防是指在赛事风险发生之前，为达到降低风险发生的概率和减轻损失程度的目的，所采取的消除或减少风险因素的应对措施。

在所有风险中只有一小部分是极具威胁的。高风险一般是由于风险耦合作用引起的，一个风险减轻了，其他一系列风险也会随之减轻。在风险预防时，最好将每个具体风险因素都列出来，分析并找到其风险源，通过加强工作人员的素质、进一步强化安全管理或其他行之有效的措施，将风险扼杀在摇篮中。例如，针对赛事期间可能发生的火灾事故，应分析事故可能发生的原因（人为纵火、电路短路、场馆总体监控系统故障、消防系统故障等），根据这些原因，采取加大警力投入、预防恶意纵火、对各系统线路进行细致严密的检查、加强安全管理等具体措施，以预防火灾事故的发生。

4. 风险抑制

风险抑制是指赛事管理者对不愿放弃也不愿转移的风险，通过降低其发生的可能性、缩小其后果的不利影响等方面来达到预期目标的应对措施。

赛事风险抑制可以采取事前抑制与事后抑制 2 个基本措施。事前抑制是指在损失发生前为降低损失程度所采取的一系列措施。如大型电子竞技赛事开幕式都会举行彩排和预演，就是试图通过测试，发现开幕式中存在的问题，并找到解决办法；在新建体育场馆举行测试赛也是大型赛事正式举办之前主动抑制因场馆功能不完善而带来风险的一种风险抑制措施。事后抑制是指风险发生后为降低损失程度所采取的风险应对措施。如通信、供电准备后备系统以减少通信、供电故障所带来的负面影响。

5. 风险自留

风险自留也称风险承担，是指赛事管理者自己承担由风险事故造成的损失。风险自留可分为主动和被动 2 种类型。主动的风险自留一般是指赛事管理者在对各种可能出现的风险的处理方式进行比较和权衡利弊的基础上，主动自行承担风险应对责任。通常这类风险造成的损失相对较低，损失金额在可承受范围之内；同时，其他的风险控制方法的费用超过风险本身造成的损失，或者其他风险控制方法不可行。被动的风险自留是指赛事管理者由于主观或客观的原因，对于风险的存在和严重性认识不足，没有预先对风险进行处理，而最终由赛事管理者自己承担风险损失的情况。某些情况下，如损失数额较小或损失程度不严重，不影响赛事正常运行时，赛事管理者会将损失作为运营费用纳入成本；还有些情形，如赛事管理者虽然已经意识到某种风险的损失程度很大，但由于发生概率极小，如不可抗拒事件地震、洪灾等情况，这时赛事管理者一般会采取无计划的风险自留的方式处理此类风险。

6. 风险应急

风险应急是指针对可能出现的风险来源及事故发生过程而采取的系列应急措施。它是对付无预警风险事件的主要措施。例如，因为赛事期间场馆内可能发生火灾，在场馆内配备有水喷淋灭火系统以应对可能出现的火灾，就属于这种风险应急措施。

应急是电子竞技赛事风险管理的一个重要内容。应急计划应包括风险发生时和发生后系统应做出的正确反应、补救方案、实施步骤和相关人员的职责等内容，主要针对补救方案与影响消除 2 部分工作。

五、风险管理监控

电子竞技赛事风险管理监控就是通过对赛事风险识别、分析评估、应对的全过程监视与控制，来保证赛事风险管理能够达到预期目标。它是赛事风险管理实施过程中的一项重要工作。

六、风险管理信息归档

作为电子竞技赛事风险管理的最后一个环节，风险管理信息归档的工作内容即将前述各个程序的过程、结果及相关的文件资料等进行记录、整理并存档。这一过程为电子竞技赛事举办机构和举办地政府与相关部门提供了有价值的资料，并为后续的赛事风险管理提供了有意义的历史数据。赛事风险管理的信息归档载体通常包括传统的纸质文档、多媒体介质材料等。

第四节　电子竞技赛事的收尾工作

在竞赛完成后，电子竞技赛事的收尾工作也是非常重要的。所谓收尾工作，是指按照总体的工作方案完成竞赛的各项组织工作与相关活动后，对赛事进行总结和其他剩余工作，至提交总结报告和财务报告为止。赛事收尾阶段的主要工作包括：评估和总结工作、固定资产处置、档案工作、财务决算和审计、表彰、奖励及答谢等。收尾工作的完成，宣告本次赛事全部结束。

1. 赛后评估

对一个赛事来说，从时间角度来看，评估包括赛前、赛中与赛后 3 个阶段。在赛前主要评估赛事的可行性；赛中的评估带有监督或跟踪执行的性质，主要目的是要保证赛事在正常的轨道上运行；而赛后评估具有总结性质，即对整个赛事项目的目标、执行过程、效益、作用和影响等进行系统和客观的分析总结。下面介绍一下赛后评估。

赛后评估为未来赛事提高竞赛水平、服务水平、赛事宣传、吸引赞助商和提高商业价值等方面提供信息，一般可采用采访、观察、数据分析、调查问卷、会议反馈等手段进行评估。

赛后评估具体分为效益评估和影响评估。效益评估主要是赛事举办机构内部的评估，主要针对成本与收益。影响评估主要是指"外部性"的评估，主要包括对外部经济产生的影响、对外部环境产生的影响、对外部社会文化产生的影响，以及对城市形象产生的影响。

影响的评估主要针对大型电子竞技赛事而言，中小型的电子竞技赛事主要是进行"内部性"的评估。

赛后评估过程与通常的评估类似，首先确定评估的目的及要解决的问题，然后收集信息和分析数据，最后以报告的形式呈现结果。赛事举办机构根据自身的实际情况和市场需求，选择自己评估或委托给专业的评估机构进行评估。

2. 工作总结

工作总结就是赛事举办机构把赛前和赛中的工作进行一次全面、系统的总检查、总评价、总分析、总研究，得出经验和不足，这是赛事举办后的一笔宝贵财富。总结包括个人总结、部门总结，以及整个组委会层面的总结。

个人总结要围绕岗位的职责和绩效进行；部门总结要围绕部门的职责和对应的专项工作取得的成绩和不足进行；而赛事组委会的总结要围绕各类报告和赛事总体评价来进行。各类总结都要求言简意赅、直奔主题。

3. 固定资产处置

固定资产包括了办公用品、竞赛器材与设备、活动设备等。在收尾阶段要做好固定资产的回收和处置。遵循"谁发放、谁回收"的原则进行清点，要求分类明确、数据准确、实事求是地编制整理固定资产账本。

4. 档案工作

在赛事过程中，会形成一些有保存利用价值的文字、图标、账册、音像、电子文件、实物等不同形式的历史记录，需要赛事举办机构对它们进行整理并归档。可参考《中华人民共和国档案法》和《体育档案工作管理试行办法》，结合电子竞技赛事自身特点，做好档案工作。

5. 财务决算与审计

财务决算与审计工作是赛事重要的管理工作，也是收尾工作的重要标志。对款项应及时清理结算，做好财务决算，避免经济损失和纠纷，尽快做出财务报告，以了解整个赛事运作的收支和盈利情况，同时做好收尾阶段的财务审计工作。

财务决算是一项专业性较强的工作，一般以财务报告来表现。财务报告包括资产负债表、利润表、现金流量表、所有者权益变动表等。

财务审计是对市场开发工作、开闭幕式工作、行政接待、礼品采购等重点专项工作开展审计，形成审计报告，并对专项资金使用情况进行审计。

6. 表彰、奖励与答谢

电子竞技赛事结束后，赛事举办机构应该给予相关人员和机构充分肯定，而表彰、奖励和答谢是非常有效的肯定方式。通过这些方式，可以保持赛事举办机构良好的形象，还能维系与外部利益相关者的良好关系，便于后续合作。

7. 其他

除上述工作外，收尾工作还包括进行人员的转移工作，如欢送志愿者等。如有必要，还要进行注销赛事组委会的工作，以作为本次赛事的终结标志。

【延伸阅读】

［1］高岩.体育赛事风险管理研究——基于项目管理理论视角［M］.北京：北京体育大学出版社，2017.

【思考题】

1．从一般理论上讲，风险的构成要素有哪些?

2．按照风险的产生原因，电子竞技赛事的风险分为哪几大类?

3．电子竞技赛事收尾工作主要有哪些内容?

附录 A　2018 年全国电子竞技公开赛 （NESO）规程（部分）

一、赛事介绍

全国电子竞技公开赛（National Electronic Sports Open，简称：NESO）是由国家体育总局体育信息中心主办，上海网映文化传播股份有限公司（简称：NEOTV）承办，各省、自治区、直辖市、新疆生产建设兵团、计划单列市体育部门组队参加的电子竞技综合性赛事，不仅是我国电子竞技体育发展战略的重要组成部分，同时也是宣扬电子竞技体育文化的重要组成部分。本赛事旨在为全国电子竞技爱好者提供一个公平、公正、公开的竞技平台，面向社会宣传电子竞技运动、传播电子竞技正能量。

二、组织机构

主办单位：国家体育总局体育信息中心
承办单位：上海网映文化传播股份有限公司

三、比赛项目

（一）邀请组比赛项目

英雄联盟（5V5）
绝地求生 PUBG（表演赛）

（二）选拔组比赛项目

1. 英雄联盟（5V5）
2. 星际争霸 2-虚空之遗（1V1）
3. 炉石传说（1V1）

四、裁判与仲裁

2018 年全国电子竞技公开赛仲裁委员会成员将由组委会成员和相关方面人员组成，裁判员将由组委会选派。

五、组队与报名

（一）组队

各省、自治区、直辖市、新疆生产建设兵团、计划单列市体育局或体育总会及其直属单位为 2018 年全国电子竞技公开赛组队单位。

（二）报名

1．在收到体育信息中心参赛通知后，各省、自治区、直辖市、新疆生产建设兵团、计划单列市体育局或体育总会及其直属单位需将填写好的组队报名表邮寄至 2018 年全国电子竞技公开赛组委会，邮寄方式为特快专递。

2．请各组队单位确定 1 名联系人，公开赛组委会一应事宜将通过邮件和电话方式与该负责人进行沟通。

3．代表队报名截止时间：2018 年 8 月 27 日。

4．报名方式：采用书面报名方式。

5．报名规则：2018 全国电子竞技公开赛分为邀请组及选拔组。组队单位可分别申报邀请组及选拔组。

六、总决赛时间

2018 年 12 月（待定）。

七、总决赛地点

四川成都。

八、比赛办法

2018 年全国电子竞技公开赛执行本规程规定的相关规则。

九、各地区选拔赛赛制

（一）选拔赛时间

2018 年 8 月至 2018 年 10 月。

（二）选拔赛选手报名注册

1. 参加 NESO2018 年的参赛人员代表资格依据本办法确定。

2. 参赛人员到 NESO 官方网站-电竞圈进行注册。电竞圈将注册审核权限给至各参赛地区。

3. 注册期为 2018 年 7 月 30 日—2018 年 11 月 31 日。

在当前年度赛季中一旦确认注册地当年不得再进行更改。

参赛人员在次年可重新选择代表地注册。

4. 所有参赛单位将完成注册的自省参赛人员名单提交至 NESO 赛事组委会，由 NESO 组委会进行统一备份管理。

5. 参加地区选拔赛及全国总决赛的选手必须是 NESO 注册选手。

（三）选拔赛形式

分赛区每个比赛项目设有 1 个总决赛参赛名额（选拔名额或邀请名额）。邀请仅限英雄联盟邀请组。

（四）各项目选拔赛名额

经 NESO 官网注册报名选拔产生的冠军（选手/队伍）。

（五）英雄联盟邀请组邀请办法

组委会拟定邀请范围进行邀请，被邀者直接进入全国总决赛。

（六）英雄联盟邀请组邀请名额范围

英雄联盟：2017—2018 赛季 LDL 及 LPL 参赛队伍。

十、各地选拔赛举办流程及须知

（一）各地选拔赛举办方招商权益

2018NESO 拥有指定的赛事冠名及赞助商。各代表队进行招商时，必须排除总决赛赞助商的竞品品牌，同时在分赛区的执行过程中，为总决赛赞助商进行品牌推广。队伍冠名，选拔赛冠名等各种方式的商务合作，各代表队组织方需提前向组委会进行报备。

（二）各地选拔赛赛区命名方式

2018 全国电子竞技公开赛"xxx 杯"YYY 代表队选拔赛。

（三）各地代表队命名方式

省市名+冠名+代表队，如：上海申花代表队。

（四）各地选拔赛赛事日程安排

各地确认参赛的 30 天内，需提交明确的赛事执行计划及日程安排，内容主要包括：

1. 选拔赛模式

（1）集中选拔：所有报名选手统一时间地点进行比赛；
（2）初赛结合决赛：各地区初赛后统一时间地点进行决赛。

2. 赛事项目确定

各地区原则上必须举办总决赛所有正式项目，如有特殊问题，请提前联系全国组委会，如因商务需求各地选拔赛需增加项目，需在选拔赛开始前 1 个月与全国组委会确认，在获得全国组委会确认后方可执行。

3. 选手报名及组织

全国组委会将建立网上报名系统，系统中将涵盖选手信息提交、赛程分组等多项功能，各地选拔赛参赛选手必须在网上报名系统中提交信息，各地选拔赛裁判需在赛事中更新晋级流程及比赛结果。

各地选拔赛参赛选手必须为代表地当地注册选手，代表地注册在 NESO 官网-电竞圈上进行，非注册选手不得参加，如违反此项规定并查实的，将取消该选手一切参赛资格。团队项目中有选手违反此项规定并查实的，将取消全队参赛资格。

4. 参赛场地及比赛硬件确认

为保证宣传需求，各地选拔赛需在开赛前 30 天确认比赛场地，比赛场地需宽敞明亮，适合拍照，比赛场地位置需交通便利。

比赛场地比赛用机配置需提前 30 天提交组委会，移动电竞项目比赛用机需统一手机版本，赛前请务必更新所有比赛项目版本。

5. 赛事现场制作物规定

全国组委会将统一制作选拔赛物料设计，包括：横幅、海报、易拉宝、背景墙喷绘等，如各地有更多制作物制作需求，需按照组委会规定图案进行设计并提交组委会确认。

6. 选拔赛奖金设置

各地选拔赛奖金可自行设置，全国组委会不做限定，奖金方案及赛后发放证明需报全国组委会备案。

7. 赛后资料提交

各地组委会赛后需提交出线选手名单（在赛事系统中输入），选拔赛现场照片。

（五）各地选拔赛推广工作

各地选拔赛主办方须于 7 月 30 日前，向全国组委会提交赛事推广方案，方案主要包括：

新闻类：开赛报名新闻，各地比赛参赛通知，各地参赛特色特点，各地明星选手参赛状态。

微博及自媒体：各地体育系统自媒体及各地明星选手微博等。

全国组委会将尽可能提供赛事新闻的撰写模板与新闻发布渠道，请各地组委会与全国组委会更多进行沟通。

十一、总决赛赛制

（一）总决赛时间及地点

时间：2018 年 12 月（待定）。
地点：四川成都。

（二）全国总决赛运动员（队伍）组成

总决赛邀请组由各参赛单位邀请各项目职业选手/队伍组成。
总决赛选拔组各项目选手/队伍由各地选拔赛运动员/队伍组成。

（三）抽签

各运动员/队伍将进行抽签。

（四）晋级流程

1. 比赛方式

（1）选拔组和邀请组分别进行组内对决。
（2）选拔组和邀请组按照名次均能获得参赛分。

2. 对阵方式

（1）进行小组循环赛决出 8 强。
（2）8 强后采用单败淘汰赛制直至决赛。

十二、总决赛参赛流程及须知

（一）差旅安排

各地组委会需要负担参赛选手参加总决赛阶段比赛，往返总决赛城市的差旅费用，差旅费用不得以任何形式让选手自行承担。绝地求生 PUBG 表演赛参赛选手的差旅费用由组委会承担。

NESO 全国组委会负责参赛代表队到达总决赛地点后，总决赛期间的落地接待，包括：

（1）在总决赛期间市内比赛场馆与指定酒店的接送工作。

（2）在总决赛期间，参赛代表队从完成签到起至比赛结束期间每日早、午、晚餐及指定酒店住宿。

（3）组委会接待参加总决赛代表队人员架构范围：团长 1 名、各项目经选拔确认后的正式参赛队员若干名。其他随行人员到达后需自行安排，组委会不承担随行人员相关责任。

（二）接待

1. 嘉宾接待：嘉宾在总决赛开始前 1 日入住组委会指定酒店。
2. 参赛代表队报到：参加全国总决赛运动员须在总决赛开始前 2 日入住比赛指定酒店。
3. 媒体接待：参加全国总决赛报道的媒体记者须在总决赛开始前 1 日入住指定酒店。

（三）着装

各地代表团参赛人员必须统一着装，各地组委会可在参赛服上印制赞助商 LOGO，着装方案应于总决赛开赛前 1 个月报 NESO 全国组委会备案。如参赛服有冲突允许各地体育局在比赛期间穿着当地队服，上台颁奖环节时需更换 NESO 大赛指定服装。

（四）最佳赛区评选

NESO 全国组委会将在总决赛颁奖环节评选三个最佳赛区给予颁发。

（五）保险

NESO 全国组委会将为各代表队参赛名单内的人员购买人身意外商业保险，其他随行人员可自行安排，组委会不作统一安排，发生意外的 NESO 全国组委会不承担相关责任。

十三、总决赛奖励办法

（一）荣誉奖励

1．总决赛每项比赛冠军颁发奖杯及证书。
2．总决赛每项比赛亚军、季军颁发奖盘及证书。
3．总决赛每项比赛冠、亚军取得入选电子竞技国家集训队资格。

（二）奖金

总决赛总奖金：890 000 元。各项目资金分配原则见表 A-1。

表 A-1　各项目奖金分配原则　　　　　　　　　　　　（单位：人民币）

项　　　目	冠　　军	亚　　军	季　　军
英雄联盟邀请组（5V5）	200 000	100 000	50 000
英雄联盟选拔组（5V5）	100 000	50 000	30 000
炉石传说（1V1）	50 000	30 000	10 000
星际争霸 2（1V1）	50 000	30 000	10 000
绝地求生 PUBG	100 000	50 000	30 000
合计	890 000		

*人民币奖金按《中华人民共和国个人所得税法》条例需扣除 20%。

NESO 全国组委会默认将奖金以银行转账的形式发放给获奖选手本人。如各地组委会在奖金接收方式上有特殊要求，需要先与获奖选手本人确认，在取得获奖选手本人书面同意的情况下将发放要求报送至全国组委会。

（三）总决赛代表队积分排名与奖励

1．各代表队每个项目的运动员按照名次取得积分，未获名次取得参赛基础分。每代表队各个项目运动员取得积分之和为该代表队的团体总分。各项目计分方法见表 A-2。

表 A-2　各项目计分方法

名次	分数
第一名	15
第二名	10
第三名	7
第四名	6
第五—八名	3
参赛分	1

2．积分排名规则

（1）各代表队名次依据团体总分分数进行排列，分数高者列前。

（2）若分数相同，第一名名次居多者列前，以此类推第二、第三名名次。

（3）若分数、名次均相同，取团体项目名次居多者列前。

（4）若以上均相同，则排名并列。

（5）绝地求生 PUBG 属于表演项目，名次不获得积分。

3．荣誉奖励

总决赛各代表队积分排列第一名颁发 NESO 全国电子竞技公开赛荣誉奖杯。

十四、联系方式（部分）

国家体育总局体育信息中心电子竞技项目部

地址：北京市东城区体育馆路 11 号

全国电子竞技大赛组委会

地址：上海市静安区灵石路 658 号 302 室（大宁财智中心）

十五、其他

2018 年全国电子竞技公开赛竞赛规程的最终解释权属于国家体育总局体育信息中心。其他未尽事宜将另行通告。

附录 B 腾讯 2018 电子竞技运动标准

一、电子竞技赛事标准

1. 电子竞技赛事等级标准

1.1 国际赛

全球总决赛旨在汇集各个赛区最好的队伍为其赛区代表参与全球性竞争。为了促进多元化的全球性竞争、培养赛区队伍、激发当地和全球粉丝的热情、提升各赛区的参与度，并确保总决赛能公平、公开地进行，参与全球总决赛的所有队伍必须符合当地居住要求。

1.2 职业联赛

职业联赛最终目标是选出在国际赛中代表联赛的队伍。为满足这个要求，所有参与职业联赛有关比赛的队伍包括但不限于：各队伍中至少 60% 的首发选手（1V1 为 100%，2V2 为 50%）是其代表出战地区的中国大陆身份选手。

1.3 杯赛

杯赛主旨在加深国内职业联赛与非联赛体系职业队伍间的交流和碰撞。

1.4 次级联赛

次级联赛是为了确定次级联赛赛区里将要晋级到职业联赛比赛的队伍，继而他们会有机会在国际赛事中代表中国赛区出战。为满足该要求，所有参与次级联赛比赛的队伍必须符合包括但不限于：各队伍中至少 60% 的首发选手（1V1 为 100%，2V2 为 50%）是其代表出战地区的中国大陆身份选手。

1.5 高校联赛

由官方主办的针对高校学子的校园专属赛事，该赛事以校园学年制（每年 9 月至次年 5 月）为一个周期，高校战队需要经过海选赛、校间决赛、省决赛、南北区域赛，最终进入全国总决赛。

1.6 城市联赛

面向全国各省市的大众电子竞技玩家，采用城市海选赛、省赛、大区赛、总决赛四重晋级机制，从城市冠军到全省冠军、区域冠军再到城市赛总冠军，层层筛选。

2. 电子竞技赛事赛制及日程

2.1 赛季

预计的赛程大约在三个月内完成。

每个赛季由三个阶段组成。

2.1.1 常规赛

2.1.2 季后赛 常规赛结束后进行。

2.1.3 晋级赛 在常规赛结束后进行。

2.2 阶段详解

2.2.1 常规赛 此阶段由 12 支队伍组成，12 支队伍经抽签分成两个小组。每支队伍每个赛季进行 16 场比赛，以联盟形式与其所在地区的对手进行比赛。每支队伍在每个赛季将与同组的每个对手进行两次比赛，不同组的每个对手进行一次比赛。同组的双方已预先确定选边，在蓝方和红方的次数相同（每边一场比赛）；与不同组对手抽签决定蓝方和红方，如同一年度第二次遭遇同一不同组的对手，则自动确定蓝方和红方（与之前的抽签结果相反）。比赛排名将由积分决定。

2.2.2 常规赛决胜 如果在常规赛季结束时，有多支队伍打平（积分相同），那么将根据所有场次净胜场记录确定入围队伍（净胜场多的队伍被认为排名更高）。如果所述队伍的净胜场记录相同，则比较相互的对战记录。如果对战记录也相同，则所述队伍将进行决胜赛以确定最终入围者。

决胜赛将在常规赛结束之后、季后赛开始前进行。打平的队伍将进行比赛直到确定胜者。如果三支或更多队伍打平，则决胜涉及所有队伍的对抗记录将被纳入考虑。

如果一支队伍使用同样的判定方式（先比较净胜场，再比较相互对战记录）高出所有其他队伍，该队伍将自动变为最高决胜队伍，则剩下的队伍需要进行新一轮的决胜。

如果没有队伍的获胜记录超过所有其他队伍，则将使用以下方式决胜。

2.2.2.1 三队平局 三支队伍将进行单轮循环赛。如果比赛结果没有形成高低排名（明确的 2-0、1-1 和 0-2 队伍记录），那么三支队伍将随机分组进行单败淘汰赛，其中一支队伍将轮空。

2.2.2.2 四队平局 队伍将随机分组进行"双"淘汰赛，在比赛中队伍将进行 BO3 比赛。四支队伍将分成两组进行比赛，首轮比赛获胜队伍将在比赛 3 中进行比赛，落败队伍将在比赛 4 中进行比赛。比赛 3 的获胜队伍将成为第一入选队伍，比赛 3 的失败队伍将与比赛 4 的获胜队伍进行比赛以确定第二名和第三名。比赛 4 的失败队伍将成为第四名。

2.2.2.3 五队平局 队伍将随机分组进行单败淘汰赛，两队之间进行入围赛争夺第四场半决赛的位置。比赛将进行第三四名决赛以确定入围队伍。

2.2.2.4 六队平局 队伍将随机分组进行单败淘汰赛，在半决赛中，其中将有两支队伍轮空。比赛将进行第三四名决赛和第五六名决赛以确定入围队伍。决胜赛将通过掷硬币的方式选边。

2.2.3 季后赛 此阶段包括四轮单败淘汰赛，比赛在常规赛季的排名前八（8）的入围队伍中进行。常规赛每个小组的第一至四名队伍将自动获得参加下一赛季的资格。奖项将颁发给排名第一的队伍。每一轮将进行五局三胜制比赛。

2.2.4 全球总决赛积分 在每一赛季的季后赛结束后，队伍将根据最终排名获得全球总决赛积分（以下简称总决赛积分）。总决赛积分将作为全球总决赛入围和地区资格赛的决定性因素。

2.2.5 全球总决赛资格 夏季赛的获胜队伍将自动成为该地区全球总决赛的一号种子队伍。该赛季总决赛积分累积最高的队伍将成为该地区全球总决赛的二号种子队伍。

2.2.6 全球总决赛积分决胜 如果夏季赛结束时，多支队伍打平，那么在夏季赛中获取总决赛积分最高的队伍将成为决胜队伍。如果夏季赛获取的积分仍然相同，则进行 BO3 加赛。

2.2.7 地区资格赛 夏季赛季后赛结束时，世界总决赛积分排名前四的未晋级队伍将入围比赛。分数最低的两支入围队伍进行比赛 1。比赛 1 的获胜队伍将在比赛 2 中与第二入围队伍进行比赛。比赛 2 的获胜队伍将在比赛 3 中与第一入围队伍进行比赛。比赛 3 的获胜队伍将代表其所在地区作为全球总决赛的第三入围队伍。所有资格赛均为五局三胜制。

2.2.8 晋级赛和升降级 此阶段由四场比赛组成，赛季结束时，A 组第六名将与 B 组第六名进行一场 BO5 对决，负者将降级至次级联赛，胜者将与季后赛第二名进行晋级赛。A 组第五名将与 B 组第五名进行一场 BO5 对决，胜者将获得参加下一赛季职业联赛的资格，负者将与季后赛第三名进行晋级赛。职业联赛的队伍将在晋级赛中拥有优先选边权，两场晋级赛的获胜队伍将可以参加下一赛季职业联赛。

3. 电子竞技赛事比赛进程规则

3.1 赛程修改

赛事官方有权决定是否重新安排某一天的赛程、调整赛事比赛日日期或以其他方式修改比赛赛程。如果赛事官方修改了赛程，将会尽快通知所有队伍。

3.2 抵达演播室

参加比赛的队伍正式名单当中的成员必须在赛事官方规定的时间之前抵达演播室。

3.3 赛前准备

3.3.1 比赛账号 根据赛事官方规则统一设定。

3.3.2 准备时间 在赛前，选手将会有规定的一段准备时间，以确保他们完全就绪。准备包括以下内容。

3.3.2.1 确认赛事官方所提供设备的质量。

3.3.2.2 连接设备并进行调试。

3.3.2.3 确认语音聊天系统功能正常。

3.3.2.4 配置游戏属性。

3.3.2.5 调整游戏内的设置。

3.3.2.6 进行一定的游戏内热身。

3.3.3 座位顺序 选手必须按照进入游戏房间的顺序就座。

3.3.4 设备技术故障 如果选手在准备过程中的任何阶段遇到了任何设备故障，选手必须立即告知赛事官方。

3.3.5 技术支持 赛事官方将在准备过程中提供协助，并且会解决赛前准备期间遇到的任何问题。

3.3.6 比赛开始时间 在预想状态下，选手遇到的任何问题都会在准备过程的专用时间内解决，比赛将按照预定时间开始。由于准备出现问题而导致的延时是可以接受的，将由赛事官方自行判断。对延迟采取的惩罚将由赛事官方自行衡量。

3.3.7 赛前测试确认 预定的比赛开始之前将有约 5 分钟的准备时间，将会有一位赛事官方人员与每一名选手确定准备已经就绪。

3.3.8 选手就绪状态 一旦所有参赛的选手都已确认准备完成，选手将不可以再更改相关设置或进入热身游戏。

3.3.9 游戏房间创建 赛事官方将决定正式游戏房间的创建方式。测试完成后选手将立刻遵循赛事官方的指引加入游戏房间。

3.4 游戏中止

3.4.1 指导暂停 赛事官方可以在任何时间，自主决定游戏暂停或者控制选手暂停。

3.4.2 选手暂停 选手只可以在以下事件发生后才可以暂停比赛，但是必须在暂停后告知赛事官方，并且阐述原因。可接受的原因包括：

（1）意外断开；

（2）硬件或软件发生故障（例如显示器断电、设备故障或游戏出现问题）；

（3）选手身体受到干扰（例如粉丝干扰或桌椅出现了损坏）。

3.4.3 继续游戏 选手不允许在暂停后自行重新开始游戏。在得到一名赛事官方人员许可后，并且所有的选手都已经被告知而且做好准备，具体以队长在游戏聊天中确定双方都已经准备好继续游戏后，客户端内的观战者将会取消游戏暂停。

3.4.4 擅自暂停 如果选手在未得到赛事官方许可的情况下暂停或者取消暂停游戏，会被认为是影响比赛公平性的行为，赛事官方可以自行决定处罚。

3.4.5 游戏中止期间的选手交流 出于所有竞技队伍公平竞争的考虑，在游戏暂停期间，选手之间不得以任何方式进行交流。为避免出现争议，选手可以与裁判进行交流，但前提是为了寻找或解决导致暂停的原因。如果暂停持续了很长时间，裁判可以自行决定是否允许选手在取消暂停前就游戏相关内容进行讨论。

3.5 游戏后程序

3.5.1 结果 赛事官方会确认并记录游戏结果。

3.5.2 技术记录 选手将与赛事官方确定任何技术问题。

3.5.3 休息时间 赛事官方将告知选手下一场游戏选择/禁用开始前的剩余时间。

3.5.4 弃权的结果 通过对手弃权获胜的比赛，获胜方将会按照这场比赛获胜的最大分差取胜。弃权的比赛不会记录其他数据。

3.6 比赛后程序

3.6.1 结果 赛事官方会确认并记录比赛结果。

3.6.2 下场比赛 选手将会被告知他们在目前比赛中的排名，以及下场预定的比赛。

3.6.3 赛后义务 选手将会被告知一切赛后义务，包括但不限于：出席媒体活动、采访及任何比赛相关事宜的深入讨论。

3.6.4 比赛选手必须服从赛事组委会统一安排，未经同意不得单独行动（如不跟随大巴、夜不归宿、更换房间等）。

3.6.5 参赛选手不得带与比赛无关的人员进入选手休息区或同住组委会安排的酒店、乘坐组委会安排的大巴或者参与其他集体活动。

4. 电子竞技赛事裁判规则

4.1 裁判职责

裁判是电子竞技赛事的官方人员，负责判断发生在赛前、赛中及紧跟赛后发生的比赛相关问题、疑问和情况。他们监管的方面包括但不限于：

4.1.1 赛前检查队伍阵容。

4.1.2 检查并监督选手的设备和比赛区域。

4.1.3 宣布比赛开始。

4.1.4 指挥比赛中的暂停/继续。

4.1.5 对于赛中违反规则的行为进行处罚。

4.1.6 确认比赛结束及比赛结果。

4.2 裁判举止

自始至终，裁判的行为都应当具有专业性，并且应该以公正的方式进行裁决。且不得对任何选手、队伍、队伍经理、所有者及其他个人展示出喜爱或偏见。

4.3 最终裁决

如果一名裁判做出了不正确的裁决，那么此裁决在比赛过程中无法被撤销，因为裁判的决定不可更改。但赛事官方可在赛后自行对裁决进行评估，以判断是否采取了能够做出公平裁决的正当程序。如果没有采取正当的程序，赛事官方保留撤销裁判裁决的权力。赛事官方会始终保留比赛期间所有裁决的最终决定权。

4.4 赌博禁令

任何队伍成员及赛事官方人员都不得直接或间接地参与任何与赛事结果有关的投注与赌博。裁判将受到其无限的约束力。

5. 电子竞技赛事选手规则

5.1 竞技行为

5.1.1 不公平游戏 以下行为会被认为是不公平游戏,并将由赛事官方自行裁定处罚。

5.1.1.1 合谋 合谋的定义是两名或两名以上选手达成协议,使对立选手处于不利局面。合谋包括但不限于如下举动:

(1)串通比赛,也就是两名或两名以上选手达成协议,不在游戏中伤害或阻止对手,或是没有在游戏中以合理的标准进行竞争。

(2)事先安排分割奖金和/或任何其他形式的报酬。

(3)向一名同谋者发送或者接收暗号、电子信号或者其他东西,反之亦然。

(4)由于奖金或其他任何理由,有意在某局游戏中失利,或是唆使其他选手如此行动。

5.1.1.2 竞技公平性 任何队伍都应在游戏中时刻秉承良好的体育精神,尽全力参与比赛,始终保持诚实,并保证公平游戏的原则不被破坏。需要说明的是,在确定是否违反此规则的时候,队伍阵容及选择/禁用阶段是不考虑在内的。

5.1.1.3 黑客行为 黑客行为的定义是任何选手、队伍或者代表选手或队伍的个人对游戏客户端做出任何修改。

5.1.1.4 利用漏洞 利用漏洞的定义是故意使用任何游戏内的 bug 以获得优势。利用漏洞包括但不限于如下举动:购买装备时的小故障,与游戏中立元素互动中的小故障,技能表现中的小故障或者任何由赛事官方认定的、没有按照预期运作的游戏功能。

5.1.1.5 窥屏 观看或者试图观看观战者屏幕。

5.1.1.6 代打 使用其他选手的账号比赛或者教唆、怂恿及指引其他人使用另一名选手的账号进行游戏。

5.1.1.7 作弊方法 使用任何种类的作弊设备及/或作弊程序,或者任何相似的作弊方法(例如信号装置和手势信号等)。

5.1.1.8 故意断开 在没有正当及明确阐明原因的情况下故意断开连接。

5.1.1.9 自由裁量权 对于其他任何违反本规则为竞技游戏而制定的完整性标准的举动及不作为行为,赛事官方都拥有自由裁量权。

5.1.2 亵渎及仇恨言论 队伍成员不得在任何公开场合使用淫秽的、侵犯他人的、粗俗的、无礼的、威胁性的、辱骂的、诽谤的、中伤他人的、具有攻击性的或者令人厌恶的语言;也不得在比赛区域中或附近的任何时候采取鼓动、煽动仇恨或歧视他人的行为。队伍成员不得使用任何赛事官方及其签约队伍提供或者允许使用的工具、服务或设备以发表、传播、散布等形式宣扬上述言论或信息。队伍成员不得在社交媒体上或者任何公开赛事(例如直播)中使用此种类型的语言。

5.1.3 干扰/无礼行为 队伍成员不可以对其他队伍成员、粉丝或者官方人员采取任何动作或者打任何手势,也不可以煽动其他任何人做同样的内容,包括:嘲笑、干扰及敌视行为。

5.1.4 侮辱行为 对赛事官方、其他队伍成员或者观众的侮辱是无法容忍的。多次违反礼节，包括但不限于：接触其他选手的电脑、身体及物品的，将会受到处罚。队伍成员及他们的嘉宾（如果有的话）必须有礼貌地对待所有参加比赛的个人。

5.1.5 演播干扰 任何队伍成员都不可以接触或者以其他方式干扰灯光、摄像机及其他演播设备。队伍成员不可以站在椅子、桌子或者其他的演播设备上。队伍成员必须遵循赛事演播人员的所有指示。

5.1.6 未经许可的通信 所有的移动电话、平板电脑，以及其他支持语音的及/或"能发声"的电子设备均不得进入比赛区域。选手在比赛区域中不可以发送短信、电子邮件及使用社交媒体。比赛期间，首发选手的交流仅限于首发选手队伍的成员之间。

5.1.7 队伍成员可以穿着带有多个标识或宣传语言的服装。赛事官方随时保留禁止会引起歧义或冒犯他人服装的权力，包括：

5.1.7.1 含有对任何产品、服务及言论所作出的虚假的、未被证实的或者无根据的言论，赛事官方将以唯一且绝对的自由裁量权，认为其缺乏道德。

5.1.7.2 为任何非 OTC 药品、烟草产品、枪械、手枪或弹药所做的广告。

5.1.7.3 含有任何在赛事区域被认定为非法活动的组成或相关内容。包括但不限于：煽动、协助或者宣传赌博行为的彩票或企业、服务或产品。

5.1.7.4 含有任何诽谤的、淫秽的、亵渎宗教的、粗俗的、令人厌恶的或带有攻击性的内容，或者是形容描述任何身体内在机能或内部因素导致的症状，或是涉及不被公众认为是可接受话题的事项。

5.1.7.5 为任何色情网站或色情产品做广告。

5.1.7.6 包含任何商标、受版权保护的内容或者在没有得到所有者同意前便使用的其他著作权内容，或者会令赛事官方及其附属机构造成任何侵权、滥用及其他形式不正当竞争的内容。

5.1.7.7 诽谤或者中伤任何其他队伍、选手或任何其他个人、实体或产品。

5.1.7.8 对于没有遵循上述服装规则的队伍成员，赛事官方保留拒绝其进入场馆或者继续参加比赛的权力。

5.1.8 身份 选手不可以遮挡他/她的脸部，或者采取任何试图向赛事官方隐瞒其身份的行为。赛事官方必须可以在任何时候辨别出每名选手的身份，并且可以命令选手移除任何会妨碍选手身份辨认或者会分散其他选手或赛事官方人员注意力的事物。受这条规则影响，帽子将禁止配戴。

5.2 不专业的行为

5.2.1 遵循规则的义务 除非另有明确规定，否则侵犯或者违反赛事官方正式规则及游戏用户协议是可以进行处罚的，无论是否有意为之。尝试违反或者侵犯规则也可能经受处罚。

5.2.2 不负责任的公开言论 队伍（包括选手、教练及经理等）有责任和义务对于其在公开场合的言论及行为（包括在微博等社交媒体）负责，并应严格监督、审核任何出现在其官方社交媒体或选手个人社交媒体的文章、视频等，避免在任何公开场合违反本规则的第五章行为守则。特此说明，任何与客观既定事实不符的虚假报道将被视为造谣行为，赛事官方将对其做出相应处罚。

5.2.3　骚扰行为　骚扰行为是被禁止的。骚扰的定义是，在相当一段时间内有计划地、恶意地并且反复地采取行为，也可能是一次过激的行为，目的是为了孤立或排挤某人，或是对他人的尊严造成恶劣影响。

5.2.4　性骚扰　性骚扰是被禁止的。性骚扰的定义是不受欢迎的性企图。衡量的标准在于当事人是否认为此举不受欢迎或者有冒犯的意味。对于任何性威胁、性强迫或者许诺以利益交换与性有关的行为都是绝对不可容忍的。

5.2.5　歧视与诋毁　队伍成员不得由于种族、肤色、人种或者社会出身、性别、语言、宗教信仰、政治立场或者其他任何观点、财务状况、血缘或者其他任何地位、性取向或其他任何原因，通过侮辱、歧视或诋毁言辞或行为冒犯国家、个人或者团体的尊严及完整性。

5.2.6　关于赛事、开发商及游戏的相关陈述　队伍成员不得进行制造、发表授权或者签署任何旨在对赛事、开发商或其附属机构或游戏最佳利益有不利影响或损害的陈述，赛事官方有权对此进行裁定。

5.2.7　裁决委员会惩罚　如果一名队伍成员被认定违规并受到了开发商裁决委员会的处罚，赛事官方可以全权决定是否进行额外的竞赛惩罚。

5.2.8　未经许可发布信息　在整个赛事赛季，队伍发布信息之前必须提交许可请求。为了保持整个赛事的进程，该步骤是必不可少的。过早宣布会破坏比赛进程，队伍将借以为接下来的比赛制定策略。因此，为了不破坏比赛进程，如果一支队伍的成员已经被告知不得发布信息，但仍继续发布所述信息，则该队伍成员及/或队伍将会遭受处罚。

5.2.9　选手行为调查　如5.2.1，如果赛事官方认定一支队伍或者队伍成员违反了游戏官方正式规定、游戏使用条款或者其他游戏规则，赛事官方可以全权决定是否进行处罚。如果赛事官方人员联系一名队伍成员进行调查，那么这名成员有告知实情的义务。如果队伍成员隐瞒信息或者误导赛事官方人员以阻碍调查，那么这支队伍及/或队伍成员将会遭受惩罚。

5.2.10　犯罪活动　队伍成员不得参与任何被不成文法、法例及条例所禁止的，以及会导致或者有可能会被拥有合法管辖权的法庭认定为有罪的活动。

5.2.11　有悖公德的行为　队伍成员不得参与任何被赛事官方认为是不道德的、可耻的、有悖于传统道德准则的行为。

5.2.12　保密义务　队伍成员不得以任何通信手段，包括所有社交媒体的渠道，公开任何由赛事官方或开发商及任何附属机构所提供的保密信息。

5.2.13　贿赂　任何队伍成员都不得向任何队员、教练、管理人员、裁判、赛事官方人员、开发商员工或另一支赛事队伍的相关人员，通过礼物或礼金等形式换取击败某队伍或被某队伍击败的承诺和要求。

5.2.14 禁止挖角及干涉 任何队伍成员或队伍相关人员都不得招揽、引诱或者为已与任何赛事队伍签订合约的任何正式教练或者选手提供合约，也不可以怂恿任何此类正式教练或者选手违约或者以其他形式与上述队伍终止合同。正式教练或者选手不得招揽队伍以违反此规则。正式教练或者选手可以公开表达要离开队伍的想法并且支持所有感兴趣的团队与他们的管理团队进行联系。但是需要说明的是，正式教练或者选手不得诱使一支队伍直接联系其管理者或者试图违反其合同义务。违反此规则将会受到赛事官方自行裁定的处罚。若要咨询其他队伍正式教练或选手的状态，管理层必须联系这名选手及/或正式教练当前签约队伍的管理层。咨询队伍必须在和选手讨论合同前向赛事官方提交书面报告。

5.2.15 礼物 任何队伍成员均不得接受礼物、礼金或者报酬以换取与比赛竞技有关的承诺和要求，目的在于击败或者尝试击败其他队伍，或者放弃比赛或是假赛。此规则唯一的例外是队伍的官方赞助商和所有者根据比赛向队伍成员提供的报酬。

5.2.16 拒绝服从 任何队伍成员均不得拒绝或者不听从赛事官方的指令或决定。

5.2.17 假赛 任何队伍成员不得提出、同意、谋划或者尝试以任何法律或此份规则禁止的手段影响游戏或者比赛结果的行为。

5.2.18 文件及其他要求 整个赛事比赛期间，赛事官方可能会在不同的时期要求队伍提供文件或者其他合理的物品。如果文件达不到赛事官方设置的标准，那么队伍可能会遭受处罚。如果没有收到要求的物品及没有在规定的时间内完成它，那么队伍会遭受处罚。

5.2.19 履行合同义务 选手及教练必须履行所有合理的合同义务直到合同结束，违反此规则，例如私自单方面宣布退役（会被视为违约）等，有机会遭到禁赛处罚。

5.3 涉及赌博

任何队伍成员及赛事官方人员都不得直接或间接地参与任何与赛事结果有关的投注与赌博。

5.4 受到处罚

任何参与或者试图参与构成不正当游戏的行为将会受到处罚，赛事官方有权对此作出裁决。此类行为导致的处罚的性质及程度将由赛事官方全权裁定。

5.5 处罚

任何队伍成员被证实违反上述任何规则后，赛事官方将不受 5.4 中所列权力的限制，并采取下列处罚：

5.5.1 口头警告。

5.5.2 失去目前或者未来游戏选边的资格。

5.5.3 失去目前或者未来游戏禁用的资格。

5.5.4 罚款及/或没收奖金。

5.5.5 判定被弃权。

5.5.6 判定比赛弃权。

5.5.7 禁赛。

5.5.8 取消参赛资格。

重复违反本规则将会受到更严重的处罚，直至取消将来赛事的参赛资格。应当注意的是，上述处罚并不总是逐级提升的。例如，赛事官方可以自行裁定，在某选手第一次违反规则时便取消其参赛资格，只要上述选手行为的恶劣程度足以被赛事取消其参赛资格。赛事官方将根据相关赛事惩罚细则进行处罚。

5.6 发表权

赛事官方有权发表声明陈述某队伍成员受到了处罚。此类声明中所涉及任何队伍成员及/或队伍将被视为放弃任何针对赛事官方采取法律行为的权利。

6. 电子竞技赛事教练规则

6.1 竞技行为

6.1.1 不公平游戏　以下行为会被认为是不公平游戏，并将由赛事官方自行裁定处罚。

6.1.1.1 合谋　合谋的定义是两名或两名以上选手达成协议，使对立选手处于不利局面。合谋包括但不限于如下举动：

（1）串通比赛，也就是两名或两名以上选手达成协议，不在游戏中伤害或阻止对手，或是没有在游戏中以合理的标准进行竞争。

（2）事先安排分割奖金和/或任何其他形式的报酬。

（3）向一名同谋者发送或者接收暗号、电子信号或者其他东西，反之亦然。

（4）由于奖金或其他任何理由，有意在某局游戏中失利，或是唆使其他选手如此行动。

6.1.1.2 竞技公平性　任何队伍都应在游戏中时刻秉承良好的体育精神，尽全力参与比赛，始终保持诚实，并保证公平游戏的原则不被破坏。需要说明的是，在确定是否违反此规则的时候，队伍阵容及选择/禁用阶段是不考虑在内的。

6.1.1.3 黑客行为　黑客行为的定义是任何选手、队伍或者代表选手或队伍的个人对游戏客户端做出任何修改。

6.1.1.4 利用漏洞　利用漏洞的定义是故意使用任何游戏内的 bug 以获得优势。利用漏洞包括但不限于如下举动：购买装备时的小故障，与游戏中立元素互动中的小故障，技能表现中的小故障或者任何由赛事官方认定的、没有按照预期运作的游戏功能。

6.1.1.5 窥屏　观看或者试图观看观战者屏幕。

6.1.1.6 代打　使用其他选手的账号比赛或者教唆、怂恿及指引其他人使用另一名选手的账号进行游戏。

6.1.1.7 作弊方法　使用任何种类的作弊设备及/或作弊程序，或者任何相似的作弊方法（例如信号装置和手势信号等）。

6.1.1.8 故意断开　在没有正当及明确阐明原因的情况下故意断开连接。

6.1.1.9 自由裁量权　对于其他任何违反本规则为竞技游戏而制定的完整性标准的举

动及不作为行为，赛事官方都拥有自由裁量权。

6.1.2 亵渎及仇恨言论 队伍成员不得在任何公开场合使用淫秽的、侵犯他人的、粗俗的、无礼的、威胁性的、辱骂的、诽谤的、中伤他人的、具有攻击性的或者令人厌恶的语言；也不得在比赛区域中或附近的任何时候采取鼓动、煽动仇恨或歧视他人的行为。队伍成员不得使用任何赛事官方及其签约队伍提供或者允许使用的工具、服务或设备以发表、传播、散布等形式宣扬上述言论或信息。队伍成员不得在社交媒体上或者任何公开赛事（例如直播）中使用此种类型的语言。

6.1.3 干扰/无礼行为 队伍成员不可以对其他队伍成员、粉丝或者官方人员采取任何动作或者打任何手势，也不可以煽动其他任何人做同样的内容，包括：嘲笑、干扰及敌视行为。

6.1.4 侮辱行为 对赛事官方、其他队伍成员或者观众的侮辱是无法容忍的。多次违反礼节，包括但不限于：接触其他选手的电脑、身体及物品的，将会受到处罚。队伍成员及他们的嘉宾（如果有的话）必须有礼貌地对待所有参加比赛的个人。

6.1.5 演播干扰 任何队伍成员都不可以接触或者以其他方式干扰灯光、摄像机及其他演播设备。队伍成员不可以站在椅子、桌子或者其他的演播设备上。队伍成员必须遵循赛事演播人员的所有指示。

6.1.6 未经许可的通信 所有的移动电话、平板电脑，以及其他支持语音的及/或"能发声"的电子设备均不得进入比赛区域。选手在比赛区域中不可以发送短信、电子邮件及使用社交媒体。比赛期间，首发选手的交流仅限于首发选手队伍的成员之间。

6.1.7 队伍成员可以穿着带有多个标识或宣传语言的服装。赛事官方随时保留禁止会引起歧义或冒犯他人服装的权力，包括：

6.1.7.1 含有对任何产品、服务及言论所作出的虚假的、未被证实的或者无根据的言论，赛事官方将以唯一且绝对的自由裁量权，认为其缺乏道德。

6.1.7.2 为任何非 OTC 药品、烟草产品、枪械、手枪或弹药所做的广告。

6.1.7.3 含有任何在赛事区域被认定为非法活动的组成或相关内容。包括但不限于：煽动、协助或者宣传赌博行为的彩票或企业、服务或产品。

6.1.7.4 含有任何诽谤的、淫秽的、亵渎宗教的、粗俗的、令人厌恶的或带有攻击性的内容，或者是形容描述任何身体内在机能或内部因素导致的症状，或是涉及不被公众认为是可接受话题的事项。

6.1.7.5 为任何色情网站或色情产品做广告。

6.1.7.6 包含任何商标、受版权保护的内容或者在没有得到所有者同意前便使用的其他著作权内容，或者会令赛事官方及其附属机构造成任何侵权、滥用及其他形式不正当竞争的内容。

6.1.7.7 诽谤或者中伤任何其他队伍、选手或任何其他个人、实体或产品。

6.1.7.8 对于没有遵循上述服装规则的队伍成员，赛事官方保留拒绝其进入场馆或者继续参加比赛的权力。

6.1.8 身份 选手不可以遮挡他/她的脸部，或者采取任何试图向赛事官方隐瞒其身份的行为。赛事官方必须可以在任何时候辨别出每名选手的身份，并且可以命令选手移除任何会妨碍选手身份辨认或者会分散其他选手或赛事官方人员注意力的事物。受这条规则影响，帽子将禁止配戴。

6.2 不专业的行为

6.2.1 遵循规则的义务 除非另有明确规定，否则侵犯或者违反赛事官方正式规则及游戏用户协议是可以进行处罚的，无论是否有意为之。尝试违反或者侵犯规则也可能经受处罚。

6.2.2 不负责任的公开言论 队伍（包括选手、教练及经理等）有责任和义务对于其在公开场合的言论及行为（包括在微博等社交媒体）负责，并应严格监督、审核任何出现在其官方社交媒体或选手个人社交媒体的文章、视频等，避免在任何公开场合违反本规则的第五章行为守则。特此说明，任何与客观既定事实不符的虚假报道将被视为造谣行为，赛事官方将对其做出相应处罚。

6.2.3 骚扰行为 骚扰行为是被禁止的。骚扰的定义是，在相当一段时间内有计划地、恶意地并且反复地采取行为，也可能是一次过激的行为，目的是为了孤立或排挤某人，或是对他人的尊严造成恶劣影响。

6.2.4 性骚扰 性骚扰是被禁止的。性骚扰的定义是不受欢迎的性企图。衡量的标准在于当事人是否认为此举不受欢迎或者有冒犯的意味。对于任何性威胁、性强迫或者许诺以利益交换与性有关的行为都是绝对不可容忍的。

6.2.5 歧视与诋毁 队伍成员不得由于种族、肤色、人种或者社会出身、性别、语言、宗教信仰、政治立场或者其他任何观点、财务状况、血缘或者其他任何地位、性取向或其他任何原因，通过侮辱、歧视或诋毁言辞或行为冒犯国家、个人或者团体的尊严及完整性。

6.2.6 关于赛事、开发商及游戏的相关陈述 队伍成员不得进行制造、发表、授权或者签署任何旨在对赛事、开发商或其附属机构或游戏最佳利益有不利影响或损害的陈述，赛事官方有权对此进行裁定。

6.2.7 裁决委员会惩罚 如果一名队伍成员被认定违规并受到了开发商裁决委员会的处罚，赛事官方可以全权决定是否进行额外的竞赛惩罚。

6.2.8 未经许可发布信息 在整个赛事赛季，队伍发布信息之前必须提交许可请求。为了保持整个赛事的进程，该步骤是必不可少的。过早宣布会破坏比赛进程，队伍将借以为接下来的比赛制定策略。因此，为了不破坏比赛进程，如果一支队伍的成员已经被告知不得发布信息，但仍继续发布所述信息，则该队伍成员及/或队伍将会遭受处罚。

6.2.9 选手行为调查 如5.2.1，如果赛事官方认定一支队伍或者队伍成员违反了游戏官方正式规定、游戏使用条款或者其他游戏规则，赛事官方可以全权决定是否进行处罚。如果赛事官方人员联系一名队伍成员进行调查，那么这名成员有告知实情的义务。如果队伍成员隐瞒信息或者误导赛事官方人员以阻碍调查，那么这支队伍及/或队伍成员将会遭受惩罚。

6.2.10　犯罪活动　队伍成员不得参与任何被不成文法、法例及条例所禁止的，以及会导致或者有可能会被拥有合法管辖权的法庭认定为有罪的活动。

6.2.11　有悖公德的行为　队伍成员不得参与任何被赛事官方认为是不道德的、可耻的、有悖于传统道德准则的行为。

6.2.12　保密义务　队伍成员不得以任何通信手段，包括所有社交媒体的渠道，公开任何由赛事官方或开发商及任何附属机构所提供的保密信息。

6.2.13　贿赂　任何队伍成员都不得向任何队员、教练、管理人员、裁判、赛事官方人员、开发商员工或另一支赛事队伍的相关人员，通过礼物或礼金等形式换取击败某队伍或被某队伍击败的承诺和要求。

6.2.14　禁止挖角及干涉　任何队伍成员或队伍相关人员都不得招揽、引诱或者为已与任何赛事队伍签订合约的任何正式教练或者选手提供合约，也不可以怂恿任何此类正式教练或者选手违约或者以其他形式与上述队伍终止合同。正式教练或者选手不得招揽队伍以违反此规则。正式教练或者选手可以公开表达要离开队伍的想法并且支持所有感兴趣的团队与他们的管理团队进行联系。但是需要说明的是，正式教练或者选手不得诱使一支队伍直接联系其管理者或者试图违反其合同义务。违反此规则将会受到赛事官方自行裁定的处罚。若要咨询其他队伍正式教练或选手的状态，管理层必须联系这名选手及/或正式教练当前签约队伍的管理层。咨询队伍必须在和选手讨论合同前向赛事官方提交书面报告。

6.2.15　礼物　任何队伍成员均不得接受礼物、礼金或者报酬以换取与比赛竞技有关的承诺和要求，目的在于击败或者尝试击败其他队伍，或者放弃比赛或是假赛。此规则唯一的例外是队伍的官方赞助商和所有者根据比赛向队伍成员提供的报酬。

6.2.16　拒绝服从　任何队伍成员均不得拒绝或者不听从赛事官方的指令或决定。

6.2.17　假赛　任何队伍成员不得提出同意、谋划或者尝试以任何法律或此份规则禁止的手段影响游戏或者比赛结果的行为。

6.2.18　文件及其他要求　整个赛事比赛期间，赛事官方可能会在不同的时期要求队伍提供文件或者其他合理的物品。如果文件达不到赛事官方设置的标准，那么队伍可能会遭受处罚。如果没有收到要求的物品及没有在规定的时间内完成它，那么队伍会遭受处罚。

6.2.19　履行合同义务　选手及教练必须履行所有合理的合同义务直到合同结束，违反此规则，例如私自单方面宣布退役（会被视为违约）等，有机会遭到禁赛处罚。

6.3　涉及赌博

任何队伍成员及赛事官方人员都不得直接或间接地参与任何与赛事结果有关的投注与赌博。

6.4　受到处罚

任何参与或者试图参与构成不正当游戏的行为将会受到处罚，赛事官方有权对此作出裁决。此类行为导致的处罚的性质及程度将由赛事官方全权裁定。

6.5 处罚

任何队伍成员被证实违反上述任何规则后，赛事官方将不受 5.4 中所列权力的限制，并采取下列处罚：

6.5.1 口头警告。

6.5.2 失去目前或者未来游戏选边的资格。

6.5.3 失去目前或者未来游戏禁用的资格。

6.5.4 罚款及/或没收奖金。

6.5.5 判定被弃权。

6.5.6 判定比赛弃权。

6.5.7 禁赛。

6.5.8 取消参赛资格。

重复违反本规则将会受到更严重的处罚，直至取消将来赛事的参赛资格。应当注意的是，上述处罚并不总是逐级提升的。例如，赛事官方可以自行裁定，在某选手第一次违反规则时便取消其参赛资格，只要上述选手行为的恶劣程度足以被赛事取消其参赛资格。赛事官方将根据相关赛事惩罚细则进行处罚。

6.6 发表权

赛事官方有权发表声明陈述某队伍成员受到了处罚。此类声明中所涉及任何队伍成员及/或队伍将被视为放弃任何针对赛事官方采取法律行为的权利。

7. 电子竞技比赛版本及服务器规则

7.1 一旦有充足的测试时间，赛事将在线上服务器的当前可用版本上进行。赛事官方有权自行决定是否更改比赛版本。

7.2 线上服务器中可用时间不超过 1 周的游戏中角色、技能、道具、功能等将被自动禁用。如果因为可用时间的原因，在赛事开始时某个角色、技能、道具、功能被禁用，那么该角色、技能、道具、功能也将在整个赛事中都被禁止使用。

8. 电子竞技赛事设备标准

8.1 赛事提供的设备

以下类别的设备将由赛事官方提供，供比赛选手在所有官方比赛中专门使用。选手必须使用赛事官方提供和许可的设备进行比赛。禁止使用未获得赛事官方许可的任何设备。设备包括：

8.1.1 个人电脑与显示器（适用于 PC 电子竞技赛事），手持设备（适用于移动电子竞技赛事）。

8.1.2 头戴式耳机及/或入耳式耳机及/或麦克风。

8.1.3 电子竞技桌椅。

在赛事选手的要求下，赛事官方将提供以下类别的设备，供其在比赛中使用。设备包括：

8.1.4 备用电脑键盘、备用电脑鼠标及数据线收纳器、备用鼠标垫（适用于 PC 电子竞技赛事）。

8.1.5 备用手持设备（适用于移动电子竞技赛事）。

所有赛事提供的设备将由赛事官方自行选定。如果选手自带外设出现问题无法比赛，则必须使用官方提供的设备进行比赛。

8.2 选手或队伍拥有的设备

选手可以提供以下类别的设备进入比赛区域，并且在正式的赛事比赛期间使用这些设备，无论设备是属于选手个人还是其所在队伍。设备包括：

8.2.1 电脑键盘。

8.2.2 电脑鼠标及数据线收纳器。

8.2.3 鼠标垫。

在比赛区域内，选手不得携带非赛事官方提供的任何头戴式耳机、入耳式耳机以及/或者麦克风、手持设备（适用于移动电子竞技赛事）。所有选手及队伍所有的设备必须事先提交到赛事官方以获得许可，现场裁判有权检查选手设备。未获得许可的设备，或者赛事官方怀疑会提供不公平的竞技优势的设备将会被禁止使用，选手必须使用赛事所提供的设备。

出于赛事保密、安全或者运作效率及效力等方面的原因，赛事官方可以自行决定不接受某一设备的使用，并且会不定期检查选手设备。

选手及队伍所拥有的，任何具有或者显示赛事竞争对手产品与品牌的名称、相似物和标识的硬件与设备，都不允许带入比赛领域。

8.3 设备的更换

如果在赛事期间任何时刻出现了设备或技术问题，选手或赛事官方可以要求对此情况进行技术检查。如果需要，将会有一名赛事的技术人员对故障进行判断和排查。技术人员可以根据自己的判断要求赛事官方提供任何设备的替代品。更换任何设备的决定将完全由赛事官方自行判断。如果 PC 电子竞技赛事选手希望使用个人设备，其设备必须使用获得赛事官方许可的，否则，赛事官方将为其提供赛事指定备用设备。

8.4 电脑或智能设备程序及使用

选手不允许在官方提供的计算机（包括选手休息室内的计算机）及智能设备上安装自己的程序，只能使用赛事官方提供的程序。如果选手希望在选手休息室的电脑或官方提供的智能设备中安装程序，其必须首先询问赛事官方人员。

8.5 语音聊天

选手只能通过赛事官方提供的头戴式耳机所使用的内部系统进行语音聊天。不允许使用第三方语音聊天软件（如 Skype，YY 等），除非赛事官方根据特殊情况决定更改语音聊天方式。赛事官方将会自主决定是否监听队伍的语音聊天。

8.6 社交媒体与交流

禁止使用赛事官方的电脑和智能设备在社交媒体或者交流站点上浏览、发言，包括但不限于微博、微信、贴吧、Facebook、Twitter、在线论坛/留言板及电子邮件等。

8.7　设备连接线

除非赛事官方人员对手持设备进行调试，任何情况下队员禁止擅自拔出设备连接线。

8.8　手持设备固定

在比赛正式开始前，手持设备固定在支架上，所有人在 BP 阶段不得将手持设备从支架上取下。在比赛载入完成后，官方将会立刻暂停比赛，此时需等待裁判示意，方可拿起手持设备开始比赛。

8.9　非必要设备

无论出于任何原因，都禁止在赛事官方的计算机或智能设备上连接非必要的设备，例如手机、闪存盘或 MP3 播放器等。

8.10　台上物品

为确保比赛电脑不受干扰，在比赛舞台上的所有队伍成员，一律不可携带任何电子用品。

8.11　客户端账号

赛事官方将会为选手提供比赛服务器的账号。选手需要把账号按照自己的偏好进行设置。账号的名称须在赛事官方批准后方能为选手在官方比赛使用。（默认以赛事注册名称为准）

8.12　音频控制

选手须保持音量高于最低设置，这将会清楚地标在控制器上。如果赛事官方自行判断认为音量太低，则其可以要求选手调高音量。

头戴式耳机必须直接佩戴在选手的耳部，并且在比赛进行过程中保持位置不变。选手不得通过任何手段在耳机和耳朵之间放置任何物品，包括帽子、围巾或者其他服饰来妨碍头戴式耳机的位置。

8.13　设备干预

一场比赛开始后，选手不可以接触或操作队友所拥有或被提供的设备，即使是比赛暂停期间。如果有选手的设备需要帮助，应求助于赛事官方。

9.　电子竞技赛事选手与教练服装标准

9.1　选手服装

在整个赛事比赛期间、赛前及赛后官方进行的采访当中，选手必须穿着正式队服。所有的首发选手在比赛期间必须全程身着比赛服。比赛服包括内衫、运动服、外套和长裤。为避免疑义，短裤、秋裤和睡裤等均会被视作不合时宜的穿着。比赛期间所穿着的外套和所有其他服装都受到赛事官方的检查和裁定。赛事官方拥有对所有队伍服装的最终决定权。

9.1.1　队伍队服由每支战队自行设计、制作。

9.1.2　每支队伍建议有 2—3 套队服（短袖、长袖及外套）。

9.1.3　队服正面显眼位置必须含有队伍 Logo。

9.1.4　队服正面及双臂可加入主要赞助商 Logo，Logo 数量不宜过多。

9.1.5　赛事组委会将对队服进行审核，并拥有建议修改权。审核内容包括队服样式是否符合最低审美要求；各类 Logo 大小、位置是否合适。

9.1.6　裤、鞋等不做统一要求，但需穿着颜色一致的长裤。官方将在赛前统一发放赛事主题服，官方队服主要应用场合为非比赛期间的采访、赛事相关活动等。同时，如有俱乐部队服不符合规定，可以临时性穿着赛事官方主题服比赛，给相应队伍修改设计的缓冲期。

9.1.7　教练在比赛期间或以赛事教练身份出席公共活动时，应穿着正装，含西服（裤）、皮鞋、衬衣、领带等。

注：本标准涉及的数值性标准为建议数值。

二、电子竞技赛事战队及选手标准

1. 电子竞技选手成员资格

为获得参与赛事的参赛资格，每名选手必须满足以下条件。

1.1　选手年龄

所有参加电子竞技比赛的选手必须年满 17 周岁。但此条并不限制队伍签约 16 岁的自由选手，但是他们在达到 17 周岁前不得参加电子竞技比赛。如果选手在该年将会年满 17 周岁，但在比赛时他尚未过生日，仍会被视为 16 周岁并被禁止参加电子竞技比赛。队伍需提交经过中国公安部授权的公安机关、外交部、港澳特区政府及非中国的政府机构签发的身份证或护照原件以证明选手符合参赛年龄。其他任何证明均无效。

1.2　区域选手身份要求

1.2.1　队伍结成　赛事官方规定所有队伍在任何一场比赛中必须拥有首发选手及至少 1 名替补选手。队伍上场名单内的非中国大陆选手身份的选手数量根据各大赛事特点而定，原则上不得超过 50%。

1.2.2　赛事选手身份　这是指具有中国国籍，持有大陆身份证的选手，或者根据跨区域流动选手获得身份的选手。

1.2.3　自由选择权利　考虑到香港、澳门电子竞技环境和发展情况，赛事官方将给与香港、澳门选手自由选择权利，让他们决定属于中国大陆地区或者是港澳台区域。港、澳地区选手一旦选择注册为中国大陆选手身份，将被其他赛区视为外援，并无法更改，反之亦然。目前已经在相关联赛中出场的香港、澳门选手将自动被视为中国大陆选手身份。

1.2.4　跨区域流动选手　在某个官方规定日期之前，已经在赛事体制内的非中国籍选手（无大陆身份证），在过去 72 个月中在中国大陆居住了 48 个月及以上，可以向赛事官方申请成为本地选手。审核被认可后，该选手会被认为是中国大陆身份选手。在官方规定日期或以后才加入联赛的非中国籍选手，则只能透过获取中国大陆公民身份才能成为本土选手，亦即不能单凭居住时长决定。

1.2.5 单一身份规定　无论何时，一位选手不能同时拥有"大陆地区选手身份"和其他地区选手身份。

1.2.6 正式选手　所有在呈交上赛事官方的选手大名单上的选手，均被认为是正式选手。

1.2.7 首发选手　"首发选手"的定义是为任何游戏而设定的队伍首发阵容中选手中的一名。

1.2.8 替补选手　"替补选手"的定义是队伍在"上场名单"中，除了首发选手以外的选手。

1.2.9 替补　在任何时间内，所有队伍需要至少有 1 名中国大陆身份选手作为替补。在任何时间点，队伍都不允许违反规则 1.2 中的规定进行换人。替补指当一方的首发选手因任何事故不能上场时，教练指示其替代首发选手，使比赛首发人数补成平衡的选手。该名选手必须被包括在队伍提交给赛事官方的上场名单中。

1.3 工作资格

各教练和选手在想参加的任何赛事官方有关比赛时必须提交证明，以证明自己：具有其赛区所属国家的合法居住权利，并且具有在中国工作的资格。

1.4 非官方及其相关人员

队伍成员在赛事官方常规赛季或季后赛开始时及比赛期间的任何时候，都不可以是开发商、代理商及/或其母公司、子公司、相关人员、雇员、经纪人或者合约方。"相关人员"是指直接或间接被其他方控制的任何个人或实体，或有直接（例如所有权）或间接（例如合同安排）的经济利益。"控制"是任何直接或间接拥有指挥或令他人指挥政策或管理实体的权力，包括直接或间接选举、委派或授权董事、高级职员、经理人和受托管理方等实体的权力。

2. 电子竞技教练成员资格

2.1　各队伍最多可以注册 2 名教练，2 名教练可以在每场进行轮替。在比赛开始之前，各队伍需要向官方指定 1 名上场教练，超过规定时间不能更改。

2.2　教练向赛事官方注册并经过审核之后，将在赛事官方网站上公布。

2.3　教练不可以是本赛季赛事的现役正式选手，也不可以是赛事队伍的所有者和/或管理人员。

2.4　教练只能代表一个组织。教练不能以任何名义成为不同组织的赛事队伍的雇员。

2.5　每一场比赛各队伍都必须要有 1 名教练上场。

2.6　参与总决赛的队伍的教练不能位于全球范围内其他队伍的夏季赛队伍名单上（无论是作为教练、选手还是管理团队成员）。例如以下这种情况是不允许的：

教练 A 和教练 B 都有资格带队参与季后赛。教练 A 在一个排名中游的队伍 A，而教练 B 在一个排名靠前的队伍 B。队伍 A 在第一轮季后赛中负于队伍 B。队伍 B 最终获得总决赛资格。教练 A 成了队伍 B 的新教练。

这背后的原因是：如果以上情形可以出现的话，教练 A 可能会因为受到队伍 B 邀请担任总决赛教练，而在季后赛中故意送输掉比赛；以及这种情况会导致教练有多个去总决赛的机会。

2.7　如果教练在非紧急情况下被免除职务，则此人在 3 个比赛周内不得为相同队伍的教练。

2.8　队伍在找到全职教练前，可以指定临时教练。临时教练仅能在该常规赛季期间的 3 场比赛中或季后赛的 1 场比赛中担任教练。一个人只能在同一个赛季里担任一次临时教练。

2.9　如果教练因紧急情况无法指导比赛，队伍必须指派一名临时教练在现场指挥。临时教练可以是此组织的管理人员。如果教练不在现场，此队伍将受到处罚。

3.　电子竞技赛事薪酬与奖金标准

3.1　选手及教练最低薪酬

各队伍必须根据相关的队伍协议的条款，为其注册选手发放规定的最低薪酬。各队伍亦必须向注册教练发放固定薪酬。在任何情况下，选手或教练都不得选择接受低于最低薪酬标准的薪酬。这些规则并非是为了限制队伍向其选手支付薪酬。如果队伍超过三个月未支付队员薪酬，该队员可通过赛事官方强制与队伍解约。在任何情况下，队伍对选手及教练的罚款，不能导致选手及教练每月收到的工资低于正式规则里规定的最低工资水平的 80%。

3.2　比赛奖金

在各类赛事期间，队伍有机会根据其在这些赛事中的表现情况赢取奖金。

以英雄联盟职业联赛为例，2017 年春季及夏季赛冠军将获得奖金 1 500 000 元人民币。春季及夏季赛冠军为在 BO5 决赛获胜的队伍。第 2 名优胜者将获得 800 000 元人民币。第 3 名的队伍将获得 500 000 元人民币。第 4 名的队伍将获得 300 000 元人民币。第 5 及 6 名的队伍将获得 200 000 元人民币。

4.　电子竞技战队所有权标准

4.1　"队伍唯一拥有者"条款

4.1.1　当队伍从某一低阶赛事晋级时，其高阶赛事将认可此队伍在该赛事的参赛资格。若队伍是由个别选手组成的，则必须先向赛事官方注册团体才能获得赛事参赛资格。队伍所有者、队伍管理人员及所有者的有关人员，不得直接或间接拥有或控制两支或以上在赛事的队伍。他们也不能有直接（例如所有权）或间接（例如合同安排）拥有其他赛事队伍的经济利益，以及不能是赛事中多支赛事队伍的雇员或合约方。队伍中的回购条款、优先购买权或类似权益，都应视为用于执行队伍所有权限制的控制权益。

4.1.2　一支高阶赛事队伍的所有权人可以最多同时在低阶赛事中拥有一支队伍。如果该低阶赛事队伍晋级到高阶赛事，则属于"队伍唯一拥有者"规范的范围；如果该低阶赛事队伍进入了晋级赛，并与其属于同一单位或法人的高阶赛事队伍对阵，则也属于"队伍唯一拥有者"规范的范围。在这个情况下，需要有一支队伍立刻转让其所有权。如果所有权没有被转让，高阶赛事官方有权剥夺其作为所有者的权利，而在国内最高阶赛事和国际赛事上，可能会导致两支队伍均被禁止参与。任何确凿的证据，均可以作为进一步惩罚的依据。

4.1.3　此外，队伍所有者、队伍管理人员及所有者的有关人员，亦不得在同一赛事中直接或间接拥有或控制多于一支的队伍，并且不得直接或间接拥有或控制多于一支在任一相关电子竞技赛事的队伍。

4.1.4　"队伍唯一拥有者"的具体诠释如下：

（1）公司名称：赛事队伍必须所属独立的公司单位，不得出现一个公司旗下管理多支赛事队伍的行为。

（2）队伍名称及队伍标志：赛事队伍的名称与标志都必须有自己的独立性，不可出现同名或者有子属队伍的名称或标志的概念。并且队伍的标志需要符合赛事官方的要求。赛事官方对此有最终裁决权。

（3）法人/股东：每支赛事队伍必须有独立的法人/股东，不可出现多支队伍有同属法人/股东之情况。

（4）教练/领队：每支赛事队伍必须有独立的教练/领队（只为该队伍效力），不得出现一个教练/领队身兼多支队伍职务的行为。

（5）队伍基地：每支赛事队伍必须拥有独立的队伍基地，不得出现多支队伍有同属队伍基地的行为。

（6）转会规则：每支赛事队伍必须遵循赛事官方转会制度，不得出现私自内部调配转换队伍的行为。

参赛队伍成员在他们最后一次参加的赛事结束之前，不得购买或以其他方式试图拥有或控制其他赛事队伍。

赛事官方有权对队伍所有权、多支队伍限制等可能对赛事竞技公平性造成不良影响的相关问题和关系，作出最终且有约束力的决定。如果发现申请拥有赛事所有权的任何人并不秉承赛事官方要求的职业精神行事，则赛事官方可予以拒绝。申请加入赛事的人员必须满足品格和德行的最高标准。违反此规则或试图违背这些规则及精神的候选人，即使未正式签约制定的规则，也可以被拒绝加入赛事。队伍所有者同意他不会质疑赛事官方与此有关的任何最终决定。

4.2　赞助方

所有权和赞助方的变动只可以发生在子赛季之间，即在上个季后赛和晋级赛之后，在下个子赛季开始之前。

4.2.1　赞助权出售和相关问题　任何队伍管理人员只可以出售或管理其所属队伍的赞助权或品牌元素。队伍所有者不得将任何来自队伍所有权、队伍任何品牌元素中所获的任何权益，提供给其他参与出售或管理赛事电子竞技队伍的任何第三方个人或实体。

4.2.2　赞助权出售间隔时间规定　在赛事期间参与出售或管理多支赛事队伍赞助权的任何个人或实体，自其代表的多支队伍赛事的最后一天起，不少于两年内不得拥有任何赛事的控制权益。

5．电子竞技战队名称及队标标准

队伍名称及标签必须符合以下要求。

5.1　队伍名称不得含有：低俗及色情内容；与游戏当中角色相关或者其他相似的角色、地点、装备等的名称；其他可能导致误解的内容。

5.1.1　根据《全国人民代表大会常务委员会关于维护互联网安全的决定》《中华人民共和国未成年人保护法》《互联网信息服务管理办法》《互联网文化管理暂行规定》的规定，低俗内容包括但不限于色情、淫秽、恐怖、暴力、赌博内容的英文、中文、数字等组合及单词。低俗内容的内容标准包括但不限于：

（1）表现或隐晦表现性行为、令人产生性联想、具有挑逗性或者侮辱性的内容；

（2）对人体及动物性部位的直接暴露和描写的内容；

（3）对性行为、性描写、性方式的描述或者带有性暗示、性挑逗的内容；

（4）对性部位描述的内容；

（5）相关部门禁止传播的色情、低俗小说，音视频内容；

（6）情色动漫内容；

（7）宣扬血腥暴力、恶意谩骂、侮辱他人等内容。

5.2　队伍可以在比赛服务器的选手名称前加 2—3 个字符作为标签。这些标签必须为大写字母或仅为 0—9 的数字。队伍名称及标签当中不允许出现额外的特殊字符（包括下划线、空格等）。

5.3　所有职业或半职业队伍的标签都不能与在全球范围内的其他职业或半职业队伍的标签相同。如果同时有两支队伍进入职业或半职业联盟，而他们有着共同的队伍标签，则会以下原则判定：

（1）如果一支队伍是进入职业联盟而另外一支队伍是进入半职业联盟，那么进入职业联盟的队伍则有权保留其队伍标签，而进入半职业联盟的队伍则必须更改其队伍标签。

（2）如果两支队伍都是进入职业联盟（相同等级的联盟），那么他们相同的队伍标签都会被禁止使用，两支队伍都需要重新选择一个合乎规定的队伍标签。

5.3.1　如果一支队伍放弃其队伍标签，则该队伍会失去对该标签的拥有权。如果一支队伍离开了职业联盟，根据其曾参与在职业联盟里的比赛月，赛事官方将对其队伍标签进行一定时间的保护。

参加职业联盟的时间与队伍标签保护时间如下。

（1）1—10 个比赛月：6 个日历月；

（2）11—20 个比赛月：12 个日历月；

（3）21—30 个比赛月：18 个日历月；

（4）31—40 个比赛月：24 个日历月；

（5）41 个比赛月以上：36 个日历月。

比赛月指有职业联盟比赛的月份，包括官方举办的国际性比赛的月份。

5.3.2　在官方规定的某个日期之前已经重复的队伍标签，将不受上述有关重复标签的限制。现存的所有队伍标签都拥有 21 个日历月的保护时间。赛事官方有权指定某一队伍的队伍标签进行退役，被退役的队伍标签将会永远受到保护，任何职业及半职业队伍都不能使用。

5.3.3　任何职业队伍之间不得有重名或者相似名称，并且队伍标志不得有相似，必须显示其独特性。赛事官方对此拥有最终审核权。

5.4　除非官方额外批准，队伍最多只能一年修改一次队伍名称和标志，时间点只能在每年的特定转会期期间。

6. 电子竞技战队成员比赛名称命名标准

战队成员比赛名称必须要符合以下要求。

6.1　可以使用大小写字母及数字 0—9。队伍名称、战队成员比赛名称及标签当中不允许出现额外的特殊字符（包括下划线、空格等）。

6.2　战队成员比赛名称不得超过 12 个字符。

6.3　战队成员比赛名称和队伍名称不得含有：低俗及色情内容（标准与 5.1.1 相同）；与游戏当中角色相关或者相似的角色、地点、装备等的名称；其他可能导致误解的内容。

6.4　战队成员比赛名称只能在转会期之间修改，在向官方确认资料并提交正式名单之后便需要等到下个转会期更改。在赛季其间不能更改战队成员比赛名称。

6.5　选手及教练比赛名称必须是全球唯一的，意指该比赛名称不可以跟全球任何地区赛事的选手及教练相同。如果同时有两名选手或教练同时进入职业或半职业联盟，而他们有相同的比赛名称，则会以下原则判定。

（1）如果两名拥有相同比赛名称者都是选手或教练（而不是一名是选手，另一名是教练），那么进入职业联盟的选手或教练则有权保留其比赛名称，而进入半职业联盟的选手或教练则必须更改其比赛名称。

（2）如果两名选手或教练都是进入相同等级的联盟，那么先在游戏线网服务器使用该比赛名称的选手或教练，则有权保留其比赛名称，而另一名选手或教练则必须更改其比赛名称。

（3）如果两名选手或教练都是进入相同等级的联盟，而他们都在游戏线网服务器使用该比赛名称相等时间，那么他们相同的比赛名称会被禁止使用，两名选手或教练都需要重新选择一个合乎规定的比赛名称。

（4）如果一名选手及一名教练同时进入职业或半职业联赛（即使并非进入相同等级的

联赛），选手有权保留其比赛名称，而教练则必须更改其比赛名称。

6.6 如果一名选手或教练放弃其比赛名称，则该选手或教练会失去该名称的拥有权。如果一名选手曾经以首发选手身份上场比赛，或者一名教练曾经成为队伍的正式教练，自他们最后以首发选手或正式教练的身份出现在职业联盟起计算，根据其曾在职业联盟里的比赛月，赛事官方将对他们的比赛名称进行一定时间的保护。

参加职业联盟的时间与比赛名称保护时间如下。

（1）1—10 个比赛月：6 个日历月；

（2）11—20 个比赛月：12 个日历月；

（3）21—30 个比赛月：18 个日历月；

（4）31—40 个比赛月：24 个日历月；

（5）41 个比赛月以上：36 个日历月。

比赛月指有职业联盟比赛的月份，包括由开发商举办的国际性比赛的月份。

6.7 在官方规定的某个日期之前已经重复的战队成员比赛名称，将不受上述有关重复名称的限制。现存的所有战队成员比赛名称都拥有 21 个日历月的保护时间。赛事官方有权指定某一战队成员比赛名称进行退役，被退役的战队成员比赛名称将会永远受到保护，任何职业及半职业的选手或教练都不能使用。

6.8 所有的队伍标签、队伍名称和战队成员比赛名称，在比赛中使用前必须得到赛事官方的许可。除非在某些例外情况下，否则不得更改名称，并且在比赛中使用前必须得到赛事官方的许可。标识、队伍名称等任何修饰性更改必须在指定改名期之内进行。如果队伍名称不能反映赛事官方要求的职业标准，赛事官方可予以否决，并将要求此队伍更改其名称。赛事官方拥有最终的审核权。

7. 电子竞技战队成员转会及签约规则

赛事队伍有权使用三种方法实施自行决定的选手替换：

（1）与其他赛事队伍执行选手转会；

（2）签约（或解约）自由选手；

（3）将队伍的青训选手提拔为正式选手（反之亦然）。

所有替换必须经由赛事官方审批并认可后，才会被视为合法。所有替换应符合"选手及教练最低薪酬"规则的要求。

这里指的职业选手，特指赛事官方认可的正式名单内的选手。

7.1 选手替换基本规则

7.1.1 不影响合同义务 各队伍应负责根据选手协议要求向其选手支付任何和全部款项。自行决定的选手替换，不得免除赛事队伍根据"选手及教练最低薪酬"规则的定义向各正式选手至少支付最低选手报酬的合同义务。

7.1.2 不违反合同 违反选手服务协议任何规定的自行决定的选手替换均无效，作出上述选手替换方法时，队伍有责任确保在替换生效前提交所有必要的申请并获得许可。

队伍不得随意单方面解除其与选手的合作合同。如根据双方合同中的确有理由解除，可通知赛事官方将其挂牌公示，挂牌价格由选手所在队伍设定。

7.1.3 完整名单要求 自行决定的选手替换不得降低对赛事队伍在整个赛季期间维持首发选手和替补选手等正式名单的要求。在任何时候，如果队伍的替补选手低于一名，其将受到处罚，由赛事官方自行裁定，允许降低到最低要求的情况除外。

以上替换规则仅用于管理者实施的自行决定的选手替换，不适用于因赛事选手死亡或伤残致要求更换选手，或因违反规则而导致赛事官方要求对选手进行中止或禁止比赛的情况。

7.1.4 注册要求 成为正式名单之一的选手，必须提交合同汇总表，并经过赛事官方的审核及注册认可后，才有资格参赛。详细的流程如下。

7.1.4.1 自由选手申报必须和队伍签署有效的选手服务协议后方可申请。

7.1.4.2 由队伍经理在俱乐部后台系统提交选手资料，申报流程正式启动，申请会在最多 5 个工作日之内审核批复。提交资料必须包含：注册表格、汇总表、身份证复印扫描件、护照复印扫描件（或政府部门开具的护照办理回执单）、选手服务协议复印扫描件、按照官方准则拍摄的定妆照。

7.1.4.3 在 3 个工作日内，赛事官方会确认队伍提供的资料是否齐全真确，并对于选手的游戏内外行为等其他相关资料进行审查。如果资料或调查结果不符合规定，则申请会被拒绝，队伍需要重新提交和经历 3 个工作日的流程。

7.1.4.4 在确认资料和调查结果符合规定后，队伍需要尽快到赛事官方办公室进行书面资料备份，备份后如无问题，在备份完成后的 2 个工作日内赛事官方会在系统后台做最终确定通过。

7.1.4.5 待官方审核确认通过之后的次日，选手将可以上场比赛；队伍需要等官方确认后方可对外发布新选手加盟信息。

7.1.5 合同备案 队伍与选手的合同须在赛事官方进行备案。未经备案的队伍选手，赛事官方将不会确认其合同的有效性。

7.1.6 名单锁定 在常规赛的最后一周，赛事官方将不接受新选手注册。举例来说，某赛事的最后一周是 4 月 10 日至 16 日，赛事官方将接受 4 月 9 日提交的新选手注册，但不会接受 4 月 10 日至 16 日提交的新选手注册。在截止日期以后，队伍的季后赛名单就会锁定且不能更改。特此注明，教练的注册及更改并不受本条名单锁定的限制，即在名单锁定后队伍仍然可以注册及更换教练。

7.2 选手转会

赛事队伍之间的转会行为和手续，务必于当季转会窗口关闭前以书面形式完成，逾期赛事官方将不予受理。队伍之间的选手转会规则如下。

7.2.1 数量 各联赛或赛季的选手交易没有最大总数限制。但队伍不得与另一队伍交易 2 名以上的正式选手。

7.2.2 次数 一名选手在一个转会期内只能转会一次，并且在同一赛季中最多只能代表一支队伍参赛。参赛选手名单依据报名信息决定。

7.2.3 时间选择 队伍之间的交易最早可在转会期开始日期进行，不能迟于交易截止日期后进行。转会期是指赛事官方提前公布的时间窗口，在该时段内队伍被允许进行转会操作。

7.2.4 全球反挖角及反干涉政策 任何队伍成员及相关机构，均不得参与寻求、引诱或者提供雇佣关系给已与其他队伍有合约关系的正式选手及教练，也不可以鼓励其他队伍的正式选手及教练违约甚至终止合约。任何被视为有这个意向的对话都会被视为违规。为避免疑惑，任何有关合同关系的讨论，无论是否关系到现有合同状态，或是现时合同终止后未来潜在的雇佣可能，一概视作违例。任何希望接洽已和其他队伍有合同关系的选手和教练的队伍，都必须透过联系合同持有队伍的管理层来进行。但在队伍与选手或教练签署了《可接触声明书》之后，全球反挖角及反干涉政策将不再在该选手或教练上适用。

7.2.5 受保护的选手 作为正式名单的一部分，队伍需要宣布其部分受保护选手。

7.2.5.1 队伍和选手可以协商其自己的"不交易"或"不指派"协约，如果协约生效并且切实可行，这些选手将不可交易。

7.2.5.2 不存在赛事官方认可的"特权选手"（没有自由选手资格，并且只可以通过交易或退休更改队伍的选手）。

7.2.6 交易及转会资格 队伍只可以交易或转会其选手大名单中的选手；赛事官方不会批准交易或转会潜在/未签约的选手。

7.2.7 联赛许可 交易及转会申请必须由队伍提前以书面形式提交给赛事官方，并在生效前获得赛事官方的书面批准。交易申请许可流程包括赛事官方确认交易发生在指定的已批准交易时间范围内，并且符合所有资格和其他规则。

7.2.7.1 交易申请必须使用交易许可申请表提出，并且必须包含以下信息：

（1）涉及的所有队伍的名称。

（2）涉及的所有 GM 的姓名。

（3）涉及的所有选手的姓名和位置。涉及的所有选手的"首发选手/替补选手/储备选手"身份。

（4）交易说明，包括申请合同资料的选手汇总表。

（5）作为交易的一部分，一支队伍支付给另一支队伍的任何报酬金额。

（6）交易所要求的生效日期。

7.2.7.2 交易或一系列交易涉及的各队伍 GM 必须签署交易许可申请表。未签署的交易许可申请表不会由赛事官方处理。

7.2.7.3 如果队伍尝试交易受选手服务协议（授予选手交易许可权）约束的选手，此选手也必须签署交易许可申请表。

7.2.7.4 在选手合同有效期内转会仅限于队伍之间的交易关系。选手所属队伍有权拒绝选手个人及第三方个人（或公司）转会谈判。

7.2.7.5　选手转会以后，需要与原队伍解约，然后与新的队伍签署新的合同，新合同的内容需要与原合同一致。转会后的选手在注册时提交与原队伍签署的合同将不被接纳。

7.2.8　生效日期　在赛事官方批准后，交易即视为立即有效，除非交易许可申请表明确指定较晚的生效日期。但是，在任何情况下，特定联赛期间任何交易的生效日期都不得迟于此联赛的交易截止日期。

7.3　自由选手签约

赛事队伍需要按以下方式签约自由选手。

7.3.1　定义

7.3.1.1　自由选手是有资格参加赛事的任何选手，并且尚未与赛事队伍或其他联赛的队伍签署有效的书面选手协议，或已与赛事队伍或其他联赛的队伍解约或合同到期而未续签。

7.3.1.2　仅与队伍"协商中"并不会改变自由选手的身份。只要自由选手继续满足所有赛事资格要求，就可以与任何赛事队伍自由签约。

7.3.2　时间选择

7.3.2.1　队伍可以在任何时间签约未有在最近的赛季进入过正式名单的自由选手。

7.3.2.2　任何拥有职业或半职业队伍的公司或组织不可以在规定的转会期开始之前，与在最近的赛季参与过职业或半职业比赛的正式选手达成任何口头的、与财务有关的及其他具法律效力的协议，除非该协议：

（1）在下一个转会期开始之前已经结束；

（2）没有影响到该选手在转会期开始的时候作为自由选手的身份（意指该协议没有妨碍该选手在转会期开始以后与其他队伍自由签约的权利）。

例如，一名选手在 2017 年 3 月 8 日与队伍解除合同关系，该选手在春季转会期开始（2017 年 4 月 30 日）前，可以作为分析师或训练生等身份与其他队伍签署合同，但该合同必须在 2017 年 4 月 29 日或之前完结，并确保该选手能在 4 月 30 日投入自由选手市场。

7.3.3　完整名单要求　自由选手签约不得降低对赛事队伍正式名单的要求，包括但不限于：在常规赛季期间维持五名首发选手和至少一名最多五名替补选手等。

7.3.4　赛事官方许可　自由选手签约申请必须由队伍提前以书面形式提交，并在生效前获得赛事官方的书面批准。注册可参考 7.1 中的相关规定。自由选手签约许可流程必须遵守所有资格和其他规则。联赛许可将包括游戏内和游戏外行为的行为检核。教练和选手都需要获得赛事官方许可。在赛事官方许可流程完成前，队伍不可宣布获得教练或选手，选手亦不能宣称自己已经离开原本队伍和/或加入新的队伍。这也包括重新签约到相同组织的选手或教练。

7.3.4.1　自由选手签约必须使用自由选手签约许可申请表提出，包括但不限于以下信息：

（1）涉及的所有队伍的名称。

（2）涉及的所有 GM 的姓名。

（3）涉及的所有选手的姓名和位置。

（4）涉及的所有选手的"首发选手/替补选手/储备选手"身份。

（5）申请的签约生效日期。

7.3.4.2　自由选手签约涉及的队伍 GM 必须签署自由选手签约许可申请表。未签署的自由选手签约许可申请表不会由赛事官方处理。涉及的选手也必须签署自由选手签约许可申请表。

7.3.5　生效日期　如果队伍希望获得新选手，则必须向赛事官方发出申请并提交完整的选手资料，申请会在 5 个工作日之内审核批复，申请通过之后的次日即可生效。举例来说，2017 年 1 月 1 日收到官方正式邮件通知申请通过的选手，可最早在 2017 年 1 月 2 日登场。赛事官方有权根据涉及选手的资格和此申请是否符合规则批准或否决此申请。

注：本标准涉及的数值性标准为建议数值。

三、电子竞技赛事场馆标准

1. 场馆规模标准

电子竞技场馆可分为大型赛事场馆及常规赛场馆，将根据电子竞技场馆的各类标准达标情况进行相应划分。

1.1　大型电子竞技赛事场馆的选择标准

1.1.1　地理位置方面

1.1.1.1　场馆所在区域没有安全风险隐患。

1.1.1.2　场馆所在区域交通便利，具备直达的地铁或公交。

1.1.1.3　有完备的冷暖气系统满足不同季节赛事需要。

1.1.1.4　场馆没有漏雨隐患。

1.1.1.5　场馆可允许比赛进行到次日零点以后。

1.1.1.6　场馆是否是暗场环境。

1.1.1.7　是否周边有配套餐饮。

1.1.1.8　场馆周边有足够的出租车。

1.1.1.9　场馆所处位置在该城市是地标性建筑。

1.1.1.10　场馆所处的区域外表看起来美观。

1.1.1.11　场馆属于独立标志性建筑，并可允许搭建成电子竞技馆。

1.1.2　场馆设施

1.1.2.1　场馆层高满足 20 米以上。

1.1.2.2　室内面积不低于往年赛事规格，现场搭建舞台后，仍可容纳 5000 人以上观众席及解说台、采访台、周边展示等区域。

1.1.2.3 后台房间充足，或有可搭建后台区域的空间，包括 4—6 间选手练习室、QC 室、服务器间、转播间、媒体采访室、VIP 休息室等。

1.1.2.4 场馆外场有足够空间满足展示周边、互动区域的搭建。

1.1.2.5 场馆满足搭建需求的吊点承重。

1.1.2.6 后台房间有独立卫生间，或有充足后台公用卫生间提供给后台人员。

1.1.2.7 场馆拥有足够的观众卫生间。

1.1.2.8 场馆允许观众带饮食入场，并有详细的管理细则。

1.1.2.9 场馆可以允许派发（扔）活动物品，比如压力球。

1.1.2.10 场馆具备吸烟公共区域。

1.1.2.11 场馆内工作区域可携带餐饮并就餐。

1.1.2.12 场馆具备职业选手独立的特殊 VIP 通道。

1.1.3 场馆服务

1.1.3.1 场馆可提供外场互动活动区域。

1.1.3.2 场馆具备可以做周边售卖的区域。

1.1.3.3 场馆不会要求赛事方门票或周边销售分成。

1.1.3.4 场馆提供主要项目对接人以供赛事方随时联系。

1.1.3.5 场馆可给到足够的搭建进场撤场时间。

1.1.3.6 场馆提供足够的停车位。

1.1.3.7 场馆允许通宵搭建及通宵车辆、人员进入。

1.1.3.8 搭建进场 loading 地点是否层高够可通车。

1.1.3.9 场馆提供清洁服务。

1.1.3.10 场馆报批提供支持。

1.1.3.11 场馆安保由赛事方供应商自行招募。

1.1.3.12 场馆提供穿梭巴士服务。

1.1.4 场馆规定方面

1.1.4.1 场馆有足够的保障设备安全和避免损坏的管理机制，如遇问题勇于承担。

1.1.4.2 场馆配备的专业技术人员可以随时联系并能及时解决问题。

1.1.4.3 允许比赛时间超过规定散场时间，不随意断电断网。

1.1.4.4 场馆没有保证金和额外（合同外）的电费、水费、附加费需求。

1.1.4.5 场馆保证金及损坏物品处理政策透明、合理、公正。

1.1.5 场馆电力

1.1.5.1 场馆在进场时是否提供电力。

1.1.5.2 场馆是否可以提供稳定持续的电力。

1.1.5.3 是否 24 小时不间断供电。

1.1.5.4 是否可满足比赛日 2500—5000Amps 的电力需求。

1.1.5.5 是否有备用电力。

1.1.6 场馆网络

1.1.6.1 场馆可提供足够时间以供赛事方架构网络。

1.1.6.2 场馆有架构网络的基础。

1.1.6.3 场馆具备使用线下服务网络的条件。

1.1.6.4 场馆的物业允许赛事方使用弱电机房。

1.1.6.5 电信、联通、移动三家运营商最好有两家在此场馆有资源，一主一备。

1.1.6.6 场馆本身是否有布线系连接各个房间。

1.2 常规电子竞技赛事场馆的选择标准

1.2.1 地理位置方面

1.2.1.1 场馆所在区域没有安全风险隐患。

1.2.1.2 场馆所在区域交通便利，具备直达的地铁或公交。

1.2.1.3 场馆具备空调暖气，并能保证空调制冷或暖气稳定。

1.2.1.4 场馆没有漏雨隐患。

1.2.1.5 场馆可允许比赛进行到次日零点以后。

1.2.1.6 场馆是否是暗场环境。

1.2.1.7 是否周边有配套餐饮。

1.2.1.8 场馆周边有足够的出租车。

1.2.1.9 场馆所处位置在该城市是地标性建筑。

1.2.1.10 场馆所处的区域外表看起来美观。

1.2.1.11 场馆属于独立标志性建筑，并可允许搭建成电子竞技馆。

1.2.2 场馆设施

1.2.2.1 场馆层高满足 10 米以上。

1.2.2.2 场馆（舞台观众区域）可达 1500 平方米以上，足够搭出舞台、500 人以上观众席、解说台、采访台等。

1.2.2.3 场馆拥有满足赛事方所需的固定功能间或者足够可搭建的空间，包括选手练习室、QC 室、服务器间、转播间、采访室、工作室等。

1.2.2.4 场馆外场有足够空间满足展示周边、互动区域的搭建。

1.2.2.5 场馆满足搭建需求的吊点承重。

1.2.2.6 场馆拥有足够的后台人员卫生间（至少 4 个坑位）。

1.2.2.7 场馆拥有足够的观众卫生间。

1.2.2.8 场馆允许观众带饮食入场，并有详细的管理细则。

1.2.2.9 场馆可以允许派发（扔）活动物品，比如压力球。

1.2.2.10 场馆具备吸烟公共区域。

1.2.2.11 场馆内工作区域可携带餐饮并就餐。

1.2.2.12　场馆具备职业选手独立的特殊 VIP 通道。

1.2.3　场馆服务

1.2.3.1　场馆可提供外场互动活动区域。

1.2.3.2　场馆具备可以做周边售卖的区域。

1.2.3.3　场馆不会要求赛事方门票或周边销售分成。

1.2.3.4　场馆提供主要项目对接人以供赛事方随时联系。

1.2.3.5　场馆可给到足够的搭建进场撤场时间。

1.2.3.6　场馆提供足够的停车位。

1.2.3.7　场馆允许通宵搭建及通宵车辆、人员进入。

1.2.3.8　搭建进场 loading 地点是否层高够可通车。

1.2.3.9　场馆提供清洁服务。

1.2.3.10　场馆报批提供支持。

1.2.3.11　场馆安保由赛事方供应商自行招募。

1.2.3.12　场馆提供穿梭巴士服务。

1.2.4　场馆规定方面

1.2.4.1　场馆有足够的保障设备安全和避免损坏的管理机制，如遇问题勇于承担。

1.2.4.2　场馆配备的专业技术人员可以随时联系并能及时解决问题。

1.2.4.3　场馆没有保证金和额外（合同外）的电费、水费、附加费需求。

1.2.4.4　场馆保证金及损坏物品处理政策透明、合理、公正。

1.2.5　场馆电力

1.2.5.1　场馆在进场时是否提供电力。

1.2.5.2　场馆是否可以提供稳定持续的电力。

1.2.5.3　是否 24 小时不间断供电。

1.2.5.4　是否可满足比赛日 2500—5000Amps 的电力需求。

1.2.5.5　是否有备用电力。

1.2.6　场馆网络

1.2.6.1　场馆可提供足够时间以供赛事方架构网络。

1.2.6.2　场馆有架构网络的基础。

1.2.6.3　场馆具备使用线下服务网络的条件。

1.2.6.4　场馆的物业允许赛事方使用弱电机房。

1.2.6.5　电信，联通，移动三家运营商最好有两家在此场馆有资源，一主一备。

1.2.6.6　场馆本身是否有布线系连接各个房间。

2.　场馆使用标准

2.1　比赛区域

"比赛区域"意为比赛中所用电脑周围的邻近区域，包括比赛舞台。在比赛进行期间，队伍成员中只有首发选手可以出现在比赛区域内。

2.1.1　队伍经理　队伍经理可以在比赛准备阶段出现在比赛区域，但是必须在选择/禁用阶段开始前离开，在比赛结束之前不得再返回。

2.1.2　无线设备　无线设备包括移动电话和平板电脑，不得带入比赛区域。

2.1.3　饮食限制　比赛区域内不允许出现食物。在比赛区域内，饮料必须盛装在赛事官方提供的封装容器内。

2.2　场馆通道

除非事先得到赛事官方的许可，否则场馆内通往赛事正式比赛限定区域的赛事队伍通道只限队伍成员使用。出席赛事比赛的许可将完全由赛事官方自行裁定。

2.3　观众席

观众进场后观赏比赛的位置。

2.4　选手休息室

选手休息室中有赛事指定的训练用电脑，专供选手在正式比赛开始前练习之用。选手休息室仅为队伍成员保留，由赛事官方自行决定进入的许可。

2.5　队伍公共休息区域

队伍公共休息区域是场馆内由赛事官方定义的区域，目的是为了将选手进行放松和社交的区域与比赛区域相隔离。除非得到赛事官方的明确许可，否则这些区域仅限队伍成员进入。

2.6　候场区

选手候场区为舞台两边供选手在上台前做最后准备的区域，比赛进行中，队伍工作人员可以在候场区监听队内语音。

注：本标准涉及的数值性标准为建议数值。

四、电子竞技赛事直转播标准

1. 电子竞技赛事直转播标准

1.1　传输部分

1.1.1　HDSDI 编码机：支持 HDSDI，有丢包补偿功能。

1.1.2　HDSDI 解码器：支持 HDSDI，有丢包补偿功能。

1.1.3　HDSDI 编码服务器：支持 RTMP 和 hls 等传输。

1.1.4　制式转换器：支持 1080/60I 转换为 1080/50I。

1.1.5　光传输模块机箱：每个机箱使用不超过 60%，配置控制模块。

1.1.6　SDI 光传输发射模块：支持传输不少于 90 路 HDSDI 信号。

1.1.7　SDI 光传输接收模块：支持传输不少于 90 路 HDSDI 信号。

1.2 视音频部分

1.2.1 16 画面分割器，支持 HDSDI 输出：144 路信号监看。

1.2.2 分割监看大屏。

1.2.3 流媒体监看服务器：能同时监看至少 64 路，支持 HTTP 和 RTMP，可以监看 hls 和 flv，每台不少于 16 路。

1.2.4 同步信号分配器：支持为不少于 34 个设备提供同步。

1.2.5 高清视频服务器。

1.2.6 高清录放视频服务器。

1.2.7 通道监看。

1.2.8 HDSDI 解嵌器：模块化设计，支持周边机箱，有输入环出或 reclock 输出。

1.2.9 高清视频分配器：至少 2 个输入，每路 4 输出。

1.2.10 HDSDI 视频延迟器：至少高清 30 秒延时，支持通用国际标准，接受高清视频信号；断电环通 bypass 输出；优先考虑进口设备。

1.2.11 KVM 远程控制器：发送端，满足 DVI-I 接口，带音频接口，不少于 22 套；接收端，满足 DVI-I 接口，带音频接口，不少于 10 套；高品质 48 口交换机或 KVM 矩阵，不少于 1 台；DVI，USB 延长器，双绞线传输，不少于 1 套。

1.2.12 帧同步板卡：支持一路 HDSDI 信号帧同步，支持 BB。

1.2.13 千兆网络光传输板卡：总共能传输不少于 4 路前兆以太网。

1.2.14 5 号充电电池：可充电 2000 次。

1.2.15 5 号充电电池充电器：充 4 节 AA 或 AAA，带 LCD 显示电量。

1.2.16 颧骨话筒：颧骨收声。

1.2.17 无线话筒系统。

1.2.18 高清有线摄像机。

1.2.19 摄像机控制单元。

1.2.20 7 寸彩色液晶寻像器。

1.2.21 遮光罩。

1.2.22 摄像机遥控面板。

1.2.23 摄像机控制线。

1.2.24 摄像机托板。

1.2.25 5 针单耳耳麦。

1.2.26 50 米光缆。

1.2.27 高清演播室摄像机系统。

1.2.28 讯道监看。

1.2.29 全伺服镜头。

1.2.30　镜头伺服器。

1.2.31　云台，双伸缩手柄，三脚架及滑轮车。

1.2.32　便携式卫星天线。

1.2.33　高清卫星接收机。

1.2.34　调音台。播出调音台；监听音箱。

1.2.35　调音台 Dante 扩展卡。

1.2.36　32 输入接口箱。

1.2.37　16 输入接口箱。

1.2.38　Dante 适配交换机。

1.2.39　摇臂延长。

1.2.40　高清特技切换台。

1.2.41　备用高清切换台或者高清矩阵。

1.3　虚拟及包装设备

1.3.1　触摸 A31：B59：三维实时图形渲染引擎，用于虚拟图形的渲染。

（1）支持 2 路 HD SDI 活动视频输入。

（2）支持完整高级特效插件包（文本动画、粒子动画、曲线跟随动画、图片切换动画、滤镜动画、音效）。

（3）支持多层次、多区域、多色彩的灵活抠像。

（4）支持音频输入和输出。

（5）支持跟踪信号接入。

（6）含渲染引擎所用视频 IO 卡。

（7）含 HP Z840 图形渲染引擎系统工作站（2 台采用 M5000，1 台采用 M6000）。

（8）含软件狗。

1.3.2　触摸屏：60 寸 PPI 触摸屏。

1.3.3　USB 及 DVI 延长器：将视频信号及控制信号延长至演播室、至少 100 米。

1.3.4　单机位单渲染通道，虚拟植入演播室渲染引擎：HP Z840 工作站。

（1）1125W 电源。

（2）HP 3/3/3 保修。

（3）Windows 7 Professional 64bit（英文）。

（4）双至强 E5-2620v3 6 核 CPU。

（5）16GB DDR4-2133（2×8GB）内存。

（6）NVIDIA Quadro M5000 8GB 三维渲染卡。

（7）128GB SATA SSD 硬盘 + 500GB SATA HDD 硬盘。

（8）DVD-ROM。

（9）上机架导轨。

（10）配置相关软件及权限。

1.3.5　HD 在线包装系统：维斯实时三维在线包装系统。

（1）支持全三维实时图形渲染包装特效。

（2）支持 HD/SD SDI 键信号和填充输出。

（3）支持 2 路 HD SDI 输入。

（4）支持多路高清视频文件播放通道（整合 VCR 功能）。

（5）支持 DNxHD 的高清视频文件硬解码。

（6）DVE 视窗特技支持。

（7）包括完整的高级特效插件（文本动画、粒子动画、曲线跟随动画、图片切换动画、滤镜动画、音效）。

（8）含 Matrox Xmio 板卡。

（9）含 HP Z840 图形渲染系统所用工作站。

（10）含 HP Z440 图形播控系统所用工作站。

（11）含软件狗。

1.3.6　虚拟图形设计机：实时图形设计系统 VGA 版。

（1）支持所见即所得的实时三维图形设计和输出。

（2）支持 VGA/DVI 输出。

（3）包括完整的高级特效插件（文本动画、粒子动画、曲线跟随动画、图片切换动画、滤镜动画、音效）。

（4）含 Graffiti FX 三维手绘扩展插件包。

（5）含多点触摸功能插件包。

（6）含 C4D 插件。

（7）含 HP 图形设计系统所用工作站。

（8）含软件狗。

1.3.7　Vizrt World 地图系统：地图服务器。

（1）地图服务器系统。

（2）DG 的卫星图片服务。

（3）高精度高层和离线卫星图片数据。

（4）5 客户端同时访问。

（5）地图服务器硬件。

（6）软件狗。

地图服务系统软件包。

5 个地图客户端。

DigitalGlobe 的在线全球卫星图片一年订阅服务（带水印）。

地图包装软件增强地图数据包（90 米高度数据和 30 米卫星数据）

HP Z380 服务器，大容量 Raid 高速硬盘，高速存取地理数据和离线卫星图片数据。软件加密狗，含浮动狗。

1.4　集成服务

1.4.1　按指定时间完成，满足功能实现系统集成安装，包括相关线材、工具、辅料。

1.4.2　机柜机架，导控台，电视墙。

1.4.3　工艺接地制作。

1.4.4　移动演播室系统的搭建、连接、调试。

1.4.5　现场扩声系统的设计、安装、连接、调试。

1.5　其他部分

1.5.1　周边系统。

1.5.2　同步系统。

1.5.3　通话系统。

1.5.4　技监系统。

1.5.5　Tally 系统。

注：本标准涉及的数值性标准为建议数值。

五、电子竞技赛事商业合作标准

1. 电子竞技赛事赞助合作

1.1　赛事及赛事队伍可以在赛事期间获得赞助。

1.2　赞助商的筛选需严格遵守赛事官方相关规定，赛事官方对此拥有最终的审核权。赞助商受限类别示例如下（非全部）。

1.2.1　赌博网站：指利用或教唆对竞技/电子竞技赛事下注资金和/或允许对包括扑克在内的赌场比赛下注资金的任何网站。

1.2.2　非 OTC 药品。

1.2.3　账户共享/皮草销售网站。

1.2.4　枪械、手枪或弹药提供商。

1.2.5　显示相关色情图片或产品的网站。

1.2.6　直接竞争对手的产品或服务。

1.2.7　烟草产品（包括电子烟）。

1.2.8　销售或使用受法律限制的酒精产品或其他酒类饮料。

1.3　赞助商基础权益

1.3.1　赛事直播权益。

1.3.1.1　开场-赞助商播报。

1.3.1.2　结尾-赞助商鸣谢。

1.3.1.3 赞助商口播。

1.3.1.4 采访环节品牌露出。

1.3.1.5 游戏界面广告。

1.3.1.6 直播广告。

1.3.1.7 直播 LOGO 露出。

1.3.1.8 冠名赞助。

1.3.1.9 游戏中 Banner。

1.3.1.10 即时回放环节露出。

1.3.1.11 其他经协商的直播宣传。

1.3.2 赛事衍生节目相关植入/广告权益。

1.3.3 赛事直播以外核心内容平台相关植入/广告权益。

2. 电子竞技赛事转播权及规则

2.1 授权条件

2.1.1 符合授权要求。

2.1.1.1 符合直播、广告、自制内容等相关要求。

2.1.1.2 保证最低技术要求（Video，Audio）。

2.1.1.3 提供稳定的网络链接。

2.1.2 数据支持：每周提供一份书面赛事直播、点播数据及用户反馈。

2.1.3 宣传与推广方案：实际推广方案，资源配置及其他配套市场活动，例如推荐位、新闻公告、线下资源等。

2.1.4 BD 合作及素材审核。

2.1.4.1 必须符合赛事版权 BD 合作要求。

2.1.4.2 必须遵守媒介投放素材相关规范。

2.2 基础权益

2.2.1 授权内容。

2.2.1.1 赛事直播权。

2.2.1.2 赛事点播权。

2.2.1.3 内容自制：素材使用权，可填充于赛前、大场间、赛后。

2.2.2 广告权益。

2.2.2.1 前导广告：45s。

2.2.2.2 插播广告：大场间 60s。

2.2.3 品牌曝光。

2.2.3.1 直播流内倒计时、开场、滚尾等。

2.2.3.2 官方赛事新闻开赛通稿。

2.2.4 媒介合作。

2.2.4.1 观赛赠票。

2.2.4.2 线下报道。

2.2.5 内容合作。

2.2.5.1 推荐位。

2.2.5.2 新闻报道。

2.2.5.3 主播合作。

2.3 转播权认购方式

2.3.1 非独家授权遵循先认购原则，独家授权遵循暗标评标原则。

2.3.2 非独家授权先签先得，独家授权价高者得。

注：本标准涉及的数值性标准为建议数值。

六、电子竞技赛事版权及最终解释权标准

1. 电子竞技赛事版权及第三方赛事标准

1.1 电子竞技赛事版权

1.1.1 内容资源。

1.1.1.1 直播。

1.1.1.2 点播。

1.1.1.3 直播（英文）。

1.1.1.4 点播（英文）。

1.1.1.5 延时直播 + 重播。

1.1.1.6 第二演播厅讯号。

1.1.1.7 第二演播厅讯号（方言）。

1.1.1.8 官方解说房间播放当场解说赛事。

1.1.1.9 授权平台主播房间直播。

1.1.1.10 解说席平台元素展示。

1.1.1.11 场间互动活动。

1.1.1.12 节目制作：直播前、后的节目制作权。

1.1.1.13 官方衍生节目。

1.1.1.14 节日互动活动。

1.1.1.15 其他短片素材。

1.1.2 线上品牌曝光资源。

1.1.2.1 直播流：倒计时。

1.1.2.2 直播流：Banner。

1.1.2.3　直播流：单独开幕口播、字幕显示。

1.1.2.4　直播流：同一口播、字幕提示。

1.1.2.5　直播流：鸣谢，明日预告。

1.1.2.6　官方媒体渠道资源：新闻、赛程曝光、开赛通稿。

1.1.2.7　官方媒体渠道资源：赛事相关全年重大活动曝光。

1.1.3　内容招商资源。

1.1.3.1　前导广告。

1.1.3.2　中插广告。

1.1.3.3　后播广告。

1.1.3.4　自制节目招商权。

1.1.3.5　第二演播厅招商权。

1.1.4　线下支持资源。

1.1.4.1　票务支持：赠票、团购票。

1.1.4.2　证件支持：媒体证、工作证。

1.1.4.3　展台支持：战队场馆内的展台设立（视场馆）。

1.1.4.4　赛事服务器支持次数。

1.1.4.5　演播厅使用支持。

1.1.5　主播支持资源。

1.1.5.1　优先合作参与官方节目，加大平台主播曝光。

1.1.6　其他合作资源。

1.1.6.1　品牌活动支持。

1.1.6.2　运营内容推荐。

1.1.7　其他赛事合作。

1.2　第三方赛事标准

1.2.1　官方赛事　官方赛事是指腾讯电竞旗下的，由腾讯官方主办的赛事，包含产品的国际赛、职业联赛、次级联赛、城市赛和高校赛，也包含综合性赛事。

1.2.2　第三方赛事　除上述官方赛事外，腾讯电竞及单产品（该项目产品）授权第三方可以举办的赛事为第三方赛事。

1.2.3　第三方赛事授权标准。

1.2.3.1　第三方赛事的名称需要与官方赛事进行一定的区隔。

1.2.3.2　第三方赛事的招商权需要与腾讯电竞及相关产品进行确认分配比例。

1.2.3.3　第三方赛事若希望邀请官方赛事职业战队进行表演，则需按照官方赛事相关战队表演或外出服务的相关规定进行具体的沟通与审核。

2. 电子竞技赛事最终解释权、最大利益方

2.1 电子竞技赛事最终解释权

2.1.1 所有涉及本规则、选手资格、赛事日程及阶段安排的解释，以及不端行为处罚的决定权完全属于赛事官方，且决定不会更改。赛事官方不接受任何关于上述决定的申诉，也不接受任何赔偿或其他补救方法。

2.1.2 赛事官方可以随时对赛事规则进行修订、改动或者补充，旨在确保赛事公平竞争及完整性。

2.1.3 赛事最终解释权：赛事规则最终解释权归赛事官方所有，未尽事宜以赛事官方解释为准。

2.2 电子竞技赛事最大利益方

2.2.1 赛事官方随时会行使必要的权力以保证比赛的最大利益。这项权力不受此份文件缺少特定语言版本的限制。赛事官方有权对任何其行为不在赛事比赛最大利益范围内的实体采取任何处罚手段。

注：本标准涉及的数值性标准为建议数值。

（编者注：在不影响原意的前提下，本附录少部分文字有所改动。）

附录 C　2017 年咪咕游戏电竞大赛（第二赛季）项目需求及规范（部分）

一、项目名称

2017 年咪咕游戏电竞大赛（第二赛季）项目

二、项目内容

本项目提供"咪咕游戏电竞大赛"赛事品牌打造及赛事执行（包括线上和线下赛事执行）等服务。拟引入 1 家具备在全国范围内开展线上比赛、线下比赛，具备赛事管理能力、赛事运营能力、网站运营能力和品牌传播能力的合作伙伴。项目总金额不超过 318 万元（含税）。根据评审综合得分排名，第一名的合作伙伴获得资格。项目期限自合同签订之日起至 2018 年 3 月 30 日，如延期以需求方具体通知时间为准。

三、项目目的

通过"咪咕游戏电竞大赛"项目，打造电竞赛事品牌，提高其在全国游戏爱好者范围的知名度，传播电竞文化；通过塑造电竞赛事品牌，提高咪咕互娱在游戏领域的影响力；通过对电竞线下赛事的整体包装与设计，进行商业化探索，寻求赛事经济招商变现的手段；通过策划运营赛事官网，提升用户活跃。

四、项目需求

（一）实施需求

1. 满足国家体育总局各协会对电子竞技项目线上线下比赛的组织申报要求及赛程赛制设计要求。

2．赛事流程

除每月线上常规赛外，分区赛事不少于 2 场（预计在江苏、天津、重庆、湖北等地选择开展）。每场分区比赛包含线上赛和线下赛，赛事规模以咪咕互娱需求为准，以上实际执行地可能会有调整，以最终需求为准。

每场分区赛事包括至少 1 期线上常规赛、1 场线下决赛。线上常规赛在咪咕互娱指定平台上开展，经过海选、晋级等环节，选拔优秀（8 强以内）选手。每期线上常规赛优秀选手参加线下决赛，决出每场日常赛冠军。

3．线下活动规模及需求

千人规模赛事：线下观赛人员不少于 1000 人。

百人规模赛事：线下观赛人员不少于 300 人。

百人规模路演：线下观赛人员不少于 200 人，路演可与上述千人规模赛事和百人规模赛事搭配共同开展。

中选方配合咪咕互娱，选择适合举办赛事的场所，如学校、会议中心等。需要证件齐全符合国家经营政策的合法场所，所有场地须报批国家及地方相关主管部门，户外场所可考虑。场地费不可超过单场活动最高限价的 15%，路演场地费不可超过路演最高限价的 25%，须提供场地租赁合同作为结算依据，按实结算。最终场地以咪咕互娱确认为准。

4．千人规模赛事和百人规模赛事需在咪咕互娱指定直播 APP 平台开展同步直播。

5．比赛同时也需要在主流视频（例如优酷、腾讯视频等）和直播平台（例如斗鱼、熊猫 TV、龙珠直播等）上播放，具体需求如下。

每场千人规模赛事策划制作至少 4 个主题视频，每场百人规模赛事策划制作至少 2 个主题视频，每场路演策划制作至少 1 个主题视频，需要策划主题，撰写脚本，视情况进行后期配音、音效、BGM 处理等。

每场千人规模决赛须同时在至少 5 个主流直播平台上进行现场直播，每场百人规模决赛须同时在至少 2 个主流直播平台上进行现场直播，同时均须有直播平台的首页/频道推荐位置，直播平台以咪咕互娱确认为准。

每场千人规模比赛现场须同时有至少 3 名户外主播同步在至少 3 个直播平台进行直播解说，主播须与直播间观众有互动，制定统一口播，直播账号使用咪咕互娱指定账号。

6．每场活动前须提供以下方案（包括但不限于）：比赛方案（线上、线下）、配套活动方案、传播方案及执行计划、现场设计方案、安保方案、医疗方案、应急处理预案等，供咪咕互娱确认后方可开展。活动结束后须提供总结报告、物料清单、礼品清单、媒体发稿清单及链接等。

7．赛事官网设计策划和运营

提供赛事官网及专区策划和运营方案，围绕提升用户活跃开展，设计并制作赛事官网，以 H5 为主，PC 端为辅，须包含报名、赛程展示、用户互动等模块，官网须放置在咪咕互娱服务器上，可参考主流赛事官网及流程设计策划制作，同时考虑页面在不同浏览器的兼容性，以咪咕互娱确认为准。

8．所有赛事环节、现场布置、流程及人员安排均须与咪咕互娱进行确认后方可开展。

9．摄影、摄像、直播、转播

线下决赛和路演的摄影、摄像和直播均由咪咕互娱提供，中选方必须配合安排设备及工作人员进场，并提供设备所需电、网络、线、音频、灯光、舞美、场地等配套设施，同时提供直转播画面包装所需的素材及设计稿，并提供直转播设计包装方案，实际以咪咕互娱确认需求和方案为准。

10．赛事主题宣传视频及直播用素材准备

须策划并制作赛事宣传片，并根据赛程及时添加实时比赛素材，每场线下赛宣传片至少 1 条；直播用视频素材，直播用的开始片头，时长不少于 20 秒，视频须切合赛事主题和咪咕游戏品牌理念。

11．通信系统完备

线下决赛应配备专业的赛事通信装备，如对讲机、无线电通信等通信设备，赛事主要负责人、各环节各区负责人、医疗保障人员、安保人员、赛事应急救援人员等应统一配备通信设备，保障赛事的通信通畅。

12．网络系统及软硬件完备

线下决赛应配备专业的赛事网络专线（有线及无线）和直转播网络专线（有线），直转播网络专线要求上下行 100Mb，带宽不低于 30Mb。

13．赛事场地布置及设备准备

包括主舞台、现场投屏、比赛手机、网络、灯光、音响、话筒、5V5 电竞桌椅、球球大作战电竞桌椅（6 队团战）、电源等。周边如搭建体验区、签到台、背景板等，提供现场展台搭建模版供咪咕互娱确认。百人规模赛事主屏幕面积不少于 15m^2（LED 屏，可分屏展示），千人规模赛事主屏幕面积不少于 30m^2（LED 屏，可分屏展示），路演视实际情况增减 LED 屏幕，实际屏幕根据实际场地和需求确定。配合咪咕互娱发放相应的赛事宣传，布置展板展架，物料物流及搬运，场地布置。

14．氛围布置

场地活动入口处有明显标识，例如 logo 门头、立柱等；场地内部及外部须进行活动主题布置，场地外有指引横幅、旗、彩带、地贴等引导用户至现场，场地内有横幅、宣传板、花球、彩带、选手席位等布置。场地外围还须增加 3m×3m 业务宣传位，结合业务活动，安排专人维护，百人规模比赛现场至少有 2 个宣传位，千人规模比赛现场至少有 4 个宣传位。

15．每场线下比赛须提供舞台及现场的 3D 设计图（含任何规模线下比赛），每场涉及施工的搭建须提供施工工程图。

16．赛事辅助

配合咪咕互娱选派赛事参评裁判、解说主播、主持人，配给发放赛事用品、选手服饰、赛事相关证件及相关标识、人员差旅费、媒体记者费用等，配合完成嘉宾邀请、表演费用发放、赛事礼品发放、赛事摄影摄像、直播推流等事项。

17．赛事解说及裁判

解说和裁判优先使用咪咕互娱官方人员，如无合适官方人员，则由中选公司提供。线下赛解说须到比赛现场或演播室解说，现场根据需要搭建解说席位，每场线下赛须至少有2名解说，最终需求和名单以咪咕互娱确认为准。

18．赛事人员配置

线上常规赛须具备裁判、解说等必备赛事人员，线下决赛具备迎宾礼仪、选手引导员、现场工作人员、裁判、解说、主持、演员、赛事设备维护人员、保安、医疗人员等必备赛事人员。

19．嘉宾邀请

邀请行业内知名人士、媒体人士、知名战队、解说等，实际以咪咕互娱确认为准。

20．赛事奖金

如果涉及赛事奖金发放，由中选公司统一发放，进行意外所得税代扣代缴，并提供代扣代缴证明作为考核款结算依据。

21．执行需求说明

（1）线上常规赛须包含前期准备（报名选手联络及管理、赛事群管理等）、比赛（抽签、海选、晋级等）环节，同时提供裁判、解说及组织人员。比赛环节须按照咪咕互娱的操作要求使用指定直播平台进行线上同步直播，保证赛事记录，后期制作赛事剪辑用作赛事推广宣传。

（2）赛事官网及专区运营：配合大赛在官网或专区开展线上比赛和运营活动，提升用户活跃，形式不限，可结合传播、常规运营、营销等手段同步开展。

（3）单场线下决赛的总体时间不低于4小时，须包含表演、比赛、产品体验、观众互动、颁奖等环节（路演除外）。

（4）选手管理：须配置专人管理和联络选手，负责解决选手提出的要求，包括但不限于差旅、食宿、市内交通、奖品奖金发放、信息搜集及未预料的突发情况（如生病、受伤、考试等）。

22．安全保障

配备应急使用药品药物、人员保险、医疗人员及安全保障人员等。

23．材料整理

须按照咪咕互娱要求整理结案所需的任何材料，包括但不限于文档、照片、数据、视频、合同等。

24．未尽事宜以咪咕互娱需求及最终确认为准。

（二）品牌包装、传播与预热推广需求

1．赛事品牌包装

提供赛事品牌包装方案，包括但不限于 KV、VI、奖品、宣传图等。

2．每场赛事线上、线下均须开展预热及推广，费用包含在赛事执行费用中，每场投入占比不超过单场最高限价的 20%，实际以咪咕互娱确认方案为准。

3．赛事预热推广

形式如小型地推、社团联络、校园广播、校园论坛、贴吧及官方微信软文等（不限于）。

每场比赛的线下预热推广覆盖当地省内主要高校不少于 6 所，其中须有 3 所及以上 211 重点高校，211 重点高校数量不足的，按在校生人数排序，选择在校生人数较多的学校开展，具体学校以咪咕互娱确认为准。

每场千人规模比赛的线上预热推广覆盖省内主要高校至少 40 所，其中须有 60%及以上 211 重点高校；每场百人规模比赛的线上预热推广覆盖省内主要高校至少 20 所，其中须有 30%及以上 211 重点高校。211 重点高校数量不足的，按在校生人数排序，选择在校生人数较多的学校开展，具体学校以咪咕互娱确认为准。

4．品牌传播

以提升"咪咕电竞"品牌认知度为目标，策划推广方案，并列出排期、人员配备等。传播需结合电竞用户及校园用户特点开展网络内容营销、事件营销等，如公关发布、新媒体、社交媒体、话题炒作、视频传播等（不限于）。具体需求如下。

1）传播统筹

针对项目整体须制定公关及传播主题和策略，并提供详细方案；针对每场比赛也须单独制定公关传播主题和策略并执行，定期评估传播效果，调整传播策略；单场活动结束后，汇总所有文字、图片、音频、视频、发布截图、链接等传播素材，提交传播总结报告和传播数据（根据不同传播类型，包括但不限于曝光量、点击量、点击人数、曝光人数、观看次数、最高同时在线人数、弹幕截图、直播/点播房间截图）。

2）媒介立体化整合传播

根据传播主题和每场活动的特点进行统一传播，进一步提升活动的曝光量，具体需求如下（不限于）。

（1）网络媒体：在主流门户类、视频直播类、游戏类网站的手游、游戏、电竞、体育、校园、视频直播等频道，以及今日头条、网易、新浪、搜狐、腾讯等主流新闻客户端的相关频道发布公关稿；每场千人规模比赛发稿不少于 20 篇，媒体覆盖不少于 10 家（其中至少 1 家当地省级网络媒体和 1 家直播/视频类媒体），每场百人规模比赛发稿不少于 10 篇，覆盖媒体不少于 6 家；所有发稿的首页推荐率不低于 30%，移动端的媒体发布占比不低于 30%；撰稿类型如新闻发布、事件解读（至少一篇）、业务评论、活动报道、用户心声（至少一篇）等。

（2）新媒体联合活动：微信大 V 和官方微博大 V 联合活动（不含路演，大 V 不含咪咕及各子公司官微账号，不含中移动集团及各省市公司官微账号）。

联合微信大 V 和微博大 V（每场至少 1 个微信＋至少 1 个微博）开展赛事同步宣传活动，每场比赛根据赛程开展至少 2 次联合活动，要求微信大 V 粉丝不少于 30 万，微博大 V 粉丝不少于 100 万。微信单次活动阅读量不少于 5 万，点赞数不少于 2000，评论量不少于 200；微博单次活动（所有大 V 累计）转发量不少于 5 万，阅读量不少于 50 万，评论量不少于 1000。联合活动中所需的奖品包含在执行费中，实际大 V 账号及奖品以咪咕互娱确认为准。

（3）H5 互动活动（除路演外）：至少 1 次/场，每次活动互动量不少于 2000（微信、微博平台均可），可结合大 V 联合活动共同开展，内容形式须灵活，体现活动主题，忌套模版。

（4）社交媒体（除路演外）：在 QQ 群、QQ 空间、知乎、百度知道、今日头条、百度百科、百度贴吧、豆瓣、游戏相关专业论坛、电竞相关专业社区、游戏工会、游戏俱乐部等目标用户聚集地发稿或炒作；建立百度百科 1 条，并长期维护，不断丰富内容；每场比赛社媒稿不少于 15 篇，其中在知乎、豆瓣发布累计占比不低于 50%，今日头条、百度问答不少于 30 组；社媒界面的发布效果需设专人监测维护，进行舆论引导，并及时反馈咪咕互娱。

（5）传统平面和电视广播媒体：在报纸、杂志、电视、广播、公交、地铁等传统媒体投放赛事宣传稿件或赛事品牌露出；每场比赛至少覆盖 4 家媒体（其中至少有 1 家当地电视台）。

（6）新颖传播形式：制作新颖的传播内容在互联网上传播，例如互动视频系列、表情包等（不限于），可结合大 V 联合活动共同开展（要求与大 V 活动一致）。单条发布（不结合活动），且单场所有内容在微博累计阅读量不低于 150 万，微博大 V 号（粉丝数 200 万）至少 3 个。

3）现场媒体公关

每场千人规模比赛邀请不少于 15 家媒体参与现场活动并对比赛进行同步报道，每场百人规模比赛邀请不少于 8 家媒体参与现场活动并对比赛进行同步报道（其中至少有 1 家省级电视媒体）。配置专人进行媒体接待，跟进媒体按约定的时间和形式发布，实际方案和选择媒体以咪咕互娱确认为准。

4）物料制作

设计并制作与活动相关的物料，以活动实际需要和咪咕互娱需求为准。

（三）项目整体效果需求

1. 每场比赛传播曝光量不少于 300 万，每场比赛传播覆盖校园用户数不少于 50 万。

2. 线上常规赛按照咪咕互娱的要求执行，在咪咕互娱指定直播平台同步开展线上直播。百人规模比赛的报名战队/选手不少于 200，参赛战队/选手不少于 60，职业战队/选手覆盖率不少于 5%；千人规模比赛的报名战队/选手不少于 400，参赛战队/选手不少于 60。百人规模线下比赛观众不少于 300 人，千人规模比赛线下观众不少于 1000 人。实际以活动需要和咪咕互娱确认为准。

3．官网及赛事专区运营

活动期间，平均每月官网及赛事专区获取手机号码数不少于 10 万（去重），赛事专区及官网点击量平均每月不少于 100 万，点击用户数平均每月不少于 60 万。

4．带来咪咕游戏 APP 新增用户数达到 5 万/场，新增用户指 6 个月内首次登录客户端的指定渠道用户，以手机号去重，无手机号的按 IMEI 号去重。

5．每场比赛直播平均观看人数不少于 30 万人（含所有平台）。

五、整体要求

1．中选后按期完成咪咕游戏电竞大赛项目的整体要求，包括赛事线上线下执行、品牌打造、预热推广及赛事管理等工作，在各项工作实施过程中与咪咕互娱密切沟通，确保项目的整体执行效果。

2．项目终审阶段积极准备资料，配合咪咕游戏电竞大赛执行效果验收，如果实际验收效果与应答方案有出入，将影响合同支付金额。

3．项目整体的赛事版权、音视频及图像软文版权等归咪咕互娱所有。

六、服务要求

1．应答单位必须配备相应人员，并且为本项目配备服务团队，需包含赛场布置搭建、赛事流程管理等相应专业执行人员。能够配备固定人员不少于 6 人的专业赛事执行团队。其中项目经理 1 人，须具备 5 年及以上电竞赛事、大型市场活动或相关领域执行经验，熟悉主流手游直播平台运营模式，熟悉电竞行业及商业运作；至少 1 名设计人员，须具有 5 年及以上相关工作经验，熟练使用 Photoshop 及 Illustrator，熟悉 HTML5、CSS3 等网页制作技术，能够使用 DIV+CSS 手写网页代码并保证页面在各个浏览器上的兼容性，精通 Dreamweaver 等网页制作工具，了解当下业界动态和设计趋势，熟悉线上线下物料色彩及材质差异，并提供过往个人作品；至少 1 名文案人员，须具备 3 年及以上文案创意经验，并提供个人成功案例；其余团队成员须具备 2 年及以上相关经验。合同期间项目经理及至少 1 名团队成员在南京驻场服务。

2．应答单位应严格履行合作协议范围内的工作项目，并保证按时按质完成。

3．应答单位应特别保证项目骨干人员的稳定性，项目经理级成员需要离职或换岗的，需经咪咕互娱同意。

4．熟悉国内国际电竞赛事，特别是手游电竞赛事，在相应领域有长期的项目管理及执行经验，有主办或承办赛事或大型活动成功经验，有赛事变现经验。

5．熟悉校园赛事推广，具备多省市校园资源，有校园赛事或大型活动推广及执行经验。

6．熟悉品牌宣传及媒介推广，具备多省媒体资源，有整合宣传经验。

7．熟悉游戏厂商模式，与知名游戏厂商有合作经验，有整合游戏厂商资源经验或成功经验。

8．能运用新思维、新技术，在方案内容和实现形式上有所创新。

9．有强大的协调能力，可以与咪咕互娱各业务部门建立良好的沟通机制。

10．有较高的项目管理和赛事执行能力，能够对咪咕游戏电竞大赛项目有缜密的规划和管控。

11．对突发情况具备高效优质的快速响应处理机制。

七、考核要求

为保证项目质量，咪咕互娱对中选方进行质量考核，分别针对单场比赛和总决赛项目进行考核，共分为项目管理、赛事及推广验收等方面。满分为 100 分。

中选方在合同执行过程中，咪咕互娱对每场活动执行效果进行考核打分，如果出现活动执行考核得分低于 70 分的情况，咪咕互娱有权单方终止合同。

八、付款方式

按照单场比赛金额分别结算，开展 1 场比赛即可按照如下方式付款结算。

1．首付款

单场比赛执行总额的 20% 为首付款。需求方确认方案并收到中选方出具的相应金额的发票后，35 个工作日内应向中选方支付单场首付款。

2．考核款

采购人在单场活动结束后的 15 个工作日内，结合考核得分支付，实际执行考核结算金额 = 单场比赛执行费总额 ×（考核得分 / 100）－单场比赛已付首付款；单场考核得分低于 70，不支付结算执行考核款。根据考核结果，采购人收到中选方对应金额的发票后，20 个工作日内向中选方支付相应的款项。

3．场地租赁费

场地租赁费按实结算。

九、最高限价

每场千人规模赛事最高限价不超过 150 万元（不含税），其中执行费不超过 127.5 万元（不含税，不含场地租赁费，其中预热推广费用不超过 30 万元）。每场百人规模赛事最高限价不超过 70 万元，其中执行费不超过 59.5 万元（不含税，不含场地租赁费，其中预热推广费用不超过 14 万元）。每场活动预热推广费用占比不超过最高限价的 20%。其中场地租赁费不参与报价，按实结算，合同付款时提供场地租赁合同等相关证明文件。

百人规模路演执行费不超过 7.5 万元/场，不含场地租赁费用，不含推广，包含搭建、人员、物料，不含税。

场地租赁费不可超过单场活动最高限价的 15%。路演场地费不可超过路演最高限价的 25%。

单场比赛报价须包括但不限于线上执行、线下执行和预热推广部分。若部分人员或设备物料可多场或单场复用请注明，须包含但不限于以下事项：场地搭建、预热传播、人员、安保、医疗、设备、物料、物流等费用明细。

上述所有报价明细仅作为比价参考，实际执行以咪咕互娱确认为准。

（编者注：在不影响原意的前提下，本附录少部分文字有所改动。）

附录 D　WESG 电竞大赛舞台设备成本单

WESG 电竞大赛舞台设备成本单							
客户名称					电话		
地址					传真		
项目名称					项目时间		
联络人					提交日期		
（一）舞美结构设备租赁清单							
类别	项目	材质/规格	数量	单位	单价（元）	金额（元）	备注
	舞美结构						
1	舞台背景灯光架结构	镀锌管 LAYHER	34	吨	1 600	54 400	
2	基础舞台	镀锌结构 防水板封面	296	平方米	50	14 800	含控制台舞台板
3	舞台造型补边	木质结构 防水板	186	平方米	120	22 320	
4	舞台造型楼梯	铁制结构 防水板封面	6	套	1 500	9 000	
5	二层舞台上场楼梯通道	铁制结构 防水板封面	2	组	3 000	6 000	
6	VIP 包厢	钢架结构 封板 安装钢化玻璃	2	组	5 500	11 000	
7	VIP 包厢空调	美的 1.5 匹	4	台	500	2 000	
8	解说台	铁制结构 夹板 封面 高清写真	1	组	2 500	2 500	
9	主 LOGO	白色 LED 吸塑灯箱字	1	组	2 500	2 500	
10	彩幕遮挡景片	木质结构 黑色 丝绒布 遮光布	2	套	6 500	13 000	

WESG 电竞大赛舞台设备成本单

（一）舞美结构设备租赁清单

类别	项目	材质/规格	数量	单位	单价（元）	金额（元）	备注
11	舞台立面装饰	九厘板 黑色亮面 PVC 软片	430	平方米	70	30 100	
12	舞台立面封板装饰	九厘板 黑色亮面 PVC 软片	1	组		0	
13	退场楼梯	木质结构	2	组	2 500	5000	
14	五金耗材		1	式	1 200	1 200	
	合　　计					173 820	

（二）灯光设备租赁清单

类别	项目	材质/规格	数量	单位	单价（元）	金额（元）	备注
	结构						
1	灯光造型 TRUSS 架	铝合金 760mm×600mm	24	米	80	1 920	
2	方形造型架	铝合金 400mm×400mm	3	组	1 000	3 000	
3	电动葫芦		18	只	100	1 800	
	基本效果灯						
1	Omarte 3500 Spot		7	台	400	2 800	
2	Omarte 3500 Wash		30	台	400	12 000	
3	Omarte 330 Shapy		158	台	300	47 400	
4	Ledpar		40	台	60	2 400	
5	LED 观众灯		16	组	200	3 200	
6	LED PAR		24	只	60	1 440	
7	频闪灯		16	只	200	3 200	
8	洗墙灯		20	根	60	1 200	
	控台线材设备						
1	直放硅箱		4	台	100	400	
2	MA-2	数字灯控台	1	台	1 000	1 000	
3	烟雾机		4	台		0	
4	DMX 信号分配器			配套		0	
5	配电箱			配套		0	
6	50 平方电缆			配套		0	
7	19 芯线			配套		0	
8	附件设备			配套		0	
	合　　计					81 760	

WESG 电竞大赛舞台设备成本单

（三）音响设备租赁清单

类别	项目	材质/规格	数量	单位	单价（元）	金额（元）	备注
	音响						
1	ADAMSON	S-10	16	只	900	14 400	
2	ADAMSON	S-10	8	只	900	7 200	
3	ADAMSON	S119	12	只	900	10 800	
4	NEXO	PS-15	16	只	350	5 600	
5	POWER AMPLIFER& PROCESSOR			只		0	
6	LAB	20000Q	8	只	200	1 600	
7	皇冠	MA-3600	8	只	100	800	
8	SHURE	UR-4D	6	只	100	600	
9	SHURE	BETA-58	6	台	100	600	
10	YAMAHA	PM-5D-RH	1	台	1 000	1 000	
11	线材		1	吨	1 000	1 000	
合　计						43 600	

（四）视频设备租赁清单

类别·	项目	材质/规格	数量	单位	单价（元）	金额（元）	备注
	视频						
1	主屏幕	P3 间距 LED 屏幕	84	平方米	250	21 000	
2	两侧屏幕	P6 间距 LED 彩幕	198	平方米	200	39 600	
3	视频控制系统	苹果服务器 EXTRON 506 +RCP2000	1	套	4 500	4 500	
4	摇臂		1	4 天	5 000	5 000	
合　计						70 100	

（五）设备器材运输

类别	项目	材质/规格	数量	单位	单价（元）	金额（元）	备注
设备	仓库-现场	6 米 8 长卡车	6	辆	800	4 800	
	现场-仓库	6 米 8 长卡车	6	辆	800	4 800	
合　计						9 600	

WESG 电竞大赛舞台设备成本单							
（六）外请民工费用							
名称	数量	单位	主要工作	工作天数	每人单价	金额	备注
结构搭建工人	65	人	现场所有拆搭工作		250	16 250	含吃住行
叉车	1	台	3			0	
合　计						16 250	
合计	小计		395 130				
	税点		47 416				
	总价		442 546				
客户执行确认：				公司执行确认：			

参考文献

[1] 张栗柯. 第三方电子竞技赛事运作流程研究［D］. 新乡：河南师范大学，2018.

[2] 陆雄文. 管理学大辞典［M］. 上海：上海辞书出版社，2013.

[3] 孙会杰. 我国电子竞技赛事组织管理研究［D］. 北京：北京体育大学，2007.

[4] 陶卫宁. 体育赛事策划与管理［M］. 重庆：重庆大学出版社，2015.

[5] 路常华. 大型综合性体育赛事场馆导视系统设计的应用研究［D］. 天津：天津美术学
    院，2014.

[6] 史达. 互联网顾客体验与顾客网站忠诚度的关系研究［J］. 财经问题研究，2009.

[7] 刘清早. 体育赛事运作管理实务［M］. 北京：人民体育出版社，2011.

[8] 刘清早. 体育赛事管理流程［M］. 北京：人民体育出版社，2010.

[9] 郑启龙. 大型综合体育赛事物流运作策略研究［J］. 物流工程与管理，2018.

[10] 贾晨，贾宝安. 新媒体时代我国大型体育赛事营销策略研究［J］. 湖北体育科技，2017.

[11] 石振振. 我国电子竞技网络直播的现状及其发展策略研究［D］. 郑州：郑州大学，
    2017.

[12] 陈先红. 论新媒介即关系［J］. 现代传播，2006.

[13] 李轶君. 企业体育赛事赞助资源需求特征研究［D］. 上海：上海体育学院，2013.

[14] 侯晋龙. 体育赛事营销的本质及营销观念创新研究［J］. 北京体育大学学报，2006.

[15] ［美］Philip Kotler，Gary Armstrong. 市场营销原理［M］. 赵平，译. 第七版. 北京：
    清华大学出版社，2000.

[16] 王思明. 企业基于社会化媒体的体育赛事营销策略研究［D］. 上海：上海体育学院，
    2014.

[17] 许朝辉. 关于市场营销中 SWOT 营销策略的运用［J］. 经济研究导刊，2017.

[18] 黄海燕，张林. 体育赛事利益相关者分析［J］. 体育科研，2008.

[19] 陈存志，刘苹. 大型体育赛事利益相关者管理理论及其框架构建［J］. 武汉体育学院
    学报，2011.

[20] 骆雷，黄海燕，张林. 体育赛事利益相关者的利益诉求与利益协调［J］. 体育文化导
    刊，2013.

[21] 任天平. 我国大型体育赛事风险识别指标体系初探［J］. 西安体育学院学报，2015.